Ernst Nolte
Die Deutschen und ihre Vergangenheiten

ERNST NOLTE

DIE DEUTSCHEN UND IHRE VERGANGENHEITEN

Erinnerung und Vergessen
von der Reichsgründung Bismarcks
bis heute

PROPYLÄEN

© 1995 by Verlag Ullstein GmbH, Berlin · Frankfurt am Main
Die Verwertung der Texte und Bilder, auch auszugsweise, ist ohne
Zustimmung des Verlags urheberrechtswidrig und strafbar.
Dies gilt auch für Vervielfältigungen, Übersetzungen,
Mikroverfilmungen und für die Verarbeitung mit elektronischen
Systemen.
Satz: Benens & Co., Berlin
Druck und Verarbeitung: Ebner Ulm
Printed in Germany 1995
ISBN 3 549 05493 9

Gedruckt auf alterungsbeständigem Papier mit chlorfrei
gebleichtem Zellstoff

1. Auflage   April 1995
2. Auflage   August 1995

Die Deutsche Bibliothek – CIP-Einheitsaufnahme

Nolte, Ernst:
Die Deutschen und ihre Vergangenheiten : Erinnerung und Vergessen
von der Reichsgründung Bismarcks bis heute / Ernst Nolte. - Berlin ;
Frankfurt am Main : Propyläen, 1995
ISBN 3 549 05493 9

INHALT

EINLEITUNG

Gedächtnis – Erinnerung – Gedenken – Vergessen

Gedächtnis zu haben, sich erinnern zu können, ist kein spezifisches Vermögen des Menschen. Daß ein Storch nach vielstündigem Flug das Nest des vorigen Jahres wiederfindet, mag man auf seinen »Instinkt« zurückführen, aber daß ein Elefant den verhaßten Wärter nach einigen Jahren beim Wiedertreffen niederschlägt oder daß ein Hund nach dem Tode seines Herrn die Nahrungsaufnahme verweigert und stirbt, setzt eine »Gedächtnisleistung« voraus, und schon Aristoteles hat bekanntlich einer Anzahl von Tierarten das Vermögen des Gedächtnisses zugesprochen. Aber es ist sehr zweifelhaft, ob man sagen darf, der Hund »erinnere sich« seines Herrn, und ganz gewiß wäre der Satz unzulässig, der Hund »gedenke« seines Herrn. Der Mensch dagegen gedachte schon in vorgeschichtlichen Zeiten seiner Toten, er bestattete sie und hielt die Grabstätten im Gedächtnis, ganz wie die Eltern den Kindern von der großen Sturmflut oder von der verheerenden Feuersbrunst erzählten, deren Zeugen sie vor langer Zeit gewesen waren. Die menschliche Erinnerung ist immer mit Vorblicken in die Zukunft verbunden, mit Erwartungen, Warnungen oder Belehrungen. Eine solche Verknüpfung von Vergangenem und Zukünftigem ist bei keinem Tier zu finden, weil keinem Tier Vergangenheit und Zukunft als solche erschlossen sind. Es ist der Akzent der Affirmation oder der Negation, die Beimischung von Trauer oder Erwartung, welche die Erinnerung zum Gedenken machen. In diesem Sinne sind Gedächtnis, Erinnerung und Gedenken unterschiedliche Erscheinungsformen des eigentümlich Menschlichen, so daß man sagen kann, erst die Erinnerung mache den Menschen zum Menschen.

7

Die Erinnerung ist indessen nicht ein Vermögen, dem das Vergessen als bloße Privation entgegenstünde. Das Vergessen gehört vielmehr von Anfang an zur Erinnerung dazu, ja Erinnerung wird durch Vergessen geradezu konstituiert. Allen Erinnerungsbildern fehlt die Anschaulichkeit und der Farbenreichtum, die der Wahrnehmung zu eigen sind, aber schon die Wahrnehmung ist immer durch ein hohes Maß an Nicht-Wahrnehmung, an Übersehen und zugleich an Zusammenfassung gekennzeichnet. Bereits die Wahrnehmung darf man abkürzend eine »Konstruktion« nennen, eine auswählende Synthese aus der Fülle von aktuellen oder potentiellen Sinnesdaten, so gewiß sie nur als Halluzination oder als Phantasterei einer willkürlichen Erfindung gleichkommen mag. In noch viel stärkerem Maße kommt dieser Konstruktionscharakter der Erinnerung zu. Der Mensch erinnert sich leichter an das, was ihm in einer bestimmten Situation hilfreich sein kann als an das im Augenblick Belanglose; er verwehrt Erinnerungen den Zugang ins Bewußtsein, die ihm unangenehm sind, er »verdrängt« sie; er verschönt das Vergangene, das ihm »ans Herz gewachsen« ist, etwa die Kinderjahre im schützenden Elternhaus oder auch die Dienstjahre in der Armee.

Eine »totale« Erinnerung kann es nicht geben, sie wäre unmenschlich. Aber es wäre falsch, daraus zu schließen, daß der Mensch der Herr seiner Erinnerungen ist, über die er je nach den Umständen und Bedürfnissen schaltet und waltet, wie ihm beliebt. Nicht wenige alte Menschen sterben ihren Ehepartnern rasch nach, weil sie sich nicht von der Erinnerung an das gemeinsame Leben zu lösen vermögen. Wer als Häftling in einem Konzentrationslager bis zum Skelett abmagerte und zahlreiche Mithäftlinge sterben sah, wer bei einem Bombenangriff verschüttet und erst im letzten Augenblick geborgen wurde, der bleibt vielleicht sein ganzes Leben lang ein Sklave dieser Erinnerung, die ihn ebenso formt, wie er in glücklicheren Tagen seine Erinnerungen geformt hatte.

8

Doch ob er die Erinnerung prägt oder von ihr geprägt wird, immer hat der einzelne Mensch seine je eigenen Erinnerungen. Anders erinnert sich der Mann der verstorbenen Ehefrau, anders die Kinder der toten Mutter. Gemeinsame Erinnerungen sind nie identische Erinnerungen. Man könnte fragen, ob nicht jeder Mensch in einer eigenen Welt von Erinnerungen und Erwartungen lebt, aus der er bloß von Zeit zu Zeit auf scheinhafte Weise heraustreten kann, etwa wenn er zu einem anderen sagt: »Auch ich erinnere mich an dieses Ereignis.« Er erinnert sich indessen auf ganz andere Weise, und er verknüpft mit dieser Erinnerung andere Erwartungen und Befürchtungen.

Aber es *gibt* kollektive Erinnerungen, und Menschen sind nicht solipsistische Atome. Es gibt Familienerinnerungen, und man könnte den Adel als diejenige Klasse von Menschen definieren, die sich aus Familien oder »Häusern« zusammensetzt, welche ihr Selbstbewußtsein aus der Erinnerung an die Vorfahren und deren Taten gewinnen. Hier kann die Erinnerung von Angesicht zu Angesicht über die Generationen hin überliefert werden, aber da dem Erinnerten »Größe« zugeschrieben wird, strahlt sie über den engen Bereich der Familie hinaus. Der Kriegszug eines Adelsgeschlechts mag für eine ganze Region zum Ursprung gemeinsamer Erinnerungen werden; was zunächst bloß die Sache des Königs Agamemnon und seines Bruders Menelaos war, die Entführung der Schwägerin und Gattin Helena durch den Trojaner Paris, wurde rasch zur gemeinsamen Angelegenheit zahlreicher Griechen und prägte in mythisierender Erinnerung die griechische Dichtung und Gedankenwelt für viele Jahrhunderte, seitdem das Epos Homers den vorzeitlichen Raub- oder Eroberungszug einiger mykenischer Stämme gegen eine kleinasiatische Stadt zu einem gewaltigen Drama von Menschen und Göttern, von der freien Tat und vom übermächtigen Schicksal erhoben hatte. »Brosamen vom Tisch Homers« nannte Aischylos seine Tragödien, zu denen die Athener in die Theater strömten, um sich das schreckliche Schicksal der Kinder des

Agamemnon, die schuldlose Schuld des Ödipus oder auch das Mißlingen des Angriffs der Perser auf Griechenland zu vergegenwärtigen. Eine solche Vergegenwärtigung war nicht bloßes Heraufholen eines Vergangenen, sondern sie stellte den Menschen ein »Ewiges« vor Augen, das auch ihr eigenes Leben bestimmte und dasjenige ihrer Kinder ebenso bestimmen würde: die Hinfälligkeit aller Sterblichen, Schuld und Sühne, Aufstieg und Sturz. Schon Homers Epen gehen ja keineswegs in der Beschreibung von Zweikämpfen und Massenschlachten auf, sondern sie bringen das allgemeine Menschengeschick zu Wort, das die Geschlechter der Menschen »ganz wie der Blätter Geschlecht« sein läßt und doch den Menschen das außerordentliche Privileg gewährt, die Götter schuldig sprechen zu können.

Nichts vereint so viele Menschen so sehr und über so lange Zeiten hinweg wie die Religionen als Artikulierungen des vor- und überpolitischen Verhältnisses des Menschen zu den Göttern, zu Gott, zum Tode, zur Schuld, zur Sünde. Im Kern handelt es sich dabei nicht um eine Erinnerung, sondern um ein Gedenken im Sinne der immerwährenden Mahnung: »Gedenke, daß Du ein Sterblicher bist, daß Du der Sünde nicht zu entgehen vermagst, daß Dir eine unsterbliche Seele geschenkt ist.« Aber in den großen Weltreligionen verbindet sich dieser allgegenwärtige Imperativ des »Gedenke!« mit der konkreten Erinnerung an ein einstiges und dennoch fortwährendes Geschehen: an die Predigten des Propheten Mohammed, an das Leben des Buddha, an den Kreuzestod Jesu Christi. Das ganze Mittelalter kann als eine einzige, um diesen erlösenden Tod zentrierte Erinnerungswelt betrachtet werden, die auch die Auferstehung in sich schließt und dadurch mit der paradoxen Hoffnung auf ein »ewiges Leben« aller Individuen vereinigt ist.

Aber nächst dem religiösen »Gedenke!« und den damit verknüpften Erinnerungen ist die mächtigste der Realitäten, welche Menschen in kollektiver Erinnerung aneinanderbindet, der Krieg. Von den frühesten Zeiten an sind Trauer und Entsetzen in den Reaktionen der Dichter und der einfachen Menschen ebenso anzutreffen wie Rühmungen und Appelle. Der Begriff »Schuld« findet sich in bezug auf den Krieg schon bei Homer, so fremd dem Dichter ein moralisierender Richterspruch bleibt, und mehr als zweitausend Jahre später beginnt Matthias Claudius sein »Kriegslied« mit den Zeilen:

> »'s ist Krieg! 's ist Krieg! O Gottes Engel wehre,
> Und rede Du darein!
> 's ist leider Krieg – und ich begehre
> Nicht schuld daran zu sein!«

Aber etwa zur gleichen Zeit schrieb Johann Wilhelm Ludwig Gleim sein Gedicht zur Eröffnung des Feldzuges von 1756, also zum Ausbruch des Siebenjährigen Krieges, dessen erste Strophe lautet:

> »Krieg ist mein Lied! Weil alle Welt
> Krieg will, so sei es Krieg!
> Berlin sei Sparta! Preußens Held
> Gekrönt mit Ruhm und Sieg!«

Gleim will durch den »Tod fürs Vaterland« unsterblich werden, während Andreas Gryphius mitten im Dreißigjährigen Krieg mit den »Tränen des Vaterlandes« der unzähligen Toten und des »Seelenschatzes« gedacht hatte, der »so vielen abgerungen« sei.

Was Söldner empfinden, formulierte Friedrich Schiller im elften Auftritt von »Wallensteins Lager«, wo nur der als »freier Mann« gerühmt wird, »der dem Tod ins Angesicht schauen kann«, und daß ein Befreiungskrieg noch weit größere Leidenschaften zu erzeugen vermag, machte Heinrich von Kleist klar, als er die Germania im Blick auf Napoleon und seine Franzosen sagen ließ:

»Schlagt ihn tot! Das Weltgericht
Fragt euch nach den Gründen nicht.«

Aber ob es sich um gemeinsam geführte Kriege handelt oder
um Festzüge und Prozessionen zu Ehren der Taten von Göttern
oder mythischen Vorfahren: Immer schließen sich Menschen
um einen Kern von Erinnerungen und Gedenken zusammen,
und dieser Zusammenschluß ist für das gesellschaftliche Leben
ebenso wichtig wie der Tausch auf dem Markt oder die Notwendigkeit der Verteidigung gegen Naturgewalten. Nie gab es in der
Geschichte eine politische Gemeinschaft ohne gemeinsame
Erinnerung. Wenn einem Volk oder einer Nation die lebendige
kollektive Erinnerung genommen wird oder abhanden kommt,
wie es bei den ägyptischen Fellachen oder auch bei den
»Graeculi« der Spätantike nach verbreiteter Meinung der Fall
war, dann existiert nur noch eine biologische Gruppierung als
äußere Schale des einstigen Volkes oder der einstigen Nation.
Wohl aber kann eine jüngere Erfahrung ältere Erinnerungen
überlagern oder verdrängen, wie es immer bei der Bildung von
Nationalstaaten aus Partikularstaaten, Regionen oder Stämmen
geschah, aber dann wird die Erinnerung in aller Regel nur viel-
seitiger und reicher; die jüngere und stärkere Erinnerung vernichtet die ältere nicht, sondern läßt sie bloß zurücktreten.
    Eine kollektive Erinnerung der gesamten Menschheit gab es
bisher nur in Gestalt der Universalgeschichtsschreibung und
ansatzweise im Hochmut einer überlegenen, die jeweilige Welt
beherrschenden Kultur sowie in den Protesten derer, die sich
wegen ihrer Religion, Kultur oder Rasse benachteiligt sahen.
Wohl aber ist heute eine Welt globalen Verkehrs vorstellbar und
für manche bereits wirklich, der nur noch eine unbestimmte
Erinnerung an die Verbrechen und Torheiten der Geschichte
gemeinsam wäre, weil die unerhörte Kraft des Gegenwärtigen
sowohl Erinnerungslosigkeit wie Negierung einer andersartigen
Zukünftigkeit in sich schlösse. Damit wäre eine Vorhersage

Tocquevilles erfüllt, der eine Haupteigenschaft der »Demokratie« darin sah, daß sie den Lebenden sowohl die Vorfahren wie die kommenden Generationen unsichtbar macht.

I. Erinnerung und Vergessen in Deutschland von 1866 bis 1918

Im folgenden ist aber nicht von der möglichen Erinnerungslosigkeit der Zukunft noch von der Weltgeschichte als einem Komplex unterschiedlichster Erinnerungen und deren Wandlungen zu reden, sondern von Erinnerung und Vergessen in einem bestimmten Gebiet und während eines bestimmten Zeitraums, nämlich in Deutschland von der kleindeutschen Einigung durch Bismarck über die beiden Weltkriegsniederlagen im zwanzigsten Jahrhundert bis hin zu dem ebenso unerwarteten wie problematischen Glücksfall der »Wiedervereinigung«.

Was allgemein über Erinnerung und Vergessen gesagt wurde, ist festzuhalten, aber man muß sich gleichzeitig klarmachen, daß die praktische Politik und sogar manche Entscheidungen, denen später die Qualität des »Historischen« zuerkannt wird, fast stets im Blick auf konkrete Umstände erfolgen und daß dabei in der Regel nur kurzfristige Erinnerungen unmittelbar wirksam sind. So kann man eine politische Geschichte des deutschen Kaiserreichs schreiben, ohne die Worte »Erinnerung« und »Vergessen« in den Mund zu nehmen. Aber es sind Entscheidungen vorstellbar, die nicht getroffen werden können, weil sie sich mit den wesentlichen Erinnerungen oder Traditionen des jeweils Handelnden nicht vereinbaren lassen, und es kann ein Vergessen geben, das so radikal ist, daß es nur aus den fundamentalsten Ereignissen resultieren kann.

Eine Extremsituation ist gegeben, wenn es in einem Staat zu einem Krieg der Erinnerungen kommt. Das war, wie zu zeigen sein wird, in Deutschland zwischen 1918 und 1990 – und in so ausgeprägter und folgenreicher Weise *nur* in Deutschland – der

Fall. In keinem anderen Land stellte sich das Problem der »Ver-gangenheitsbewältigung« mit einer solchen Schärfe wie in Deutschland nach 1945, ja in gewisser Weise schon nach 1918, und seit 1990 ist zu der ersten die Notwendigkeit einer zweiten »Vergangenheitsbewältigung« hinzugetreten. Nirgendwo gibt es etwas Ähnliches. Aber auch im Deutschen Reich der Zeit zwischen 1866 und 1918 war das Verhältnis zwischen Erinnerung und Vergessen ein ganz anderes, und deshalb ist es angebracht, sich diesen Hintergrund gegenwärtig zu machen.

Zwar nicht einem Krieg der Erinnerungen, wohl aber ihrem Kampf verdankt das Bismarck-Reich seine Existenz, und diese Existenz verdrängte eine Anzahl von Erinnerungen in die Vergessenheit oder an deren Rand, ohne sie doch völlig zu vernichten. Eine der Präfigurationen des Bismarck-Reiches war 1859 und 1861 die Auseinandersetzung von zwei Historikern um die Rolle des mittelalterlichen Kaisertums. Einer der führenden »Klein-deutschen«, Heinrich von Sybel, interpretierte den Universalis-mus der deutschen Kaiser des Mittelalters und ihre Orientierung an »Rom« als unheilvolle Schwächung, welche das Verfehlen ei-ner frühen Nationalstaatsbildung zur Folge gehabt habe, so daß Deutschland weit hinter England und Frankreich zurückgeblie-ben sei. Der »Großdeutsche« Julius Ficker dagegen stellte in sei-ner Gegenschrift den Gegensatz zwischen den »universalen und nationalen« Beziehungen in Abrede und ließ erkennen, daß er diesem Kaisertum eine Vorbildfunktion für ein künftiges Deutschland zuschrieb, das eben kein »bloßer« Nationalstaat sein könne.

Dem »Nationalverein« als der politischen Organisation der Kleindeutschen trat der deutsche Reformverein entgegen, des-sen Ziel ein großdeutscher und föderativer Staat war, wie ihn dann der österreichische Kaiser Franz Joseph in Vorschlag brachte und auf dem Frankfurter Fürstentag von 1863 vielleicht durchgesetzt hätte, wenn nicht Bismarck als preußischer Mini-sterpräsident seinem königlichen Herrn Wilhelm I. den lebhaften

Wunsch der Teilnahme mit großer Mühe ausgeredet hätte. Aber gegen den Nationalverein polemisierte auch der »Preußische Volksverein«, der in den ihm nahestehenden Presseorganen einen scharfen Kampf gegen die »nationalen Phraseure« führte und nur Preußen als Vaterland anerkennen wollte. Die Entscheidung für den kleindeutschen Weg fiel bekanntlich durch den Krieg zwischen Preußen und Österreich von 1866, welcher ein deutscher Bürgerkrieg war, in dem der größte Teil des Deutschen Bundes auf der Seite Österreichs stand. Aber noch waren die süddeutschen Staaten unabhängig, und die bayerische »Patriotenpartei« leistete den Anschlußtendenzen heftigen und zunächst erfolgreichen Widerstand, indem sie die Erinnerung an die glücklichen Jahre einer tausendjährigen Selbständigkeit beschwor und der preußischen Geschichte von Gewalttätigkeit und Eroberungspolitik entgegenstellte. Wie lebendig die großdeutsch-föderalistischen Erinnerungen in Süddeutschland noch waren, läßt ein volkstümlicher Reim aus dem Breisgau erkennen, der lautete:

»Herr Bismarck, Herr Bismarck, wir gehn nicht nach Berlin,
Es gibt nur eine Kaiserstadt, und die heißt Wien.«

Aber die preußischen Konservativen hatten ihren Widerstand gegen Bismarck schon 1866 aufgegeben, obwohl dieser mit seiner eigenen legitimistischen Vergangenheit so radikal brach, daß er drei deutsche Staaten, nämlich das Königreich Hannover, das Großherzogtum Hessen sowie das Herzogtum Nassau und die Freie Reichsstadt Frankfurt annektierte und also drei alte Fürstengeschlechter entthronte. Zwar emigrierte der blinde König von Hannover, Georg V., ins Ausland und schreckte nicht davor zurück, eine bewaffnete Truppe für den künftigen Befreiungskampf aufzustellen, aber die Erinnerung an die Welfenherrschaft schwand in Niedersachsen gleichwohl nicht dahin. Einer der Anhänger der Dynastie, Ludwig Windthorst, spielte in der Politik

16

des Deutschen Reiches als führender Mann der Zentrumspartei eine große Rolle, und der welfisch-katholisch gesinnte Historiker Onno Klopp konnte aus dem Wiener Exil heraus seine so ganz andere Sicht der deutschen Geschichte im Druck verbreiten.

Ähnliches läßt sich von den »Reichsfeinden« sagen, gegen die Bismarck einen erbitterten Kampf führte, als er nach dem Sieg über Frankreich endgültig triumphiert und das Deutsche Reich gegründet hatte. Bismarck eignete sich einen Teil der Erinnerungen der wichtigsten dieser »Reichsfeinde« an, nämlich der großdeutsch-föderalistisch gesinnten Katholiken, als er abermals den Widerstand seines Monarchen überwand und ein deutsches »Kaisertum« aus der Taufe hob, das am Glanz der Erinnerung an die mittelalterlichen Kaiser partizipierte, obwohl ihm jede positive Erinnerung an die Römerzüge und den Universalismus des »Reiches« fernlag, denn es wollte sich selbst als »evangelisches Kaisertum« sehen. Die politische Gestalt, welche die großdeutsch-katholische Tradition in der Zentrumspartei annahm, bekämpfte Bismarck im »Kulturkampf« mit großer Entschiedenheit, aber ohne Vernichtungsintention, nachdem er erkannt hatte, daß er die Hilfe der Katholiken und des Papstes in Rom eines Tages nötig haben könnte. So verkündete er zwar mit Nachdruck: »Nach Canossa gehn wir nicht«, aber vom Ende der siebziger Jahre an bereitete er den Frieden vor, zu dem sich dann der neue Papst Leo XIII. bereitfand. Ein bedeutender politischer Denker, Constantin Frantz, konnte während der ganzen Zeit die Auffassung verfechten, Deutschland sei nicht dazu bestimmt, ein abgeschlossener Nationalstaat zu sein; der Universalismus, die beste aller deutschen Traditionen, stelle keinen Gegensatz zu einem vielfältigen Sonderleben der Landschaften und Regionen dar, wohl aber sei er dem zentralisierten Militärstaat Preußen entgegengesetzt, der vom ostdeutschen Kolonialgebiet aus das deutsche Kernland im Westen unterworfen und ein fälschlich so genanntes »Reich« ohne Ideen und wirkliche Kultur geschaffen habe.

Es war wohl nicht ganz ohne Einfluß auf Bismarcks spätere Friedensbereitschaft, daß schon seit 1870 ein anderer und prospektiv gefährlicherer »Reichsfeind« aufgetaucht war, und zwar in Gestalt der sozialistischen Bewegung. Sie schien ganz auf die Zukunft ausgerichtet zu sein, welche all das nicht mehr kennen würde, was für den kurzsichtigen Blick beherrschend im Vordergrund stand: Militarismus, Klassen und Konkurrenzkampf um Profite. Aber diese Bewegung hatte dennoch ihre eigenen und nicht bloß in Bismarcks Augen besonders bedrohlichen Erinnerungen. Im Mai 1871 sagte August Bebel, Abgeordneter der marxistischen »Eisenacher«, in einer Reichstagsrede, das deutsche Proletariat sehe hoffnungsvoll auf den Kampf der Kommune von Paris, aber es handle sich nur um ein Vorpostengefecht. In wenigen Jahrzehnten werde der Schlachtruf »Krieg den Palästen, Friede den Hütten« der Schlachtruf des gesamten europäischen Proletariats sein, überall werde die republikanische Staatsform an die Stelle der Monarchien getreten sein. Diese Erinnerung an eine der bekanntesten Parolen der Französischen Revolution war es offenbar, die Bismarck im Jahre 1878 zur Begründung des Sozialistengesetzes folgendes sagen ließ: Als 1871 »Bebel oder Liebknecht« sich vor versammeltem Reichstag »zu dem Evangelium dieser Mörder und Mordbrenner« bekannt habe, sei dieser Anruf der Kommune für ihn der »Lichtstrahl« gewesen, »der in die Sache fiel«. Er habe in diesem Augenblick in den sozialdemokratischen Elementen einen Feind erkannt, gegen den der Staat, die Gesellschaft sich im Stande der Notwehr befinde.[1]

Der Kampf gegen den Sozialismus war tatsächlich der einzige innenpolitische Vernichtungskampf, den Bismarck führte, aber das Sozialistengesetz hatte mit seinen Verboten und Verfolgungsmaßnahmen eher eine Stärkung der Partei zur Folge, denn sie wurde als solche nicht verboten und konnte weiterhin an den Reichstagswahlen teilnehmen. Gegen Ende seiner Kanzlerschaft dachte Bismarck angesichts der bisherigen Erfolglosigkeit ernsthaft an einen genuinen Vernichtungskampf, aber schon die geplante Verlängerung und Verschärfung des Gesetzes scheiterte im Jahre 1890, und dieses Scheitern wurde, zusammen mit den sozialen Intentionen des jungen Kaisers Wilhelm II., zu einer der Hauptursachen von Bismarcks Sturz. Die wieder legal gewordene sozialdemokratische Partei lehnte sich mit dem »Erfurter Programm« von 1891 ganz an die Lehre des jüngst verstorbenen Karl Marx an und schuf sich damit einen unvergleichlichen, aber auch mehr und mehr beengenden Panzer; dennoch blieb in der verwandelten Gestalt des »Reformismus« und »Revisionismus« die Erinnerung an Lassalle und an die nichtrevolutionären, staatsfreundlichen Traditionen der Arbeiterbewegung lebendig.

Neben den »Schwarzen« und den »Roten« waren für Bismarck und für die Nationalliberalen auch jene Minderheiten »Reichsfeinde«, die durch Eroberung zum Deutschen Reich gekommen waren oder die zu den Bestandteilen des dynastischen Staates Preußen gehört hatten: die Dänen in Nordschleswig, die Elsaß-Lothringer und die Polen in Posen und Westpreußen. Die ausgeprägtesten Erinnerungen besaßen die Polen, die ihre vielhundertjährige Eigenstaatlichkeit nie vergessen hatten. Eine Mehrheit der Elsaß-Lothringer war durch die Französische Revolution innerlich zu Franzosen geworden, selbst wenn sie sich weiterhin der deutschen Sprache bediente. So wenig wie die Polen und Elsässer gaben die Dänen jemals die Erinnerungen auf, die sie mehr noch als die Sprache zu Fremdlingen im Deutschen Reich machten. Aber alle besaßen das Wahlrecht zum Reichstag, und dort schlossen sich ihre Vertreter meist an das Zentrum an, ohne auf ihre Selbständigkeit zu verzichten. So gab es im Reichstag des Bismarck-Reiches nur vorübergehend sichere Bismarck-Mehrheiten. Die Stimmen der »Reichsfeinde« blieben in Politik und Kultur stets vernehmbar, obwohl sie alle guten Grund hatten, sich über Mißachtung ihrer Interessen und Unterdrückung ihrer Traditionen zu beklagen.

Mithin fehlte es Bismarck nie an Feinden, weder im Ausland

noch im Inland. Aber man sollte besser von Gegnern sprechen, sogar im Hinblick auf die Franzosen. Europa gewöhnte sich relativ rasch an die halbe Hegemonie, die das Deutsche Reich und sein »Eiserner Kanzler« ausübten, der glaubwürdig versichern konnte, er betrachte das Deutsche Reich als »saturiert« und als eine Macht des Friedens. Niemand dachte ernsthaft daran, ihm eine »Kriegsschuld« vorzuwerfen, obwohl doch bald bekannt wurde, daß er Frankreich durch die Kürzung eines Dokuments – der »Emser Depesche« – in den Krieg gelockt hatte, die einer Fälschung nahekam. Zwar kritisierten sogar die Engländer, die zuerst den Sieg der protestantischen »Vettern« begrüßt hatten, schließlich den Militarismus und Feudalismus des »großpreußischen« Deutschland, aber aus der Erinnerung an Friedrich den Großen als den Bündnispartner des Siebenjährigen Krieges blieb doch von den alten Sympathien nicht wenig erhalten, mindestens während der Lebenszeit Bismarcks.

In Frankreich schwächte sich die Erinnerung an die verlorenen Schlachten von Gravelotte und Sedan und an die Belagerung von Paris allmählich ab, um einer widerwilligen Bewunderung für das »Amerika auf deutschem Boden« Platz zu machen, das Frankreich nach Bevölkerung und industrieller Potenz weit überholte. Zwar fürchtete Bismarck das Entstehen jener französisch-russischen Allianz, die Karl Marx bereits 1871 vorausgesagt hatte, und in seinen Träumen erschien ihm manchmal eine Karte Deutschlands, von der ein fauler Fleck nach dem anderen abblätterte – die Stellen, wie man sagen könnte, wo andere als die preußisch-deutschen Erinnerungen lebendig waren –, aber auf dem Totenbett konnte er sich 1898 doch einer längeren und erfolgreicheren Zeit erinnern, als es der Erste und der Dritte Napoleon hatten tun können. Trotz aller Schwächen schien das Deutsche Reich für eine irdische Ewigkeit gegründet zu sein.

Aber um dieses Empfinden in der Bevölkerung hervorzurufen, genügten kein wirtschaftlicher Aufschwung und auch keine klug ausgedachte Verfassung: Die gemeinsamen Erinnerungen

20

mußten geschaffen, und einzelstaatliche Erinnerungen mußten als gesamtstaatliche durchgesetzt oder an den Rand gedrängt werden. Das Deutsche Reich war aus drei siegreichen Kriegen hervorgegangen; so war es selbstverständlich, daß die Offiziere der erste Stand im Staate sein würden. Der neue Nationalstaat hatte seine erste symbolische Handlung am 18. Januar 1871 mit der Kaiserproklamation im Spiegelsaal des Schlosses zu Versailles vorgenommen, wo die Uniformen und Orden vollständig dominierten, und der 18. Januar 1701 war der Krönungstag des ersten preußischen Königs gewesen; so verschmolzen die unmittelbaren Erinnerungen an die Siege des noch nicht beendeten Krieges mit der viel weiter zurückreichenden Erinnerung an die Geschichte Preußens.

Der Titel des Deutschen Kaisers aber war das Neue, das doch ein Uraltes evozierte, nämlich das Mittelalter und sogar die Kaiserkrönung Karls des Großen, wie weit auch immer dieses Reich von allem »Karolingischen« entfernt war. Die erste Aufgabe mußte also darin bestehen, dem Kaiser im Volksbewußtsein den angemessenen Platz zu verschaffen: Das war schon deshalb nicht leicht, weil der Träger der Krone selbst, Wilhelm I., einst als »Kartätschenprinz« allen Revolutionären und Liberalen verhaßt, die neue Würde nur widerstrebend annahm und nie aufhörte, sich in erster Linie als König von Preußen zu fühlen. Aber die ruhige Würde, mit welcher der Greis, dessen Geburtsjahr 1797 war, sein Amt ausfüllte, machte ihn bald weit über Preußen hinaus populär, und wenn er preußische und nichtpreußische Städte besuchte, so handelte es sich um Kaiserbesuche; wenn er Grundsteine legte und bei Stiftungsfesten anwesend war, so stand er immer als Kaiser, als Oberhaupt aller Deutschen im Blickpunkt, obwohl er formell nur der Vorsitzende des Fürstenbundes war, der nach dem Text der Verfassung das Land regierte. Vor allem aber erschien er als Soldat und als »Oberster Kriegsherr«, obwohl er im Frieden nicht den Oberbefehl über das Bayerische Heer führte, und auch das trug dazu bei, daß das Reich sich in den

Augen vieler Ausländer und nicht ganz weniger Deutscher vor allem als Militärstaat darstellte, der mit seinen Uniformen, Fahnen und Paraden mehr Erinnerungen an die mittelalterliche Ritter- und Adelszeit bewahrte als jeder andere.

Von Adlern, Schwertern, Rüstungen und Helmen geprägt waren denn auch Denkmalsentwürfe und die Titelblätter von Erinnerungsbüchern. So war es alles andere als zufällig, daß der Sedantag zum eigentlichen Nationalfeiertag wurde, der Tag des entscheidenden Sieges über den Feind, in dessen berühmtestem Schloß »Kaiser und Reich« erstmals proklamiert worden waren. Diese kurzfristige Erinnerung verband sich weit über Preußens Krönungstag hinaus mit dem Gedenken an einen ersten und überaus folgenreichen Sieg: 1875 wurde das Hermannsdenkmal im Teutoburger Wald fertiggestellt, das freilich schon 1838 begonnen worden war, und das hoch emporgereckte Schwert des Helden der Varusschlacht wurde häufig als das Symbol des Siegs germanischer Freiheit über lateinische und »welsche« Servilität und Tücke verstanden. Später entstanden das Niederwalddenkmal am Rhein und schließlich das Völkerschlachtdenkmal in Leipzig als Nationaldenkmäler. Eine offizielle Nationalhymne gab es noch nicht, aber die »Wacht am Rhein« und »Heil Dir im Siegerkranz« nahmen deren Stelle ein. Was ganz oben der erlesene Kreis der Ritter des Ordens »Pour le Mérite« war, das verkörperten bis in die kleinsten Städte und viele Dörfer hinein die Kriegervereine.

Dennoch war das Deutsche Reich auch in seinen Symbolen und Erinnerungen mehr als bloß der Militärstaat Großpreußen. Man tut gut daran, sich vor Augen zu halten, daß der italienische Nationalstaat ebenfalls aus einer Folge von Kriegen entstanden war, daß auch England und Frankreich in freilich viel früherer Zeit den Weg zur nationalen Einheit nur in ständigen Kämpfen gefunden hatten und daß der Adel während der zweiten Hälfte des 19. Jahrhunderts in ganz Europa noch eine hervorstechende Rolle spielte. Aber die freiheitlichen oder bürgerlichen Traditionen der deutschen Geschichte sanken keineswegs vollständig in die Vergangenheit zurück, doch der Städtebund der Hanse und die Befreiungskriege gegen Napoleon wurden im Rückblick vornehmlich als nationale Realitäten und Ereignisse verstanden. Der Deutsche Reichstag erhielt im Zentrum Berlins ein monumentales Domizil, den Wallot-Bau, der zwar nicht so stilvoll war wie das Schloß der Hohenzollern, die Friedrich-Wilhelms-Universität oder Schinkels Neue Wache, der sich aber dennoch den älteren Gebäuden gleichgewichtig an die Seite stellte.

Ein Mitglied dieses Reichstags war für geraume Zeit Heinrich von Treitschke, der seine *Deutsche Geschichte im 19. Jahrhundert* zwar im Sinne Preußens, aber doch betontermaßen für die Deutschen schrieb: ein Mann mit tschechischen Vorfahren und Sohn eines sächsischen Generals, der als Dreißigjähriger auf dem von den preußischen Konservativen so heftig kritisierten Turnfest in Leipzig von 1863 in leidenschaftlicher Rede nicht nur das künftige Reich, sondern das deutsche Parlament beschworen hatte. Fünfzehn Jahre später trug er als Mitglied des Parlaments wesentlich dazu bei, daß sich der rechte Flügel der Nationalliberalen rückhaltlos der Wende Bismarcks zur Schutzzollpolitik anschloß, und sein fünfbändiges Geschichtswerk machte ihn endgültig zum führenden Kopf der »kleindeutschen Historiographie«, die das Geschichtsverständnis des Deutschen Reiches mehr als jede der anderen und keineswegs vollständig verschwundenen Schulen bestimmte. Aber in seinen letzten Lebensjahren geriet dieser redegewaltigste unter den Vorkämpfern der deutschen Einheit in schwere Konflikte mit einer anderen und unmittelbar noch einflußreicheren Macht unter den »reichsfreundlichen« Tendenzen und Gruppen: dem breiten Strom der liberalen öffentlichen Meinung, die in Tageszeitungen wie der *Frankfurter Zeitung* und dem *Berliner Tageblatt* ihre bekanntesten Sprachrohre hatte.

Die liberale Presse war Bismarcks stärkster Partner im »Kulturkampf« gegen das Zentrum und den Katholizismus, und sogar für den »Hussiten« Treitschke wirkten in dieser Sphäre zu viele Juden. Es ist eine höchst merkwürdige Tatsache, daß von allen Minderheiten des Deutschen Reiches nur die jüdische in ihrer großen Mehrheit und mit viel Nachdruck »reichsfreundlich« war. Noch merkwürdiger ist jedoch, daß diese Minderheit gerade keine Minderheit sein wollte, sondern daß ihre führenden Vertreter das vollständige Aufgehen im Deutschtum erstrebten. Allerdings waren es nur wenige, die den entscheidenden Schritt vollzogen und zur protestantischen Mehrheitskonfession übertraten. Die meisten wollten nur ihren Charakter als Volk, das zu Beginn des Jahrhunderts noch in Ghettos gelebt und eine eigene Sprache gesprochen hatte, aufgeben, aber das Merkmal der Konfession bewahren. Doch auch die Erinnerungen der bloßen Konfession gingen weitaus tiefer in die Vergangenheit zurück als jene der christlichen Konfessionen, sofern diese ihre Geschichte mit Jesus Christus und nicht mit den Erzvätern des Alten Testaments beginnen ließen. Auch jüdische Ärzte, Rechtsanwälte und Finanzleute, die dem Gemeindeleben ganz entfremdet waren, feierten den Sabbat und nicht den Sonntag. Bei besonderen Gelegenheiten mochten sie wie alle ihre »Stammesbrüder« oder »Glaubensgenossen« von dem uralten, wenn auch längst nicht mehr als konkrete Aufforderung verstandenen Satz tief berührt werden: »Nächstes Jahr in Jerusalem«.

So ist es nicht unverständlich, daß sich viel Abneigung und Gegnerschaft entwickelte, sowohl unter den »ultramontanen Reichsfeinden« wie auch unter deren alten Gegnern, den Nachfolgern der »deutschtümlichen« Tendenzen im Radikalismus des Vormärz. So kam gegenüber der kleinen und »reichsfreundlichen« Minderheit der Juden eine »antisemitische« Bewegung auf, die ebenfalls reichsfreundlich, ja reichsfanatisch war und deren Erinnerungen viel weiter zurückreichten als die jeder anderen Partei in Deutschland, aber nur als feindseliges Spiegelbild der jüdischen Erinnerung, wo Weltmachtstreben und Weltverschwörungen gesehen wurden, während die Juden selbst von

24

einer langen Kette der Leiden und der Verfolgungen berichteten. Nur an dieser Stelle entstand im Deutschen Reich eine genuine Vernichtungsforderung, die im Programm der Deutschsozialen Reformpartei von 1899 die folgende Gestalt annahm: »Dank der Entwicklung unserer modernen Verkehrsmittel dürfte die Judenfrage im Laufe des 20. Jahrhunderts zur Weltfrage werden und als solche von den anderen Völkern gemeinsam und endgültig durch völlige Absonderung und (wenn die Notwehr es gebietet) schließliche Vernichtung des Judenvolkes gelöst werden.«[2]

Um die gleiche Zeit postulierte ein eigenartiger und auf seine Weise bedeutender Denker, Eugen Dühring, der Mitbegründer der Idee des »freiheitlichen Sozialismus«, das »Verschwindenlassen des ganzen fraglichen Typus«[3]. Aber wenn es zunächst schwer erklärbar zu sein scheint, weshalb die nationalistisch gesinnten Antisemiten ein so ungeheuerliches Postulat gegenüber der einzigen reichsfreundlichen Minderheit erhoben, so wird es bei näherem Hinsehen doch unübersehbar, daß auch eine Bezugnahme auf die ältere Vernichtungsforderung oder besser Vernichtungsvorhersage einer »reichsfeindlichen« Minderheit vorlag, nämlich auf diejenige der Sozialdemokratie, die für Dühring eine »Judokratie über die Arbeiter« war. So brachte Dühring es fertig, das Bismarck-Reich, in welchem kein (Glaubens-)Jude Offizier oder hoher Verwaltungsbeamter werden konnte, als das »auserwählte jüdische Reich deutscher Nation« zu bezeichnen. Ohne Zweifel lag es Dühring ganz fern, nostalgisch auf irgendeinen historischen Zustand zurückzublicken, der *vor* dem Deutschen Reich lag; schon bei Bismarcks Sturz war dieses Reich so selbstverständlich geworden und mithin so gefestigt, daß auch seine Gegner allenfalls über es hinausgehen – möglicherweise mittels einer »Säuberung« –, nicht aber zu einem früheren Zustand zurückkehren wollten. Aber Dühring war ein ganz isolierter Denker, und die antisemitischen Parteien blieben trotz temporärer Erfolge marginal. Ihre Bedeutung ist nicht real, sondern idealtypisch, denn sie repräsentierten eine

»reichstreue« Art der Reichsfeindlichkeit, sie verfügten, wenngleich bloß spiegelbildlich, über die längste Erinnerung, und sie setzten dem Vernichtungspostulat der Sozialisten ein anderes Vernichtungspostulat entgegen.

Isoliert und zur Zeit seines bewußten Lebens kaum hörbar war auch die Stimme Friedrich Nietzsches. Aber während Dühring rasch der Vergessenheit anheimfiel, sollte Nietzsche schon vor 1914 zu einem der größten Namen im deutschen Geistesleben werden. Auch er gehörte zu den Feinden des Bismarck-Reiches, die ein anderes und besseres, in einer tieferen und reicheren geschichtlichen Erinnerung verwurzeltes Reich wollten. Zwar ist es leicht, auch im Hinblick auf Deutschland und die Deutschen widersprüchliche Aussagen Nietzsches zusammenzustellen, nicht anders als zum Christentum, zum Protestantismus und zu den Juden. Aber in starker Verkürzung kann man sagen, daß Nietzsche als der Nachfahre des Deutschen Idealismus, der er ebenso wie Marx war, in seiner Frühzeit und vermutlich sein ganzes Leben hindurch kein höheres Ziel hatte als die konkrete Verbindung des »innersten deutschen Wesens und des griechischen Genius« in Gestalt einer neuen Kultur, deren Zentrum die Tragödie als die Synthese des Dionysischen und Apollinischen und damit die Musik in Gestalt des Gesamtkunstwerks wäre, das er zunächst von Richard Wagner verwirklicht glaubte. Dieser »Kulturstaat« würde mit dem üblicherweise so bezeichneten modernen Staat wenig gemein haben, denn sein Ziel würde kein geringeres sein als die Überwindung der »Zivilisation der Jetztzeit« mit ihrer Oberflächlichkeit und Verödung.

Nach einer kurzen Phase der Begeisterung über die Reichsgründung bringt jedoch schon der junge Baseler Professor die Befürchtung zum Ausdruck, der siegreiche Krieg und die Gründung des Bismarck-Reiches könnten zu einer »Niederlage, ja Exstirpation des deutschen Geistes zugunsten des ›Deutschen Reiches‹« führen. Wenig später spricht er voller Mißbilligung über die »Commandorufe, von denen die deutschen Städte

26

förmlich umbrüllt werden, jetzt, wo man vor allen Toren exerziert ...«, und er stellt dieThese auf: »Gut deutsch sein heißt sich entdeutschen.«⁴ Niemand hat mit schärferem Spott von »Reichsdeutschland« gesprochen als Nietzsche, und am Ende seines bewußten Lebens will er einen »Todkrieg« gegen die Hohenzollern und damit auch gegen die Deutschen führen, die für ihn »verhohenzollert bis zum Haß gegen Geist und Freiheit« sind.⁵ Aber es ist sehr die Frage, ob man aus dieser Äußerung und aus einigen Wendungen seiner mittleren und »aufklärerischen« Periode schließen kann, daß er sich Deutschland humaner, liebenswürdiger und ziviler wünschte. Es ist vielmehr sehr wahrscheinlich, daß das Bismarck-Reich für ihn zu viel Humanitarismus, zu viel Demokratie, zu viel Christlichkeit aufwies, denn ein Reich, das seinem, Nietzsches, »höchsten Gedanken« zum Siege verhelfen wollte, müßte imstande sein, einen Vernichtungskrieg gegen die »Gesamtentartung der Menschheit« zu führen und »jenes Zuviel an Leben« wieder möglich zu machen, aus dem der dionysische Zustand und die Tragödie wiedergeboren werden können. So entwickelt dieser staatenlose deutsche Emigrant aus dem Bismarck-Reich die Konzeption der Geschichte als eines von weither kommenden und lebensfeindlichen Attentats, die genaue Gegenkonzeption zum Begriff der Geschichte als Verwirklichung, welchem in den Fußstapfen Hegels ein staatenloser deutscher Emigrant aus dem Deutschen Bund in London eine eigentümliche Form gegeben hatte, nämlich Marx. Aber im Hinblick auf die konkrete Geschichte, die lebendige Erinnerung, liefen die radikalsten Konzeptionen, die im 19. Jahrhundert zu finden sind, auf etwas Ähnliches hinaus, nämlich auf Verdrängung oder sogar auf ein Fortstoßen der Vergangenheit.

Man konnte in der Tat sagen, der »junge Kaiser«, von dem Nietzsche nur das erste Regierungsjahr wahrnahm, hätte den Versuch gemacht, das Deutsche Reich zu »verhohenzollern«. Er wollte nämlich der eigentliche Erinnerungsstifter sein, und er wollte die Erinnerung der Deutschen auf seinen Großvater als den Gründer des Reichs ausrichten, ja er wollte ihn Friedrich dem Großen an die Seite stellen, indem er den Ruhmesnamen »Wilhelm der Große« durchzusetzen suchte. Zwar war ihm hier kein Erfolg beschieden, aber in den neunziger Jahren entstanden mehrere große Bauwerke, die den Namen Wilhelms I. trugen: die Kaiser-Wilhelm-Gedächtniskirche in Berlin sowie die Kaiser-Wilhelm-Denkmale oberhalb der Porta Westfalica und am Deutschen Eck bei Koblenz; der Nord-Ostsee-Kanal erhielt den Namen »Kaiser-Wilhelm-Kanal«, und einige Zeit später wurde die »Kaiser-Wilhelm-Gesellschaft zur Förderung der Wissenschaften« gegründet. Die Vermutung ist nicht unzulässig, daß Wilhelm II. dadurch nicht bloß die Erinnerung an den Großvater wachhalten, sondern die eigene Zukunft vorbereiten wollte, denn unter ihm vollzog sich ein schleichender Verfassungswandel, der den Inhaber der Präsidialmacht eines Bundesstaates immer näher an die Rolle eines genuinen Monarchen heranführte, des Kaisers von Deutschland, dessen Mitfürsten zu Vasallen herabzusinken drohten. Andererseits wurde gerade unter Wilhelm II. die Erinnerung an die »Feudalzeit« noch stärker gepflegt als zuvor, und sogar auf Kriegerdenkmälern fanden nach persönlichen Entwürfen des Kaisers »geharnischte Ritter« einen Platz.

Es ist zulässig, von einer »Feudalisierung« des Bürgertums zu sprechen, dessen obere Schicht den Lebensstil der »Junker« nachzuahmen suchte und das noch in den bescheidensten bildungsbürgerlichen Kreisen den Rang des Reserveoffiziers erstrebte und höher schätzte als den Beruf des Pfarrers oder Gymnasiallehrers. Auch unter Wilhelm II. wurde Deutschland nicht ein akonfessionell-bürgerlich-nationaler Staat, wie es Frankreich war, obwohl es gewiß nicht mehr, wie noch 1865, aus christlich-konfessionell-regionalistischen Adelsstaaten bestand; sein gesellschaftlicher Charakter konnte vielmehr am ehesten als evangelisch-liberal-neofeudal-großpreußisch gekennzeichnet werden. Es war begreiflich, daß ihm die Freisinnigen, die ehemaligen Revolutionäre von 1848 und die Verfassungsprotagonisten von 1862, »Zurückgebliebenheit« bescheinigten, das heißt, nicht zuletzt die Prägung durch nicht mehr zeitgerechte Erinnerungen.

Daß sich das ganze Land mit Bismarck-Denkmälern bedeckte, konnte als Ausdruck der Opposition gegen den Kaiser, doch auch als Beweis einer anderen Art von Vergangenheitsorientierung verstanden werden. Aber andererseits war dieses Deutschland dabei, in einem unerhörten wirtschaftlichen Aufschwung sogar England zu überholen; die Rechtsstaatlichkeit war in ihm fester begründet als in Frankreich, das keine Verwaltungsgerichtsbarkeit als Teil der unabhängigen Justiz kannte; die Vereinigten Staaten schienen vom englischen Universitätssystem zum deutschen Prinzip der Lehr- und Lernfreiheit überzugehen, das wissenschaftliche und literarische Leben war freier und reicher als irgendwo sonst in der Welt, und die »Konservativen« konnten die Vorwürfe der Freisinnigen mit dem Argument zurückweisen, die Dritte Republik der Advokaten und Berufspolitiker in Frankreich sei mit ihren Korruptionsskandalen und Regierungsstürzen alles andere als ein Vorbild und in England sei die Masse des Volkes der adligen Gesellschaft gegenüber noch viel ergebener (»deferential«) als in Deutschland. Daher waren die Säkularbetrachtungen zum Beginn des neuen Jahrhunderts fast durchweg von Optimismus und nationalem Stolz erfüllt: von Stolz auf den Vorrang der Wissenschaft, auf die eigene Modernität und nicht weniger auf die eigene Geschichte. Und waren nicht alle »entwickelten Gesellschaften« durch ein scheinbares Nebeneinander gekennzeichnet, das besser als hochkomplexe Struktur verstanden wurde: durch ein Nebeneinander von hohem und niedrigem Adel, von Wirtschafts-, Bildungs-, Verwaltungs- und Kleinbürgertum, von Arbeiteraristokratie, gewöhnlichen Arbeitern und Hilfsarbeitern? Hatten nicht auch in England und Frankreich, in Italien und in Österreich die verschiedenen Schichten sehr verschiedenartige geschichtliche Erinnerungen?

Kein grundlegender Unterschied trennte das Deutsche Reich in den Augen der Zeitgenossen von den westlichen Mächten, und es war kein bloßes Phantasieprodukt verstiegener Nationalisten, wenn Deutschland nicht ganz selten als »die führende Weltmacht« gesehen wurde.

Der Anfang des 20. Jahrhunderts bedeutete nicht den Beginn einer neuen Epoche, aber nun traten zwei Entwicklungslinien in den Vordergrund, die Wilhelm I. kaum schon geahnt hatte und die in hohem Maße »gegenwärtig« waren, obwohl auch sie sich auf bestimmte Traditionen und Erinnerungen stützten. Die eine hatte der junge Max Weber 1895 in seiner Freiburger Antrittsvorlesung vorweggenommen, als er sagte: »Wir müssen begreifen, daß die Einigung Deutschlands ein Jugendstreich war, den die Nation auf ihre alten Tage beging und seiner Kostspieligkeit halber besser unterlassen hätte, wenn sie der Abschluß und nicht der Ausgangspunkt einer deutschen Weltmachtpolitik sein sollte.«[6] Die Welt der Jahrhundertwende war alles andere als »saturiert« und »stabil«: Japan hatte einen erfolgreichen Kampf gegen China geführt, die Engländer unterwarfen die Buren, die USA eroberten Kuba und die Philippinen, auf dem Balkan zeichnete sich der Übergang Serbiens vom österreichischen in das russische Lager ab. Ein »Weltstaatensystem« war im Entstehen begriffen und überlagerte das bis dahin unangefochten führende europäische Staatensystem. Nichts lag daher näher und nichts war im Rahmen der gegebenen Umstände zwingender, als auch für Deutschland einen »Platz an der Sonne« zu verlangen, das heißt, die gleichberechtigte Teilnahme am Ringen der führenden Mächte um »Weltmacht« und »Weltgeltung«.

Daß Deutschland seine Flotte vergrößerte, die um 1890 kaum zum Küstenschutz ausreichte, war ein völlig normaler Vorgang, sofern man den »Imperialismus«, den Kampf der souveränen Machtstaaten um ein neues Gleichgewicht und um Einfluß bzw. Besitz in den »zurückgebliebenen Gebieten« der Erde, für normal oder auch bloß für zeitgerecht und unvermeidbar hielt. Den-

30

noch bildete die Flottenrüstung, die Wilhelm II. zusammen mit dem Admiral von Tirpitz ins Werk setzte, eine qualitative Differenz im Vergleich zu den Rüstungen und Inbesitznahmen aller anderen Mächte. Auf den ersten Blick erfüllte sie zwar nur einen alten Traum der Revolution von 1848, und auch deshalb fand sie begeisterte Unterstützung in weiten Kreisen des Bürgertums. Aber da sie darauf abzielte, Deutschland zur zweitgrößten Seemacht der Welt zu machen – jenes Deutschland, das nach allgemeiner Meinung das beste Heer besaß und besitzen mußte, wenn es imstande sein wollte, sich gegen das Bündnis zwischen Frankreich und Rußland zu behaupten –, mußte sie die Besorgnis und das Mißtrauen Englands wecken. Damit war eine völlig neuartige Situation gegeben: Preußen hatte seit 1762 nie mehr gegen Rußland gekämpft, und mit England war es zeitweise verbündet und nie verfeindet gewesen; einer Koalition von Frankreich, Rußland *und* England aber würde es nach allem menschlichen Ermessen mit Österreich-Ungarn als einzigem Verbündeten nicht gewachsen sein. Wilhelm II., Tirpitz und der nationalistische Teil des Bürgertums mit den Alldeutschen an der Spitze trieben also ein höchst gewagtes Spiel, das sie vor sich selbst nur dann rechtfertigen konnten, wenn sie gerade *nicht* gegen die drei Weltmächte Krieg führen wollten, und vornehmlich die preußischen »Junker« kritisierten aus dem Blickpunkt der preußischen Erinnerungen die Weltmachtpolitik als eine Politik der Unbesonnenheit und der Traditionsvergessenheit auf das schärfste. Aber ihr Traditionsbewußtsein erwies sich doch seinerseits als gefahrbringend, denn im Jahre 1913 verhinderten sie die volle Auswirkung des Gesetzes zur Heeresvermehrung, weil sie eine übermäßige Vergrößerung des Offizierskorps als Gefährdung ihrer sozialen Position fürchteten und ablehnten.

Die zweite neuartige Entwicklung war das gewaltige Anwachsen der Sozialdemokratischen Partei, die nach ihrem Selbstverständnis eine ausgesprochene Umsturzpartei war und die objektiv enger als jede andere Partei mit dem fundamentalen Vorgang der Industrialisierung verbunden war. Für ihre marxistischen Theoretiker war der »Imperialismus«, der für die meisten »Bürgerlichen« eine unvermeidbare Phase im großen Prozeß der Zivilisierung und der Einbeziehung zurückgebliebener Länder war, nichts anderes als die Spitze und Endphase des »Kapitalismus«, das heißt des auf die Erzielung von Profit ausgerichteten Konkurrenzsystems; er werde einen unheilvollen Weltkrieg im Gefolge haben, wenn »die internationale Arbeiterbewegung« nicht rechtzeitig die Herrschaft des Kapitals brechen und eine klassenlose Weltgesellschaft an deren Stelle setzen werde. So schien diese Partei ausschließlich auf die Zukunft ausgerichtet zu sein. Aber bei näherem Hinsehen zeigte sich doch, daß sie die Hoffnung oder Erwartung mit einer weit älteren Erinnerung verknüpfte, als selbst Antisemiten und Zionisten sie besaßen, nämlich mit der Erinnerung an den »Urkommunismus«, den gesellschaftlichen Zustand vor der Bildung von Staaten und Klassen, der in der sozialistischen Zukunft »auf höherer Stufe« wiederhergestellt sein werde.

Bei den Reichstagswahlen des Jahres 1912 errang die Sozialdemokratie einen überwältigenden Erfolg; etwa ein Drittel aller Wähler gab ihr die Stimme, und es durfte als wahrscheinlich gelten, daß diese erste echte Massenpartei der deutschen Geschichte imstande sein würde, einen etwaigen Krieg Deutschlands durch einen Generalstreik zu verhindern. Aber würde die Partei so handeln können, wenn die weitaus schwächeren sozialistischen Parteien in Rußland und Frankreich *nicht* fähig sein würden, ihre eigenen »Kriegstreiber« lahmzulegen? Handelte es sich überhaupt um eine geschlossene Partei, da doch August Bebel, wenngleich halb scherzhaft, davon gesprochen hatte, er werde die radikalste der Radikalen, Rosa Luxemburg, notfalls aufhängen lassen?[7] Hatte etwa die Partei, die so viel und so gern vom »Internationalismus« sprach, den »Nationalismus« nicht hinter sich, sondern noch vor sich? Jedenfalls hatte schon vor 1912 ihr Anwachsen dazu geführt, daß Zentrum und Freisinnige ihre Opposition gegen die Regierung weitgehend aufgegeben hatten und daß der seit 1904 existierende »Reichsverband gegen die Sozialdemokratie« als Präfiguration einer neuen und größeren Rechten erscheinen mochte, die ihrerseits eines Tages sogar versuchen könnte, den gemäßigten, nicht-revolutionären Teil der Sozialdemokratie an die Regierung heranzuführen. Daß eine Regierung, die so sehr auf das Zentrum und die Freisinnigen hinblicken mußte und deren Kanzler der Neigungspazifist Theobald von Bethmann Hollweg war, zielbewußt einen großen Krieg vorbereitete, der nicht ein »Kampf um die Weltmacht«, sondern ein »Kampf um die Weltherrschaft« sein würde und die Gefahr der totalen Niederlage in sich barg, mußte als ausgeschlossen gelten, und die Alldeutschen waren nicht weit davon entfernt, dieser Regierung fahrlässigen Landesverrat vorzuwerfen. Das abgewogenste Urteil ging vermutlich dahin, daß die Konflikte der Großmächte sich regeln lassen würden, wie sich ja der deutsch-englische Konflikt um die »Bagdad-Bahn« hatte regeln lassen, daß aber wie stets in der Geschichte die Gefahr nicht auszuschließen war, aus zufälligem Anlaß könnten die Mächte in einen Krieg »hineinschlittern«.

Der zufällige Anlaß war die Ermordung des Erzherzogs Franz Ferdinand und seiner Frau am 28. Juni 1914 in Sarajewo. Es ist ein unbilliges Verlangen aus dem Wissen um die Folgen heraus, daß Deutschland seinem einzigen Verbündeten die Unterstützung bei einer »Abrechnung« mit Serbien hätte versagen sollen, weil ein Eingreifen Rußlands zu befürchten war. Indessen mußte Rußland, wollte der Zar sich nicht angesichts einer erregten öffentlichen Meinung der Gefahr des Sturzes aussetzen, als erste Macht die Generalmobilmachung anordnen, um infolge seiner langen Verbindungswege nicht in Zeitverzug zu geraten. Deutschland wiederum mußte Rußland und dann auch Frankreich den Krieg erklären, wenn es den Vorteil der inneren Linie nicht verspielen wollte; den entscheidenden Zeitvorsprung konnte es jedoch nur erlangen, wenn es den Durchmarsch durch das neutrale Belgien erzwang. Aber infolge seiner Kriegserklärungen und der Verletzung der belgischen Neutralität, die England auf den Plan rief, stand es in der »Weltmeinung« als Angreifer da, und der legitime Widerstand der Belgier führte zu Ereignissen wie der Niederbrennung Löwens und einem exzessiven Vorgehen gegen angebliche oder wirkliche Partisanen, so daß die englische Propaganda unter Ausnutzung einer törichten und lange zurückliegenden Rede Wilhelms II. gegen die »Hunnen« zu Felde ziehen und »abgehackte Kinderhände« erfinden konnte.

Die äußeren Geschehnisse des Ersten Weltkrieges sind hier nicht zu skizzieren, sondern es ist nur darauf hinzuweisen, daß dieser Krieg überall auch als ein Krieg der Kulturen und damit der geschichtlichen Erinnerungen verstanden wurde: auf alliierter Seite durch die ebenso schlichte wie weithin einleuchtende Entgegensetzung von (westlicher) »Zivilisation« und (deutscher) »Barbarei« und in Deutschland auf viel anspruchsvollere, aber auch gequältere und widerspruchsreichere Weise durch die sogenannten Ideen von 1914. Sie haben die Mißachtung, die ihnen seit langem widerfährt, nicht verdient, aber es läßt sich gleichwohl in starker Vereinfachung sagen, daß sie im Kern durch einen höchst auffallenden Widerspruch gekennzeichnet waren. Einerseits wird Deutschland von bedeutenden Denkern wie Max Scheler, Werner Sombart, Rudolf Eucken und Paul Natorp als das Land einer »edlen, ritterlichen Kultur«, als ein Reich der Helden, als Vormacht der »Weltkultur«, als Heimstätte der »Innerlichkeit«, ja als »Seele der Menschheit« der flachen und händlerischen Zivilisation des Westens, der Kommerzialisierung, dem Tanz um das Goldene Kalb und der bürgerlichen Alltäglichkeit entgegengesetzt. Andererseits wird es, wie etwa von Friedrich Naumann, als der »Organisationsstaat« beschrieben, der schon eine zweite Stufe des Kapitalismus erreicht habe, während England noch auf der ersten verharre. Und der frühere Anhänger Rosa Luxemburgs, Paul Lensch, greift Ansätze von Marx auf, indem er Deutschland als die revolutionäre und fortschrittliche

34

Kraft beschreibt, welche die träge und beharrend gewordenen bisherigen Eigentümer, England und Frankreich, von ihren Plätzen verdrängt.[8]

Keine dieser Interpretationen war ganz ohne Grundlage in einer vielgestaltigen Realität. Aber was war das für ein sonderbares Land, das sich nicht, oder nicht primär, aus der modernen Zivilisation, sondern aus jahrhundertealten Erinnerungen verstand und das doch nach vier beispiellos blutigen Kriegsjahren im Frühjahr 1918 noch einmal dicht vor dem endgültigen Sieg zu stehen schien, einem Sieg nicht nur über das schon zum Separatfrieden gezwungene Rußland, sondern auch über Frankreich, England und in gewisser Weise sogar über die USA, die sich immerhin seit mehr als einem Jahr zu seinen Gegnern gesellt hatten! Wenn dieses Land den Krieg »gegen die ganze Welt« verlor, dann mußte ihm aus dem halbzerstörten Frankreich, aus dem um ein Haar ausgehungerten England und auch aus den USA als der Vormacht von Demokratie und Antimilitarismus ein Haß ohnegleichen entgegenschlagen.

II. Der Bürgerkrieg der Erinnerungen in der Weimarer Republik und im Dritten Reich

In offizieller Gestalt begegnete der Haß der Kriegsgegner den deutschen Delegierten um die Jahresmitte 1919 in Versailles, und zwar in der Mantelnote zu den Bestimmungen des Friedensvertrags (oder -diktats), in einem Schriftstück, das von Clemenceau unterschrieben und von dem Privatsekretär Lloyd Georges verfaßt worden war.[1] Hier wird nicht etwa nur der deutschen Regierung die konkrete Kriegsschuld zugeschrieben, sondern es wird behauptet, daß diese, »getreu der preußischen Tradition«, die Vorherrschaft in Europa angestrebt und stets die Auffassung vertreten habe, »in internationalen Angelegenheiten sei Gewalt Recht«. Aber wenn gleich zu Anfang eine bedeutende Tradition in Frage steht, dann kann es sich bei der Regierung nicht mehr um eine bloße Clique von Machthabern handeln, und sehr bald ist nur noch von »Deutschland« die Rede, das nicht bloß den Krieg entfesselt, sondern ihn auch auf rohe und unmenschliche Art geführt habe und dessen Verhalten in der Geschichte der Menschheit fast beispiellos sei. Und schon taucht auch das Wort »die Deutschen« auf, welche als erste Giftgase benutzt und offene Städte mit dem Ziel beschossen hätten, auch Frauen und Kinder zu treffen und dadurch die seelische Widerstandskraft der Gegner zu vermindern, welche mit ihrem U-Boot-Krieg wie Seeräuber gehandelt und mit brutaler Roheit Tausende von Menschen in die Sklaverei verschleppt hätten.

Man muß sich die Undifferenziertheit und Fragwürdigkeit dieser Vorwürfe und nicht minder die Torheit des Verlangens nach einseitiger Auslieferung der »Kriegsverbrecher«, darunter des Kaisers, vor Augen halten, will man verstehen, weshalb der

36

Artikel 231 des Versailler Vertrages, der sogenannte Kriegsschuldartikel, so viel einhellige und parteiübergreifende Empörung in Deutschland hervorrufen konnte – jener Paragraph, der eigentlich nur eine zivilrechtliche Schadensverantwortlichkeit stipuliert und mit dem folgenden § 232 zusammengesehen werden muß, wo die alliierten und assoziierten Regierungen anerkennen, daß eine volle Wiedergutmachung nicht geleistet werden kann. Nicht schon aus dem Vertrag als solchem, so hart und weltwirtschaftlich auf längere Sicht kontraproduktiv er war, und am wenigsten aus den zum guten Teil gerechtfertigten territorialen Bestimmungen resultierte jenes Empfinden erlittenen Unrechts, das alle Parteien teilten, sondern aus dem kollektivistischen Schuldvorwurf, der faktisch damit verknüpft war, sowie aus der klar erkennbaren inneren Widersprüchlichkeit, die durchaus begreifliche nationalistische Interessen mit dem Mantel eines universalistischen Idealismus umkleidete. Dabei lagen die unterschiedlichen Realitäten auf der Hand, und es handelte sich dabei zum guten Teil um Realitäten der Erinnerung: Frankreich hatte im eigenen Lande um seine Existenz als Großmacht gekämpft, und wenn es in den Deutschen Invasoren und Barbaren sah, dann konnte es sich auf die Jahre 1870 und 1871 berufen. Für England war es letzten Endes um eine überlieferte Konzeption seiner Politik gegangen, nämlich um die des europäischen Gleichgewichts, welche möglicherweise überholt war. Italien durfte mit einigem Grund glauben, es habe die Kriege des Risorgimento gegen Österreich bloß fortgesetzt und nun zum Abschluß gebracht. Rußland befand sich nach den beiden Revolutionen des Jahres 1917 in einer Lage, in der traditionelle Erinnerungen keine Rolle mehr spielten; Deutschland konnte sich an den Siebenjährigen Krieg erinnern, in dem Preußen von einer übermächtigen Koalition »eingekreist« gewesen war. Aber in keinem der kriegführenden Länder hatte es so wenig an unmittelbarem Haß gegen die Feinde gegeben wie in Deutschland, und gerade das mochte für die Alliierten ein neuer Grund des Hasses sein, denn dadurch wurde bewiesen, daß den Deutschen kein unmittelbar spürbares Unrecht angetan worden war.

Aber Haß, Abneigung und Kritik kamen nicht nur von außen, sondern auch aus dem Inneren Deutschlands. Dadurch erwies sich, daß das Wort des Kaisers: »Ich kenne keine Parteien mehr, ich kenne nur Deutsche«, zwar dem großen Aufschwung der Augusttage 1914 die bekannteste Artikulierung gab, aber die Verschiedenheit der geistigen und politischen Traditionen in Deutschland nicht ausgelöscht hatte.

Friedrich Wilhelm Foerster, Ordinarius der Pädagogik an der Universität München, publizierte während des Krieges in mehreren Presseorganen eine ganze Anzahl von Aufsätzen – die wichtigsten davon in der »Friedenswarte«, die zwar in Zürich erschien, aber viele Abonnenten in Deutschland hatte –, welche von seiten der Alldeutschen und ihrer Freunde aufs heftigste angegriffen, ja als »Landesverrat« bezeichnet wurden. Dabei wandte sich Foerster nur gegen die Glorifizierung des Krieges als solchen, und er wies mit großem Ernst auf die beispiellosen Schrecken hin, die gerade auf die Modernität dieses Krieges zurückzuführen seien. Aber er kritisierte auch Bismarck und Treitschke unter Berufung auf Constantin Frantz, und es war nicht zu übersehen, daß in ihm die katholisch-großdeutsche Tradition eine neue Stimme gefunden hatte. Daher wollte Foerster eine »Weltaufgabe« der Deutschen ebensowenig verneinen wie die Alldeutschen. Aber er legte einen ganz anderen Begriff von »Herrschaft« zugrunde, der das »Dienen« einschloß und an die älteren Traditionen Deutschlands anknüpfen wollte, nämlich die christlichen, die allein ein ganz neues Deutschland in einem ganz neuen Europa begründen könnten. Dieses Europa würde weit mehr Ähnlichkeit mit dem mittelalterlichen Abendland haben als mit dem modernen Europa der engherzigen und egoistischen Nationalstaaten, und in einem Artikel der »Neuen Zürcher Zeitung« vom Juni 1917 rühmt er den gleichfalls kriegsgegnerischen Alexander Prinz zu Hohenlohe, weil er »an die große und adelige Überlieferung deutscher Ehrlichkeit, Offenheit, Ritterlichkeit« anknüpfe.[2]

Aus den Kreisen der Großindustrie stammte Wilhelm E. Muehlon, der ebenfalls von der Schweiz aus die deutsche Kriegspolitik kritisierte. Muehlon war noch 1914 Mitglied des Direktoriums der Krupp-Werke gewesen, und er hatte offenbar Zugang zu den wichtigsten Persönlichkeiten der Regierung. Daher war es glaubwürdig, wenn er in einem Artikel, der am 18. März 1918 im *Berliner Tageblatt* abgedruckt wurde, von Gesprächen mit Dr. Helfferich, dem damaligen Direktor der Deutschen Bank und nunmehrigen Stellvertreter des Reichskanzlers, berichtete, in denen ein entschiedener Kriegswille zum Ausdruck gekommen sei. Es war allerdings eine sehr weitgehende Konsequenz, wenn er in einem Brief an Bethmann Hollweg vom 7. Mai 1917 schrieb: »Das deutsche Volk kann die geschehenen schweren Versündigungen an seiner, Europas und der Menschheit Gegenwart und Zukunft erst dann wiedergutzumachen beginnen, wenn es sich durch andere Männer von anderer Art vertreten läßt. Es ist keine Ungerechtigkeit, daß es heute dem Odium der ganzen Welt verfallen ist …« Es war leicht zu erkennen, daß Muehlon nicht als Rüstungsindustrieller sprach, sondern als Westdeutscher, der besonders mit Belgien sympathisierte. Aber er ließ sich offenbar ohne Widerstreben in den Dienst der alliierten Propaganda stellen.[3]

Aus voller Überzeugung und in überschwenglichen Wendungen von einem künftigen Paradies machte sich der junge Ernst Bloch unmittelbar zum Verfechter der alliierten Sache. Auch er befand sich, mit Erlaubnis der deutschen Militärbehörden, in der Schweiz und arbeitete an der *Freien Zeitung* mit, der Muehlon ebenfalls nahestand. In seinen Artikeln kommt ein geradezu grenzenloser Haß gegen Preußen zum Ausdruck, das der eigentliche Ursprung des Krieges sei, und zwar als »der abstrakte Machtstaat an sich, die Versachlichung, Entpersönlichung, totale Organisierung, das Selbstleben des menschenfremden, abstrakt machthaften Staatsapparats, preußisch-österreichischen Obrigkeitsstaates«. Bloch warnt nachdrücklich davor, den Kampf gegen Preußen als das »radikalst Böse«, als den »Erzfeind des Menschen, der Freiheit, der Humanität« dadurch zu schwächen und zu komplizieren, daß gleichzeitig ein »Kampf gegen den Kapitalismus« geführt wird, wie es die Bolschewiki tun, die doch nur eine »totale Sozialdiktatur« hervorgebracht haben, welche »wie ein neues Preußen anmutet«. Hier und an anderen Stellen macht Bloch kein Geheimnis daraus, welcher Tradition er sich in diesem Kampf gegen den »widerchristlichen Macht-Materialismus« der Zentralmächte verpflichtet weiß: dem »Judentum des Messianismus«, dem uralten Feind des »schändlichen Baals und Machtgottes«.[4]

Ein solcher Angriff gegen einen einzelnen Staat und gegen eine national beschränkte Klasse ließ sich aus dem Marxismus nicht herleiten; für alle Marxisten mußte die »kapitalistische Produktionsweise« oder »der Imperialismus« oder »die bürgerliche Gesellschaft« die eigentliche Schuld am Kriege tragen. Und so klagt Rosa Luxemburg in ihrer Broschüre »Die Krise der Sozialdemokratie«, der sogenannten Junius-Broschüre, die ganze moderne Gegenwart mit leidenschaftlichen Worten an: »Geschändet, entehrt, im Blute watend, vor Schmutz triefend – so steht die bürgerliche Gesellschaft da, so ist sie. Nicht wenn sie, geleckt und sittsam, Kultur, Philosophie und Ethik, Ordnung, Frieden und Rechtsstaat mimt – als reißende Bestie, als Hexensabbat der Anarchie, als Pesthauch für Kultur und Menschheit – so zeigt sie sich in ihrer wahren, nackten Gestalt.«[5]

Wer so grundsätzlich und aus einer so allumfassenden Hoffnung heraus dachte – der Hoffnung auf den welterlösenden Sozialismus jenseits des Krieges, aber auch jenseits von Klassen, Privateigentum und Staaten –, der konnte sich den exklusiven Kampf gegen Deutschland und Preußen nicht zu eigen machen. Er mußte vielmehr, sobald er die Revolution der Bolschewiki auch nur als einen wichtigen Schritt auf das ersehnte Ziel hin betrachtete, eine grundlegende Neueinschätzung von seiten der Alliierten hervorrufen, wie sie etwa in den Worten eines einfluß-reichen Amerikaners zum Ausdruck kam, der schon im Mai 1919 zu dem Historiker Hans Delbrück sagte, Frankreich werde bald selber das Bedürfnis empfinden, »ein stärkeres Deutschland auf-zubauen als Schutz gegen Rußland und Asien, wie er sich aus-drückte«.[6] Wenn es unter den Deutschen bis dahin kaum je zur Artikulation wirklichen Hasses gekommen war, so mußte sich jetzt zumal unter Offizieren und Freikorpskämpfern ein erbitter-ter Haß entfalten, wenn sie im Programm der neugegründeten KPD, das von Rosa Luxemburg stammte, den Satz lasen: »Dau-men aufs Auge und Knie auf die Brust.« Seit mehr als einem Jahr hatten sie in den Zeitungen Schreckensberichte über das Schicksal der russischen Offiziere und des russischen Bürger-tums gelesen; wie hätten sie nicht meinen sollen, mit dem Rük-ken zur Wand zu stehen und trotzdem eine Tendenz zu verkör-pern, der die Alliierten auf längere Sicht ihre Unterstützung nicht verweigern würden! In den Aufrufen der Freikorpsführer zum Kampf gegen die Bolschewisten an den Grenzen des Vater-landes und im Baltikum werden ein Haß und eine Leidenschaft spürbar, die dem Haß und der Leidenschaft Rosa Luxemburgs vergleichbar sind, wenn auch nicht ihren Hoffnungen. So stand innerhalb Deutschlands bereits Haß gegen Haß, als die Natio-nalversammlung noch kaum gewählt war, die sich ebenso wie die Regierung der Sozialdemokraten von Freikorps schützen las-sen mußte und nahezu ohne Ausnahme auch innerlich mit den Freikorps in der Verneinung der Frage übereinstimmte: »Wollt ihr eine Schreckensherrschaft nach russischem Vorbild?«[7]

Unterhalb dieser politischen Entscheidungen, mit ihnen eng verbunden, doch nicht identisch, standen zwei Erfahrungswei-sen einander gegenüber, die zugleich unmittelbare Erinnerungen waren und auf älteren Erinnerungen beruhten: die negative und die positive Kriegserfahrung. Im August 1914 hatte es so gut wie keine Unterschiede der Einstellung zwischen Mannschaften und

Offizieren gegeben – gerade die einfachen Soldaten hatten voller Siegesgewißheit leichtfertige Sprüche auf die Eisenbahnwagen geschrieben, in denen sie zur Front gebracht wurden: »Jeder Stoß ein Franzos! Jeder Schuß ein Ruß.« Schwung und Begeisterung hatten angehalten, bis der rapide Vormarsch auf Paris durch die Marneschlacht an ein Ende kam und zermürbende Grabenkämpfe zwischen dem Meer und den Alpen an die Stelle des Bewegungskrieges traten. In Schlamm und Feuer wurde die Pickelhaube durch den Stahlhelm ersetzt, und in der Blutmühle von Verdun und der Somme-Schlachten konnte es inmitten des Sterbens von Hunderttausenden nur noch um ein Durchhalten und Ertragen gehen. Aus der Heimat drangen die Klagen von hungernden Frauen und Kindern an die Ohren der Soldaten, und was Aufschwung gewesen war, wurde drückende Last. Millionen verfluchten nun diesen Krieg, wenn auch nur wenige daran dachten, die Pflicht zu verletzen; aber in ihrer Mitte bildeten Hunderttausende einen Kern, dem dieser Krieg die Bewährungsprobe ihrer Männlichkeit, ja der menschlichen Selbstüberwindung war und blieb. Die Millionen waren nicht durchweg Mannschaften, und die Hunderttausende bestanden keineswegs nur aus Offizieren und Unteroffizieren, aber die paradigmatischen Typen waren auf der einen Seite der Meuterer, wie er zuerst in der Flotte bei den Unruhen des Jahres 1917 hervortrat, ein Mann wie der Matrose Reichpietsch, der die Todesstrafe tapfer auf sich nahm, und auf der anderen der junge Stoßtruppführer, der das bequeme Leben der höheren Stäbe hinter der Front verachtete. Ich ziehe zwei Texte zur Veranschaulichung heran: Der eine stammt von Kurt Tucholsky und wurde 1924 geschrieben, der andere ist der Schrift Ernst Jüngers *Der Kampf als inneres Erlebnis* entnommen, die 1922 zuerst veröffentlicht wurde.

Tucholsky beschreibt einen Besuch in Verdun nach dem Kriege, bei dem ihm, wie den anderen Besuchern, auch die Reste der Forts Vaux und Douaumont gezeigt werden: »Hier. Um diesen Kohlenkeller haben sich zwei Nationen vier Jahre lang geschlagen... In diesem Holzgang lagen einst die Deutschen; gegenüber, einen Meter von ihnen, die Franzosen. Hier mordeten sie, Mann gegen Mann; Handgranate gegen Handgranate. Im Dunkeln, bei Tag und bei Nacht. ... An den Wänden kleben die Schreie – hier wurde zusammengeflickt und umwickelt, hier verröchelte, erstickte, verbrüllte und krepierte, was oben zugrundegerichtet war. Und die Helfer? Welch doppelter Todesmut, in dieser Hölle zu arbeiten! Aus blutdurchnäßten Lumpen auswickeln, was noch an Leben in ihnen stak, das verbrannte und zerstampfte Fleisch der Kameraden mit irgendwelchen Salben und Tinkturen bepinseln und schneiden und trennen, losmeißeln und amputieren ...«[8]

Auch Ernst Jünger, blutjunger Frontoffizier und Träger des »Pour le Mérite«, singt keineswegs ein Lied vom »frischen, frommen, fröhlichen Krieg«, wie es nach Friedrich Wilhelm Foerster die alldeutschen Dichterlinge in der Etappe taten. Er beschreibt die Ängste, die Nöte, die todnahe Langeweile, die Grausigkeit der Existenz im Graben vor dem Niemandsland nicht weniger eindringlich als Tucholsky, und dennoch schildert er den Krieger ganz anders: »Dann kam, nur dem Rassigsten vergönnt, der Rausch vor der eigenen Kühnheit. Es gibt nichts Tathafteres als den Sturmlauf auf Feldern, über denen des Todes Mantel flattert, den Gegner als Ziel. Das ist Leben im Katarakt. Da gibt es keine Kompromisse; es geht ums Ganze. Das Höchste ist Einsatz; fällt Schwarz, ist alles verloren ... Das gerade ist das Gewaltige.«[9] Die bejahte Nähe zum Tode ist für Jünger das höchste Leben; erst darin wächst die Erinnerung auf, die nicht bloß bis zu Bismarck oder zu Cäsar zurückreicht, sondern sich eins weiß »mit der endlosen Reihe von Vorgängern«, deren Weg aus »Blut, Qual und Sehnsucht« gewachsen ist. Gerade dadurch wird er des Zeitlosen, des »Blutes« inne, das ihn mit dem Urmenschen verbindet und das nun »als verzehrende Flamme hochschießt, als unwiderstehlicher Taumel, der die Massen berauscht«. Erst im Krieg, erst im Töten und Sterben, wird der Mensch wirklich zum

Menschen und stößt die Krusten ab, in die das bequeme Leben des Alltags ihn eingezwängt hat. Aber wie sollte der gewöhnliche Mensch nicht empört sein, wenn diese Philosophie des vorrationalen Lebens sich als zynische Abgebrühtheit darstellt und ein Landsknecht, in Erinnerung schwelgend, zu dem anderen sagt: »Junge, das war schön! das war wenigstens noch Krieg. Da lag einer neben dem anderen, wie hingespuckt.«[10]

Doch der Mensch versucht zu denken und zu erklären, auch wenn er sich eben noch in Qualen wand oder im Siegestaumel vorwärtsstürmte. Für Tucholsky lassen sich die Urheber des Unheils identifizieren: »Die Rüstungsindustrie war ihnen [den Soldaten] Vater und Mutter gewesen; Schule, Bücher, die Zeitung, die dreimal verfluchte Zeitung, die Kirche mit dem in den Landesfarben angestrichenen Herrgott – alles das war im Besitz der Industriekapitäne, verteilt und kontrolliert wie die Aktienpakete. Der Staat, das arme Luder, durfte die Nationalhymne singen und den Krieg erklären. Gemacht, vorbereitet, geführt wurde der anderswo.«

In Jüngers Augen ist es lächerlich zu meinen, der Krieg werde irgendwo und von irgend jemandem »gemacht«: »Der Krieg ist ebensowenig eine menschliche Einrichtung wie der Geschlechtstrieb; er ist ein Naturgesetz, deshalb werden wir uns niemals seinem Bann entwinden. Wir dürfen ihn nicht leugnen, sonst wird er uns verschlingen.« Jünger nimmt die »starke pazifistische Tendenz« der Gegenwart sehr wohl wahr, er sieht sozusagen Tucholsky vor sich. Diese Tendenz ist ihm jedoch nicht nur hassenswert, sondern lebensfeindlich, und er erklärt sie zum Vorzeichen des Untergangs: »Treibt der Geist eines ganzen Volkes solcher Richtung zu, so ist das ein Sturmzeichen des nahen Untergangs. Eine Kultur mag noch so ragend sein – erlischt der männliche Nerv, so ist sie ein Koloß auf tönernen Füßen. Je mächtiger ihr Bau, desto fürchterlicher der Sturz.«[11]

Tucholsky kennt aber auch einen ganz nahen Feind, der nicht im Chefzimmer des Rüstungskonzerns Aufträge abschließt und

44

nicht in warmer Redaktionsstube den Menschen »jahrelang diese widerwärtige Mordbegeisterung eingebleut hat«. Diesen Feind läßt er am Schluß seines Artikels in mythischer Überhöhung erscheinen, und man könnte sagen, es sei Ernst Jünger, mit haßerfüllten Augen gesehen: »Und aus dem Grau des Himmels taucht mir eine riesige Gestalt auf, ein schlanker und ranker Offizier, mit ungeheuer langen Beinen, Wickelgamaschen, einer schnittigen Figur, den Scherben im Auge. Er feixt. Und kräht mit einer Stimme, die auf den Kasernenhöfen halb Deutschland angepfiffen hat und vor der sich eine Welt schüttelt in Entsetzen: »Nochmal! Nochmal! Nochmal –!«

Auch Jünger trifft auf Tucholsky. Er begegnet ihm unter »seinen Leuten«, die in den Ruhestunden »endlose Gespräche über den Krieg führen« und für die »nur die Erscheinung, die grobe Oberfläche von Bedeutung« ist. Deshalb reden sie sich gegenseitig ein, sie kämpften »nicht für Deutschlands Ehre, nur für die dicken Millionäre«, und sie glauben eine erhellende Feststellung getroffen zu haben, wenn sie sagen: »Wie im Kino, hinten sind die besten Plätze, vorne flimmerts. Der Arme ist immer der Angeschmierte.«[12]

Zahllose andere Beispiele ließen sich heranziehen: von den Romanen Erich Maria Remarques und Arnold Zweigs auf der einen Seite, welche die negative Kriegserfahrung zu Wort bringen, und den Erzählungen Werner Beumelburgs und Hans Zöberleins auf der anderen bis hin zu den zahllosen Artikeln in der *Weltbühne* einerseits und im *Miesbacher Anzeiger* andererseits. Wenn man die Titel der sozialistischen und philosozialistischen Literatur und diejenigen der »Heimatdichtung« und der auslandsdeutschen Schriftsteller unter besonderer Berücksichtigung der historischen Themen von der germanischen Urzeit bis zu Friedrich dem Großen aufzählte, würde ein Großteil der Literatur der Weimarer Zeit in die Nähe der beiden Grunderfahrungen zu rücken sein. Zu erwähnen wäre ferner die von Alfred von Wegerer herausgegebene Zeitschrift *Die Kriegsschuldfrage*, wo keineswegs bloß deutsche Autoren zu Wort kommen und wo doch so gut wie durchweg die These von der deutschen Kriegsschuld zurückgewiesen wird, jene angebliche oder wirkliche Lüge, die ja in der öffentlichen Meinung und in der Literatur der nichtdeutschen Welt für lange Jahre das Feld allein beherrscht hatte. Es wären die Organe der Pazifisten von den Quäkern bis zum »Friedensbund deutscher Katholiken« zu nennen, die den Krieg grundsätzlich ablehnten, aber doch die qualitative Änderung unterstrichen, welche durch die modernen Waffen zustande gekommen sei und die Kultur oder die Menschheit mit dem Untergang bedrohe.

Es gab keine tieferen und machtvolleren Erfahrungen in der Weimarer Republik, und die negative wie die positive war nicht bloß mit unmittelbaren und kurzfristigen, sondern ebenso mit vermittelten und langfristigen Erinnerungen verknüpft: mit der Erinnerung an eine bessere und übernationale, christliche Gesellschaft im Mittelalter oder mit der tiefen Nostalgie nach dem »Glanz des Kaiserreichs« und der disziplinierten Gesellschaft des alten Preußen. Die beiden Erfahrungen mußten einander nicht voller Feindschaft gegenüberstehen. Die »Vernunftrepublikaner« wie Friedrich Meinecke und Ernst Troeltsch waren davon überzeugt, daß der »Militarismus« schon durch den Krieg den Todesstoß erhalten habe und nicht wiederkehren könne. Die Generäle von Seeckt und Groener orientierten sich zwar in ihren innenpolitischen Vorstellungen an Bismarck und dem Kaiserreich, aber nur verblendeter Haß konnte ihnen den Vorwurf machen, sie bereiteten eine Wiederaufnahme des Weltkrieges vor; der Gedanke des Mehrfrontenkampfes war für sie vielmehr das schlimmste aller Schreckbilder. Der Althistoriker Arthur Rosenberg, der einige Jahre kommunistischer Reichstagsabgeordneter gewesen war, stimmt mit ihnen in seinem Buch von 1928 über die *Entstehung der Weimarer Republik 1871–1918* insofern überein, als er unter Bezeigung hohen Respektes in den ungeheuren Blutverlusten des preußischen Adels das definitive

Ende des überragenden Einflusses der »Junker« erkannte.[13] Auch die Gemäßigten von rechts und links sahen sich vor die Notwendigkeit einer »Vergangenheitsbewältigung« gestellt, wenn ihnen das Wort auch noch unbekannt war. Diese war für sie durch die Geschichte selbst vollzogen; angesichts der immer größeren Zerstörungskraft moderner Waffen würde die »positive Kriegserfahrung« der jungen Offiziere und der »Landsknechte« auch in Deutschland mehr und mehr zurücktreten und ein »normales« Deutschland würde seinen Platz in dem friedensichernden Völkerbund einnehmen, der über seinen Ursprung als Zusammenschluß der Feindmächte bald hinwegkommen werde.

Aber längst nicht alle waren so optimistisch. »Preußen« und »die Herrenkaste« waren für viele Pazifisten so tief verwurzelte Realitäten, daß nur ihre »Beseitigung« Deutschland auf einen besseren Weg bringen könnte. »Die Junker« waren indessen nur sehr geschwächt, doch nicht vernichtet, und »Preußen« oder »das Kaiserreich« lebten bei weitem nicht bloß in der Erinnerung ostelbischer Landadliger. Wer diese Schicht vernichten und nicht bloß zurückdrängen wollte, mußte auch einem großen Teil des Mittelstandes den Kampf ansagen. Wenn die Vergangenheit nur dann »bewältigt« war, wenn mit den Junkern zusammen auch alle affirmativen Erinnerungen an Preußen und das Bismarckreich als die eigentlichen Kriegsursachen beseitigt wären, dann besiegelte schon das »Unvollendete« an der Novemberrevolution das Ende der Weimarer Republik, und so sah paradoxerweise Arthur Rosenberg deren Geschichte, freilich erst 1934 und in der Emigration.[14]

Das radikalste »Bewältigungs«konzept hatten die revolutionären Sozialisten, deren harter Kern die Kommunistische Partei war. Die Wurzel des Krieges war für sie gemäß der marxistischen Lehre und der uralten egalitären Tradition das Privateigentum als Basis des kapitalistischen Konkurrenzkampfes. Es ist nicht erstaunlich, daß gerade die entschiedensten Vertreter der nega-

47

tiven Kriegserfahrung sich zu dieser Partei hingezogen fühlten, die international war und deren führende Sektion, die russischen Bolschewiki, unter Beweis gestellt hatte, daß sie nicht bloß pazifistisch war, sondern zur Verteidigung und Förderung des großen Friedens der klassenlosen und überstaatlichen Endgesellschaft die Waffen zu führen vermochte. Die aktiven Kommunisten empfanden sich als Soldaten eines weltweiten Bürgerkriegs, der in Deutschland seine ausgeprägteste Gestalt annehmen würde, und zugleich als die Bewahrer der Erinnerung an alle Kämpfe früherer Unterdrückter, von Spartakus über die Wiedertäufer bis zu Babeuf und zur Pariser Kommune. Aber durch die außerordentlichste unter allen möglichen Zielsetzungen mußten sie alle gegen sich aufbringen, welche diese Zielsetzung nicht teilten oder auch nur die für marxistisches Denken kaum nachvollziehbare enge Bindung an die Bolschewiki ablehnten.

Der Widerstand gegen den militanten Kommunismus war daher uneinheitlich und diffus. Militant war er in der Frühzeit in Gestalt der meisten Freikorps und dann auch in zahlreichen Kampfbünden der Rechten, von denen einige sich aber den Kommunisten und der Sowjetunion auffallend weit näherten und »nationalbolschewistisch« genannt wurden. Militant war bis zu einem gewissen Grade auch der »Stahlhelm« als Wehrorganisation der Deutschnationalen, aber er galt weithin als nicht aktiv genug und als »bürgerlich«. So mußte es einen idealtypischen Ort für eine Partei geben, die die »unbürgerlichen« Tendenzen in sich aufzunehmen vermochte, welche in der positiven Kriegserfahrung beschlossen waren und auch eine soziale Erscheinungsform hatten, nämlich die »nationale Arbeiterschaft«, die zwar nicht wie Ernst Jünger, aber schon gar nicht wie Kurt Tucholsky dachte. Diese Partei war die Nationalsozialistische Deutsche Arbeiterpartei, die schon dem Ansatz nach ebensosehr eine Massen- wie eine Führerpartei war. Als die dezidierteste Partei der positiven Kriegserfahrung war sie zugleich die Partei des militanten Antikommunismus, und mit ihrem Aufstieg

48

war eine Bürgerkriegssituation gegeben, die auch einen Bürgerkrieg der Erinnerungen in sich schloß: Nicht bloß Hitler war Thälmann konfrontiert, sondern Hermann der Cherusker, Friedrich der Große, Bismarck und Hindenburg standen in einer Reihe gegen Spartakus, Thomas Müntzer, François Noel Babeuf und Karl Marx. Dieser Bürgerkrieg wäre auch dann eine Grundwirklichkeit der Weimarer Republik gewesen, hätte nicht die Weltwirtschaftskrise der Jahre seit 1929 große Massen von verzweifelten Menschen, die eine radikale Lösung suchten, in das eine Lager und noch größere Massen von verzweifelten Menschen, die eine nicht ganz so radikale Lösung anstrebten, in das andere Lager getrieben.

Wer die Geschichte der Weimarer Republik oder auch nur die Geschichte dieses politischen und geistigen Bürgerkriegs darstellen will, muß viele Einzelheiten wiedergeben und eine Anzahl von Unterscheidungen treffen; er muß die »guten Jahre« der Republik von 1924 bis 1929 von den erregten und kampferfüllten Anfangsjahren 1918 bis 1923 und von der Endphase 1930 bis 1932 trennen, er muß regionale Differenzierungen beachten und soziologische Fragestellungen einbeziehen.[15] Für die idealtypische Betrachtungsweise dagegen stehen zwei Gruppen im Mittelpunkt der Aufmerksamkeit, die einander den abgründigsten Haß entgegenbrachten und beide entschlossen waren, den Feind zu vernichten: die radikalen Kriegsgegner und darunter die Deserteure aus Überzeugung, zu denen zum Beispiel Walter Ulbricht zählte, und die Frontoffiziere mit ihren Gleichgesinnten unter den Mannschaften und Unteroffizieren. Die erste Gruppe, zunächst sehr klein, vergrößerte sich gleich im November 1918 ganz außerordentlich durch die meuternden Matrosen und die aufbegehrenden Soldaten an der Front und in der Etappe; die zweite verlor nach dem Rückzug in die Heimat ihre »bürgerlichen«, ins Alltagsleben zurückstrebenden Elemente. Aber was sich bei den Berliner Januar- und Märzkämpfen von 1919, was sich in Dresden und im Ruhrgebiet ins Weiße der Augen blickte, gestern noch Angehörige derselben Armee und jetzt von Haß, Erbitterung und Vernichtungswillen erfüllt, das waren die Kerntruppen der radikalen Parteien, die in der Zukunft eine entscheidende Rolle spielen mußten, selbst wenn sie für Jahre keinen Massenzulauf haben würden.

Es gab jedoch eine Vorbedingung. Das unmittelbare Ja und Nein zum Kriege wäre nach dem Abklingen der ersten Kämpfe und den grundlegenden Entscheidungen der Nationalversammlung über kurz oder lang von der wiedererstehenden Normalität des Lebens bis auf einige Reste aufgesaugt worden, wenn nicht das Denken und die Erinnerung ihr Werk getan hätten: das Denken, das nach einer Wurzel nicht nur dieses Krieges, sondern aller Kriege suchte, und die Erinnerung, die diesen Krieg mit einer langen Reihe geschichtlicher Ereignisse verband. So wurden die überzeugten Deserteure zu Kommunisten, und so wurden jene Frontsoldaten nach einigen Umwegen zu Nationalsozialisten. Die einen waren die Partei der Vernichtung »des Kapitalismus« und damit der Kapitalisten, das heißt des Bürgertums und auch des Kleinbürgertums, der großangelegten Reinigung jener »bürgerlichen Gesellschaft«, die Rosa Luxemburg mit so bewegenden Worten angeklagt hatte. Die anderen waren die Partei des einst besser zu führenden Krieges und der Vernichtung der Kommunisten als tödlicher und in Sowjetrußland anschaubarer Bedrohung aller Kultur und damit auch die Partei des Stolzes auf Preußen, auf das Bismarckreich und auf das Abendland.

Diese idealtypische Betrachtungsweise ist nicht üblich, und sie gilt als »gefährlich«, da sie »die Flügelparteien« zu ernst nehme, deren abstoßende Charakterzüge verberge und wohl gar noch dem Nationalsozialismus einen Vorrang zuschreibe, da man doch in aller Regel den »Offizier« über den »Deserteur« stelle. Aber es sollte nicht großer Worte bedürfen, um klar zu machen, daß die Partei der negativen Kriegserfahrung historisch im Recht war und die Partei der Verteidigung der kriegerischen Souveränität des Staates im Unrecht, sofern auch nur der Zeit-

50

raum weniger Jahrzehnte in den Blick genommen wird: der Atombombe gegenüber würde tapfere Männlichkeit zu einer grotesken Trotzhaltung verkommen sein. Aber wer im Hinblick auf den großen Krieg im Recht war, mußte nicht notwendigerweise gleichzeitig hinsichtlich der künftigen Struktur bzw. Strukturlosigkeit der Gesellschaft im Recht sein. Der »nationale Sozialismus« mochte gerade deshalb dem 20. Jahrhundert adäquater sein als der »internationale Sozialismus«, weil er so viel unbestimmter war als dieser und weil er sich dem »Kapitalismus«, das heißt dem marktwirtschaftlichen Konkurrenzsystem, nicht ebenso radikal entgegensetzte. Aber eine Konsequenz des idealtypischen Verfahrens besteht darin, daß nicht die Verwicklung Ernst Thälmanns in die Korruptionsaffäre seines Schwagers als das Wichtige gilt, sondern sein aufrichtiger Glaube an die Gerechtigkeit seiner Sache, und daß nicht die Morphiumsucht und die Prunkliebe Hermann Görings im Vordergrund stehen, sondern das aufschlußreiche Wort, welches er, der Offizier, 1933 an seine Feinde, die Deserteure, richtete: sie hätten ihm und seinesgleichen »das Herz zertreten«, als sie ihnen die Achselstücke abrissen. Der Historiker muß in erster Linie nach der »inneren Stärke« weltgeschichtlicher Erscheinungen fragen, und er wird häufig gerade ihr Scheitern aus ihren Stärken ableiten können. Auch die edelste »nationalpädagogische« Intention sollte ihn nicht dazu verleiten, vornehmlich Laster und Schwächen anzuprangern. Deshalb muß er im Hinblick auf die Weimarer Republik die NSDAP als die Partei der besseren Wiederaufnahme des Krieges und der Vernichtung des Kommunismus der KPD als der Partei der Ausrottung des Krieges durch Vernichtung des Kapitalismus gleichgewichtig gegenüberstellen.

Dieses Postulat gilt nur deshalb als fragwürdig, ja verkehrt, weil der Nationalsozialismus nicht in der Hauptsache die Partei des radikalen Antikommunismus und der Verteidigung der kriegerischen Traditionen gewesen sei, sondern eine antisemitische und deshalb verächtliche und verwerfliche Partei. Dieser Einwand ist zu einem guten Teil richtig. Die deutschen Juden hatten proportional in einem nicht geringeren Ausmaß am Krieg teilgenommen als die deutschen Protestanten und Katholiken. Viele von ihnen hatten hohe Auszeichnungen erhalten, und ein jüdischer Wissenschaftler, Fritz Haber, hatte durch die (Mit-)Erfindung des Haber-Bosch-Verfahrens die Weiterführung des Krieges nach dem Verbrauch der angelegten Munitionsreserven überhaupt erst möglich gemacht. Hätten die preußischen Protestanten nach 1918 gegen die bayrischen Katholiken im Geiste des »Kulturkampfes« oder der Reformation einen Propagandafeldzug eröffnet, würden sie schlicht töricht gehandelt haben, denn eine tiefgreifende Schwächung Deutschlands wäre die unvermeidbare Folge gewesen; die Mitglieder der weitaus kleineren jüdischen Konfession zum Objekt des Angriffs zu machen, war nicht in erster Linie töricht, sondern verwerflich, sowenig sich in Abrede stellen ließ, daß ihr Reichtum und ihr Einfluß groß waren und nach der Diskriminierung im Kaiserreich besonders ins Auge fallen mußten.[16] Auch der italienische Faschismus Mussolinis war eine Partei der Verteidigung des Krieges und der Vernichtung des Kommunismus, aber er war nicht antisemitisch, und er zählte nicht wenige Juden zu seinen Anhängern. Doch sogar hier darf der Historiker die Erklärung nicht durch die Verurteilung verdrängen lassen und sich mit Formeln wie »Hitlers infernalischer Judenhaß« oder »kleinbürgerliche Ressentiments« begnügen.

Es gab tatsächlich Ressentiments vieler Kleinhändler gegen die »jüdischen Warenhäuser«, und die Nationalsozialisten brachten auch diese Ressentiments ins Spiel, aber es ist ausgeschlossen, daß aus den Neidgefühlen oder Frustrierungen einer relativ kleinen Anzahl von Menschen jemals machtvolle Emotionen hätten hervorgehen können, die eine große Volksbewegung weitgehend bestimmten. Wenn man versucht, eine Partei zu »konstruieren«, die in jeder Hinsicht das Gegenteil der kommunistischen sein wollte und doch auf den mächtigen Strom antikapitalistischen Empfindens nicht verzichten konnte, dann

52

mußte sie eine Figur finden, die ebenso hassenswert war wie »der Kapitalist« für die Kommunisten, und das konnte nicht etwa »der Großgrundbesitzer« oder »der Jesuit« sein. Nur »der Jude« erfüllte diese Funktion, und er war kein bloßer »Sündenbock«. Früher als »der Kapitalist« war »der Jude« als Musterbild des Händlers und Wucherers, als Erfinder des Geldsystems, als »das Haus Rothschild« in die Kritik der Frühsozialisten geraten. Hitler griff diese Tradition auf, und schwerlich bloß als Vorwand. Aber seine ganze Leidenschaft kam, wie anhand seiner frühen Reden und von *Mein Kampf* zu zeigen ist, erst dann zum Vorschein, wenn es sich um »den Juden« als Urheber der Revolution handelte. Nicht anders als er empfanden, mindestens im ersten Augenblick, so verschiedenartige Männer wie Thomas Mann und der General Groener, der am 17. November 1918 an seine Frau schrieb: »Vier Jahre war das deutsche Volk ungebrochen gegen eine Welt von Feinden – nun läßt es sich wie eine Leiche umwerfen von einer Handvoll Matrosen, denen das russische Gift der Herrn Joffe und Genossen eingespritzt war. Doch wer sind die Drahtzieher? Juden hier wie dort.«[17]

Es läßt sich in der Tat nicht leugnen, daß zwar nicht »die« Juden, wohl aber eine auffallend große Anzahl von jüdischen Intellektuellen zu Vorkämpfern der »negativen Kriegserfahrung« und deren Überhöhung zum »Sozialismus« geworden waren. Sie teilten das Recht und das Unrecht dieser Gruppierung; sofern sie ernsthaft die Vernichtung ihrer kriegsbejahenden und antisozialistischen Feinde intendierten, mußten sie zusammen mit ihrer ganzen Partei der (politischen) Vernichtung anheimfallen, wenn nicht diese, sondern ihre Feinde sich durchsetzten. Aber wenn zugleich »die« deutschen Juden oder gar alle Juden am Ende sogar physisch vernichtet werden sollten, gewann das moralische Urteil wieder den Vorrang, auf den es verzichten muß, solange es sich um einen von beiden Seiten erklärten und also außermoralischen »Kampf auf Leben und Tod« handelt.

Aber es genügt nicht zu sagen, daß die große Mehrheit der

Juden in Deutschland Deutsche sein wollten, daß sie das Schicksal der anderen Deutschen im Krieg geteilt hatten und daß nur eine kleine Anzahl von Linksintellektuellen wie Bloch und Tucholsky Kommunisten oder Philokommunisten waren. Nicht ganz wenige waren inzwischen zu Zionisten geworden, das heißt zu nichtreligiösen Nationalisten, für die das Wort »Nächstes Jahr in Jerusalem« nicht mehr bloß eine Erinnerung, sondern einen Appell bedeutete. Als Walther Rathenau, assimilierter Jude, Organisator der deutschen Kriegswirtschaft und Außenminister im Kabinett des Linkskatholiken Joseph Wirth, 1922 dem Haß der Partei der Freikorpsmänner zum Opfer gefallen war, da schrieb der linke Zionist und bedeutende Schriftsteller Arnold Zweig in der *Weltbühne* einen Nachruf, der von einem sehr viel intellektuelleren und ausgesprochen antideutschen Haß erfüllt war: »Er war ... ein westlicher Jude mit geschwächten jüdischen Impulsen ... Ein Jude mittlern Wuchses – aber viel zu schade ... Sie konnten ihn erschießen: zum Rücktritt bringen, zur rettenden Flucht zwingen nicht. Ihn nicht wie weder die Luxemburg noch Eisner noch Landauer noch Schottlaender noch irgendeinen der vielen, vielen gemeuchelten Juden, die mit der unzerstörbaren Idee auf den Lippen und im Herzen sich abtun ließen wie Leviné. ... Und er war nicht der letzte Jude, der dem Pack die Stirne zeigte. Er hatte den Mut des Juden, einsam zu sterben und der viehischen Gewalt des ewigen Boche nicht zu achten. Er starb – in guter Verbundenheit. Ein Jude mittlern Formats. Und viel, viel, viel zu schade für diese Nation.«[18]

Der dumpfe Haß von einigen hatte den lodernden Haß von wenigen erzeugt, und dieser Haß verstärkte wiederum den ingrimmigen Haß von vielen, ja er teilte sich, wohl meist in starker Abschwächung, vermutlich auch den meisten unter den mehr als zehn Millionen Deutschen mit, die im Juli und auch noch im November 1932 Hitler wählten, weil sie in erster Linie »Freiheit und Brot« wollten und in zweiter Linie Furcht vor den Kommunisten hatten. Ernst Bloch hatte mit Recht gesagt, der Kampf gegen den preußischen Militarismus werde durch den Kampf gegen den Kapitalismus »kompliziert«, und so wurden auch der Kriegswille und der Antikommunismus der NSDAP durch den »Antisemitismus« kompliziert. Es ist falsch, dem Antisemitismus einen Vorrang gegenüber den wirklich großen Streitfragen der Zeit zuzuschreiben, aber es ist ebensowenig richtig, ihn als eine Idiosynkrasie von Adolf Hitler und Alfred Rosenberg zu betrachten. Nicht eine »Partei von Verbrechern« stand im Januar 1933 bereit, die Macht in Deutschland zu übernehmen, sondern die erstaunlich starke Partei, die um die Kerngruppe von antikommunistischen Freikorpskämpfern herum entstanden war – um jene Gruppe, welche das Objekt einer großangelegten und tief gedachten »Vergangenheitsbewältigung« gewesen und nun gewillt war, ihre eigene Art von »Vergangenheitsbewältigung«, von Beseitigung der Ursachen einer als unheilvoll erfahrenen Entwicklung, durchzusetzen.

Von nationalsozialistischen Autoren ist der Abend des 30. Januar 1933 häufig mit den Augusttagen des Jahres 1914 verglichen worden, und zwar als die Wiedergeburt jenes Aufschwungs nationaler Einheit und Begeisterung. Unzweifelhaft war nie eine neugebildete Regierung der Weimarer Republik von so vielen Menschen mit so viel Enthusiasmus begrüßt worden wie die »Regierung der nationalen Konzentration« Hitler-Papen-Hugenberg. Sie konnte ja als erste dezidierte Anti-Versailles-Regierung verstanden werden. Als solche durfte sie auf Zustimmung bis weit in die Reihen der Sozialdemokratie hinein zählen. Sie bezeichnete sich selbst als antimarxistische Regierung, und wenn durch diese Bestimmung die Sozialdemokraten ausgeschlossen wurden, so galt der Hauptstoß doch offensichtlich den Kommunisten, so daß ihr mancherlei Sympathien im Ausland sicher waren, zumal in Großbritannien, das erst wenige Jahre zuvor an der Schwelle eines Krieges mit der Sowjetunion gestanden hatte. In seinen ersten Reden kündigte der neue Reichskanzler nicht nur den marxistischen Parteien einen Vernichtungskampf an, sondern er klagte auch die Sowjetunion unter Hinweis auf die Millionen von Erschossenen und Verhungerten mit einer Schärfe an, die, mit Ausnahme von Winston Churchill während der Jahre des russischen Bürgerkriegs, noch kein westlicher Staatsmann zu artikulieren gewagt hatte. Aber die innenpolitische Zustimmung kam doch nicht, wie 1914, von der ganzen Nation, sondern nur von jener Hälfte, die bei den Wahlen vom 5. März den Nationalsozialisten und den Deutschnationalen die knappe Mehrheit von 52 Prozent der Stimmen gab. Die Sympathien des Auslands gelangten kaum zur Auswirkung, da der Antisemitismus der Partei neben dem tiefverwurzelten Mißtrauen gegenüber den Deutschen für die Auslandspresse begreiflicherweise sehr im Vordergrund stand. Gleichwohl war die Tendenz einer allgemeinen deutschen Sympathie für den Vorkämpfer der nationalen Restitution und verbreiteter ausländischer Sympathien für den Gegner des Kommunismus gleichwohl von Anfang an vorhanden und ging nie ganz verloren. Nicht bloß die Sowjetunion nahm später in der »Appeasement«-Politik einen starken Strang von antikommunistischer Sympathie für Hitlers Deutschland wahr. Ohne diese Zustimmung und diese Sympathien hätte Hitler die Macht weder erringen noch behaupten können.

Aber was sich schon im ersten Jahr vollzog, ist nicht nur, wie die emigrierten Sozialdemokraten meinten, als die terroristische Niederwerfung der deutschen Arbeiterbewegung, nicht als Konstituierung der totalen Herrschaft, nicht als außenpolitische Selbstisolierung Deutschlands zu verstehen, sondern als die erste radikale »Vergangenheitsbewältigung« in Deutschland, als die Beseitigung aller inneren Möglichkeiten jenes »Dolchstoßes«, der keine bloße »Legende« war, sondern in Gestalt der sozialen, politischen und literarischen Artikulation von »negativer Kriegserfahrung« existiert hatte – aber in Frankreich und England nicht minder als in Deutschland. Daß der Kommunismus die Spaltung des Volkes in feindliche Gruppierungen bedeute, ließ sich mit dem Selbstverständnis der Kommunisten vereinbaren, aber Hitler hatte die Sozialdemokraten kaum weniger im Blick, und auch über diese Partei brach eine Verfolgung herein, die ihr rasch zu erkennen gab, wie irreführend die Erinnerung an das Sozialistengesetz Bismarcks gewesen war, aus der man für Augenblicke Mut geschöpft hatte.

Es blieb immer unklar, ob die Vernichtung des »Marxismus« in erster Linie der Herstellung kriegsbereiter Geschlossenheit des Volkes dienen sollte oder ob diese Geschlossenheit selbst nur Mittel und Voraussetzung für den Entscheidungskampf gegen die ausländisch-internationale Vormacht des Marxismus, die bolschewistische Sowjetunion, sein würde; Hitlers eigene Aussagen waren durch die Jahre hindurch widersprüchlich. Aber ohne Zweifel war es in hohem Maße symptomatisch, daß nicht etwa nur viele Kommunisten und eine Anzahl von Sozialdemokraten, sondern auch Anhänger des Zentrums und sogar der Deutschnationalen in die Konzentrationslager eingeliefert wurden – eine in Deutschland bis dahin ganz unbekannte Einrichtung – und daß auf den Ausbürgerungslisten der Jahre 1933 und 1934 neben Kurt Tucholsky auch Friedrich Wilhelm Foerster, ja die Prinzen zu Hohenlohe-Langenburg und zu Löwenstein zu finden waren. Ein Akt von stärkster, in der ganzen Welt wahrgenommener Symbolkraft war schon die »Bücherverbrennung« vom 10. Mai 1933, wo die Werke von Marx und Kautsky zwar als erste den Flammen übergeben wurden, aber unter dem Motto »Gegen Gesinnungslumperei und politischen Verrat« sehr bald die Schriften von Friedrich Wilhelm Foerster folgten. Andere »Gegen«-Rufe richteten sich »gegen Verfälschung unserer Geschichte und Herabwürdigung ihrer großen Gestalten« sowie »gegen literarischen Verrat am Soldaten des Weltkriegs«, und von diesen Bannflüchen wurden Emil Ludwig und Erich Maria Remarque getroffen.

Die Partei der positiven Kriegserfahrung hatte die alleinige Macht ergriffen. Sie mußte die Partei des besser zu führenden

Krieges sein, wenn sie vor sich selbst bestehen wollte. Tatsächlich hatte Hitler über den Kern seiner Konzeption schon in *Mein Kampf* keinen Zweifel gelassen. Die Flotten- und Kolonialpolitik war als der entscheidende Fehler des Vorkriegsdeutschland anzusehen, und der Sieg über Rußland als der entscheidende Erfolg. Die Machtergreifung des Bolschewismus in Rußland verschaffte Deutschland die Chance, den Westkrieg durch ein Bündnis oder durch wohlwollende Neutralität zu ersetzen und den Ostkrieg bis zur Etablierung dauerhafter deutscher Herrschaft über ganz Europa zu radikalisieren. Aber die Existenz des Bolschewismus brachte eine fundamentale Unsicherheit in die Konzeption hinein: In *Mein Kampf* erschien sie als Schwächung Rußlands und daher als Garantie des deutschen Sieges; doch es gibt zahlreiche Äußerungen schon aus den frühen zwanziger Jahren und dann aus der Mitte der dreißiger Jahre, die erkennen lassen, daß Hitler von genuiner Sorge, ja von Angst erfüllt war; anscheinend ist er sich nie vollständig darüber ins klare gekommen, ob er in erster Linie der Eroberer von deutschem Lebensraum im Osten oder der Führer eines europäischen Abwehrkampfes gegen den überaus starken und gefährlichen Bolschewismus sein wollte. Aber daß er, der als einziger Staatsmann außerhalb der Sowjetunion die Partei der negativen Kriegserfahrung oder den Pazifismus vollständig ausgeschaltet hatte, Krieg führen würde, muß ihm zu jeder Zeit klar gewesen sein, auch als er noch »Friedensreden« hielt und als sein Stellvertreter Rudolf Heß große Treffen von Frontkämpfern aus dem westlichen Europa organisierte.

Die Rangfolge der Feinde stand indessen außer Frage. Der Antibolschewismus war genuin, aber jedenfalls im Hinblick auf die Westmächte auch nutzbringend. Daß es im Deutschland der triumphalen Olympischen Spiele von 1936 kaum auch nur Reste der kommunistischen Untergrundarbeit gab, mußte in England und Frankreich von neuem Sympathien hervorrufen, wo Konservative und Liberale voller Besorgnis auf den Spanischen

Bürgerkrieg blickten, der die Verteidiger der Regierung zu Revolutionären gemacht und die Tötung der mit dem Militäraufstand sympathisierenden Flottenoffiziere durch die Matrosen nach sich gezogen hatte.

Der »bürgerliche Pazifismus« war in aller Welt eng mit dem Liberalismus verbunden, wenngleich nicht identisch. Solange Hitler England zum Freunde gewinnen wollte, durfte er nicht allzu deutlich kundtun, daß er den Liberalismus für eine Krankheit müde gewordener Völker hielt. Aber daß weltbekannte Liberale und Pazifisten wie Thomas Mann und Albert Einstein in die Emigration getrieben worden waren, ließ wenig Zweifel daran übrig, daß das nationalsozialistische Regime auch den Westmächten und der Demokratie feindlich gesinnt war.

Die Feindschaft gegen die Juden fügte sich nicht von vornherein zwingend in dieses Bild ein. Als Vorkämpfer der nationalen Restitution fand Hitler unter den Juden weitaus mehr Beifall als unter den Pazifisten, von den Kommunisten zu schweigen. Die Bitten starker Verbände, wie des »Reichsbunds jüdischer Frontsoldaten« und des »Verbandes nationaldeutscher Juden«, die Juden doch nicht von der wiedererrungenen Wehrfreiheit, das heißt der Wehrpflicht, auszunehmen, klangen geradezu flehentlich. Schon im Frühjahr 1933 hatten sich prominente Juden, die zugleich »national« und antikommunistisch gesinnt waren, gegen die »antideutsche Hetze« ausgesprochen, die tatsächlich in den USA und in England gleich nach dem 30. Januar 1933 losgebrochen war und sich zahlreicher Übertreibungen schuldig gemacht hatte, so daß der »Judenboykott« im April kein bloßer Vorwand war, aber natürlich die alte und charakteristische Ausrichtung gegen »die« Juden erkennen ließ. Die »Nürnberger Gesetze«, weitgehend ein Versuch der Beschwichtigung gegenüber den radikal antisemitischen Teilen der Partei, zerschnitten das letzte Band zwischen dem »nationaldeutschen« Judentum und dem Regime, fanden aber grundsätzlichen Beifall unter den Zionisten, die ebenfalls die rechtliche und schließlich die räumliche Trennung von zwei verschiedenartigen Völkern als Ziel hatten.

Am Ende des Jahres 1938 hatte die »Partei der positiven Kriegserfahrung« ohne Krieg außerordentliche Erfolge errungen: Die nationale Restitution war schon mit der Wiederbesetzung des Rheinlandes und der Aufhebung der letzten noch gültigen Einschränkungen des Versailler Vertrages zum Abschluß gebracht, die Konstitution Großdeutschlands, das Traumbild der süddeutsch-katholischen Tradition, war mit dem Anschluß Österreichs und der sudetendeutschen Gebiete der Tschechoslowakei vollzogen, im Großdeutschen Reich wurden nur noch Schriftsteller gedruckt, die die deutsche und preußische Geschichte darstellten und meist verherrlichten, und der Kampf gegen die innenpolitischen Feinde war längst über die Erbitterung und Grausamkeit der »wilden« Konzentrationslager der SA von 1933 hinausgelangt. Es war keine bloße Lüge, wenn in den deutschen Zeitungen immer wieder versichert wurde, dem Schöpfer Großdeutschlands, dem »Führer des deutschen Reiches und Volkes«, gelte die Liebe und die Verehrung der ganzen Nation.

Aber es war doch kein Zufall, daß die NSDAP längst nicht mehr mit der Partei der positiven Kriegserfahrung identisch war. Nicht wenige der alten Freikorpsleute hatten sich schon bald zurückgezogen: weil sie aus nationalbolschewistischer Neigung heraus die Westorientierung von Hitlers Politik für verfehlt hielten, weil sie, wie Ernst Jünger, für das Plebejische am Nationalsozialismus Verachtung empfanden, weil Hitlers Politik bei vielen hohen Offizieren der Wehrmacht die Erinnerung an das »Alles oder Nichts« der Wilhelminischen Weltpolitik wachrief. »Friedlich« war die Lostrennung der Sudetengebiete ja bloß infolge einer Rücksichtslosigkeit verlaufen, die das Wiedererstehen der verhängnisvollen Weltkriegskoalition nur allzu wahrscheinlich machte. Und was war aus den so wohltuend-konservativ klingenden Wendungen des Aufrufs der Reichsregierung vom 1. Februar 1933 geworden? Schon 1934 war der

Kirchenkampf ausgebrochen, zunächst nur wegen der Anwendung des »Arierparagraphen« im Bereich der Kirche, aber mehr und mehr von den antichristlichen Protagonisten eines »deutschen Glaubens« geführt, der von der Kirche als »Neuheidentum« bezeichnet wurde.

Und wie »deutsch« waren eigentlich die Erinnerungen der führenden Männer? Friedrich der Große war für Hitler sicherlich eine lebendige Erinnerung, aber wie selten sprach er, wenn überhaupt, von Maria Theresia oder von den Kaisern des Mittelalters! Mehr als irgendein Abschnitt der deutschen Geschichte waren für ihn die englische Herrschaft in Indien und das antike Sparta Vorbilder. Heinrich Himmler sah in seiner Rede von 1937 über »Die SS als antibolschewistische Kampforganisation« das »Richtschwert von Verden« blinken, und er führte die Hinrichtung der sächsischen Edelinge auf eine jüdische Verschwörung zurück, das heißt, er stieß Karl den Großen aus der deutschen Geschichte aus. Für Reinhard Heydrich war in seinen »Wandlungen unseres Kampfes« die ganze deutsche Geschichte im Grunde ein Kampf des jüdischen und christlichen Feindes gegen das ewig gleiche, ewig kostbare und ewig gefährdete »germanische Blut«.

Aber noch betrachtete sich die große Mehrzahl der Offiziere der Wehrmacht als Christen, die weit davon entfernt waren, ihre Prägung durch die süddeutsche Adelswelt, das protestantische Pfarrhaus oder das puritanische Ethos des Preußentums zu verleugnen. Vermutlich vertrauten die meisten darauf, daß die Wehrmacht notfalls über die SS ebenso Herr werden würde wie im Juni/Juli 1934 über die SA. Aber war die Erschießung Röhms und der anderen SA-Führer nicht als Mord zu qualifizieren gewesen, und waren nicht zur gleichen Zeit der General von Schleicher, der linke Nationalsozialist Gregor Strasser und das führende Mitglied der »Katholischen Aktion« Erich Klausener ohne Gerichtsverfahren ermordet worden? Nicht nur im Offizierskorps, sondern auch unter Juristen und Verwaltungsbeamten

kamen damals kritische Fragen auf: War die Partei, der man sich
1933 unter dem Eindruck des Vordringens der Kommunisten
und ihrer Feindschaft gegen die preußischen und deutschen Traditionen angeschlossen hatte, mit ihrer Orientierung an »Blut«
und »Rasse« nicht auch eine traditionsfeindliche, erinnerungs-
lose Partei? War der Nationalsozialismus am Ende bloß ein
»brauner Bolschewismus«, der sich lediglich besser verkleidet
hatte und deshalb gefährlicher war als der ursprüngliche, der
»rote Bolschewismus«? Jedenfalls geschah schon im Sommer
1938, was nie zuvor in der preußischen und der deutschen Geschichte geschehen war: Eine Anzahl der höchsten Offiziere ver-
schworen sich gegen den »Obersten Kriegsherrn«. Einer der
typischen »Landsknechte« der Freikorpszeit, Friedrich Wilhelm
Heinz, stellte sich an die Spitze des Stoßtrupps, der Hitler fest-
nehmen und notfalls töten sollte. Die Partei der positiven Kriegserfahrung, die das Volk durch die Vernichtung der Gegner des
»Wehrwillens« einigen wollte, hatte das Zentrum des Kriegs-
heeres, das Offizierskorps, tiefer gespalten, als es 1918/19 der
Novemberumsturz getan hatte. Und das Volk war so wenig
kriegsbereit, daß es sich schweigend von der Panzerdivision
abgewandt hatte, die Hitler während der Sudetenkrise durch die
Straßen Berlins rollen ließ.

Ausgerechnet im Augenblick seines höchsten Triumphes, in
den Monaten nach München, spielten sich zwei Ereignisse ab,
von denen das eine auf einer zufälligen Ursache beruhte und
doch die quasi-zionistische Politik der friedlichen Trennung
zweier Völker unglaubwürdig machte, während das andere aus
dem Zentrum von Hitlers Willen erwuchs und seinerseits die innere Unwahrheit einer »Friedenspolitik« enthüllte, die sich bis
dahin auf das Prinzip des Selbstbestimmungsrechts der Völker
berufen konnte. Das antijüdische Pogrom vom 9. November
1938, die sogenannte Kristallnacht, hätte sicherlich ohne das
Attentat des jungen Herschel Grynspan gegen den deutschen
Diplomaten Ernst vom Rath nicht stattgefunden, und es wurde

anscheinend von Goebbels allein, vielleicht sogar ohne die ausdrückliche Zustimmung Hitlers und jedenfalls ohne diejenige Görings und Himmlers, in Gang gesetzt, aber es bedeutete trotzdem eine qualitative Differenz zu allem Vorhergehenden – nicht zuletzt durch die brutale Behandlung von Tausenden jüdischer Männer, die temporär in Konzentrationslager eingeliefert wurden, so daß von »Volkszorn« oder einem »Goebbelsschen Alleingang« keineswegs mehr gesprochen werden konnte. Ein nennenswerter Unterschied zwischen »jüdischer« und »nichtjüdischer« Propaganda war in den Reaktionen der Presse in Frankreich, England und den USA nicht festzustellen; selbst die ausgesprochensten Freunde Deutschlands und des nationalsozialistischen Regimes schwiegen beschämt. Weithin wurde Deutschland nicht mehr zu den »Kulturstaaten« gezählt und häufig mit der Stalinschen Sowjetunion, wo gerade die Moskauer Prozesse stattgefunden hatten, auf eine Stufe gestellt. Die Besetzung der »Rest-Tschechei« aber, der »Griff nach Prag«, ließ Hitler als einen Eroberer erscheinen, dem es um »triumphale Einzüge« und nicht um die Durchsetzung der Rechte und Ansprüche von Deutschen ging. Daß sich nun entschiedener Widerstand formierte, war nach allen weltgeschichtlichen Präzedentien unvermeidlich.

Daher ist es ungerechtfertigt und geradezu töricht, auch im Hinblick auf den Zweiten Weltkrieg eine »Kriegsschuldfrage« aufzuwerfen. Natürlich ist jeder Krieg wie alle anderen bedeutenden Ereignisse der Geschichte in einen Komplex mannigfaltiger Ursachen eingebunden, und eine Vorgeschichte des Zweiten Weltkriegs darf weder Roosevelts Quarantäne-Rede noch die britische Garantie für Polen vom 31. März 1939, weder den überheblichen Nationalismus der Polen noch die Besetzung Albaniens durch Mussolinis Italien aussparen. Aber wer den ersten Schuß abfeuert und als erster mit Waffengewalt fremde Gebiete besetzt, ist schuldig, es sei denn, für ihn habe eine überaus bedrohliche Situation bestanden, die ihn zu einer präventiven

Aktion gezwungen hätte. Nicht bloß deutsche Apologetik sah den Ursprung des Ersten Weltkriegs in einer solchen Situation, aber im August/September 1939 gab es nichts von alledem. Deutschland war Polen weit überlegen; ein etwaiger polnischer Angriff hätte unter Billigung der ganzen Welt leicht zurückgeschlagen werden können.

Dennoch ist dieThese falsch, Hitler habe am 1. September den von jeher geplantenWeltkrieg »entfesselt«; sie ist nicht weniger falsch als die entgegengesetzte Behauptung, Hitler sei ein Mann des Friedens gewesen. Hitler wollte den großen Krieg, aber er wollte nicht diesen Krieg zu diesem Zeitpunkt, und er wollte nicht den Mehrfrontenkrieg. Die Forderung nach Beseitigung des polnischen »Korridors«, der Ostpreußen vom Reich abtrennte, war indessen die erste und selbstverständlichste Forderung der Weimarer Außenpolitik gewesen, und es mußte dem Triumphator von München und Prag schwer erträglich scheinen, unter dem Druck einer englischen Drohung vor der Grenze des deutschen und nationalsozialistischen Danzig Halt zu machen. Insofern ist es nicht unzulässig, von einem »erzwungenen Krieg« zu sprechen, doch es handelte sich um einen Zwang, der dem Eroberer ein verfrühtes Handeln nahelegt.

Aber zum zweiten und vor allem war dieser Krieg ein erschlichener Krieg: erschlichen von Stalin, der Hitler dazu verlockte, mit ihm den »Nichtangriffspakt« – in Wirklichkeit dasTeilungsabkommen über Polen – zu schließen, und der damit Lenins höchstenWunsch realisierte, nämlich die kapitalistischen Feindmächte in einen Krieg untereinander zu verwickeln. Damit hatte Hitler schon zu Beginn des Krieges die beste und von ihm in aller Aufrichtigkeit gewünschte Chance für seinen »großen Krieg« verloren, nämlich unter wohlwollender Neutralität der antikommunistischen Westmächte den Krieg gegen den säkularen Feind zwecks Niederwerfung des Bolschewismus und Eroberung von deutschem Lebensraum im Osten zu führen. Der Krieg hatte sozusagen die jüngere seiner beiden Hauptwurzeln eingebüßt, den Antibolschewismus, und er hatte sich zugleich verkleinert: von dem klüger zu führenden Weltkrieg zum europäischen Konflikt mit den so sehr umworbenen potentiellen Verbündeten. Aber nach dem militärischen Sieg über Polen nahm er gleich eine Gestalt an, die zwischen 1914 und 1918 höchstens die radikalsten Alldeutschen sich vorstellen konnten: die Gestalt einer archaischen Unterdrückungs- und Versklavungspolitik, die jedoch bei aller Brutalität der Einsatzgruppen der SS, wie gerade einige linke Autoren hervorgehoben haben, auch Züge eines hochmütigen Modernisierungsunternehmens aufwies.[19]

Im Westen fiel dann die Entscheidung, die im Ersten Weltkrieg zweimal so nah gewesen und schließlich doch entschwunden war: der vollständige Sieg über Frankreich, der dem ganzen deutschen Volke und sogar einigen der deutschen Emigranten in Amerika die Herzen höher schlagen ließ. Wenn ein gewagtes Bild gestattet ist, so könnte man sagen: Hitler stand bis zu den Knien in einem See allgemeiner deutscher und teilweise sogar europäischer Zustimmung – als Sieger über den Marxismus, als Rächer von Versailles, als Wegbereiter eines geeinten Europa. Dann und wann schlugen ihm Wellen bis zur Hüfte – diese mögen die Zustimmung der Anhänger und Gefolgsmänner zu seinen weitergreifenden Plänen symbolisieren: der Vertreibung bzw. Eindeutschung von Tschechen und Polen, der Niederzwingung der letzten, der kirchlichen, Opposition im Inneren, später auch der Eroberung des Ostraums; doch sein Kopf blieb unberührt, und in seine letzten Pläne gab er niemandem Einblick, nicht einmal, wie er einmal sagte, sich selbst.

England aber widerstand dem neuen Herrscher über Europa, wie es 140 Jahre zuvor dem damaligen Herrscher widerstanden hatte – und zwar ausgerechnet mit jenen Kräften, vor denen Hitler genuine Hochachtung empfand, mit der Luftwaffe und der Flotte und unter Führung Winston Churchills, der ebensofrüh wie Hitler im Bolschewismus die größte der Gefahren gesehen hatte, der aber inzwischen den damals noch unbekannten Mitkämpfer von einst für eine noch größere Gefahr hielt.

Jetzt war Hitler gezwungen, eine fundamentale Entscheidung zu treffen. Nachdem er das britische Expeditionsheer vor Dünkirchen hatte entkommen lassen und die Landung in England ohne wirklichen Nachdruck betrieben hatte, konnte er nun den Entschluß fassen, im Mittelmeer und am Suezkanal unter Einsatz überwältigender Kräfte dem britischen Empire den tödlichen Schlag zu versetzen, bevor Roosevelt seine völkerrechtswidrige Politik der »Nichtkriegführung« endgültig aufgab. Aber dann war die Möglichkeit nicht auszuschließen, daß der verbündete Feind, Stalin, seine Panzerarmeen gegen ihn in Gang setzte. Er konnte aber auch den Entscheidungskampf im Osten gegen die Sowjetunion führen. Es war für ihn offensichtlich eine Befreiung, eine Rückkehr zu sich selbst und seinen Anfängen, als er nach dem Molotow-Besuch vom November 1940 in Berlin sich endgültig entschloß, die Sowjetunion – und damit, wie er überzeugt war, den Bolschewismus – anzugreifen und zu vernichten.

Diese Rückkehr Hitlers zu sich selbst und zu seinen ältesten Überzeugungen gilt es zu beachten, wenn man nicht allzu vereinfachend von einem bloßen »Überfall« reden will. Trotz einiger leichtfertiger Äußerungen über die angebliche Schwäche der Roten Armee verbarg er sich im Grunde nicht, daß er »ein dunkles Tor aufstoßen« und einen Kampf führen müsse, der mit keinem der vorhergehenden Feldzüge vergleichbar sein würde. Seine erstaunlich starken Erinnerungen – oder Kenntnisse oder Vorurteile – hinsichtlich der russischen Revolution und des Bürgerkrieges ließen ihn als selbstverständlich annehmen, daß der Kampf von seiten des Feindes mit der gleichen Rücksichtslosigkeit geführt werden würde wie damals. Weder die Roten noch die Weißen hatten in der Regel die feindlichen Kommissare bzw. Offiziere gefangengenommen, sondern sie hatten sie ohne weiteres getötet, und so ließ Hitler den »Kommissarerlaß« ausarbeiten, der ebenso völkerrechtswidrig war, wie die ganze Kriegführung

66

im russischen Bürgerkrieg völkerrechtswidrig gewesen war.[20] Rote wie Weiße hatten gegen starke Partisanenverbände kämpfen müssen, und es lag nahe, daß die SS ihre »Einsatzgruppen« zum Kampf, auch zum präventiven Kampf gegen Partisanen und Partisanenhelfer, vorbereitete.

Aber in einem zentralen Punkt ahmte Hitler nur die Weißen nach und nicht die Roten, obwohl die Situation sich geradezu umgekehrt hatte. Von 1918 bis 1920 hatten die Roten an die Bauernmassen hinter der weißen Front appelliert, und sie hatten versprochen, ihnen das Land der Gutsbesitzer zu geben oder zurückzugeben, die jetzt als Offiziere der Weißen die Rückkehr zum Zarenregime betrieben. Hätte Hitler als Führer eines antibolschewistischen und antistalinistischen Befreiungskrieges auf Moskau und Kiew marschieren wollen, dann hätte er seine zwei Hauptmotive wieder in Übereinstimmung gebracht: das Motiv des Antibolschewismus und das Motiv der besseren Wiederaufnahme des Ersten Weltkrieges. Im Ersten Weltkrieg hatte Deutschland nur deshalb über das Zarenreich gesiegt, weil es an die Freiheitswünsche der »Fremdvölker« und auch der Ukrainer hatte anknüpfen können. Die Notwendigkeit, Lebensmittel für die hungernde Heimat heranzuschaffen, hatte freilich das Ziel der Ausbeutung vor dem Ziel der Befreiung den Vorrang gewinnen lassen. Hitler aber, der doch den deutschen Nationalismus schon seit langem zu einer Vorstellung von der »germanischen Rasse« ausgeweitet hatte und der sogar davon träumte, der »Führer aller Arier« zu werden, ließ den Ausbeutungswillen und zudem die Slawenverachtung seiner Jugendjahre so ausschließlich hervortreten, daß sein Antibolschewismus für die Ukrainer und die »Kulakensöhne« (soweit sie noch lebten) ebenso unglaubwürdig werden mußte, wie sein Verlangen nach deutscher Selbstbestimmung für die Engländer unglaubwürdig geworden war.

So hatte er den Krieg zwar noch nicht definitiv verloren, als seine Armeen am 22. Juni 1941 mit einer Anzahl von Panzern zum Angriff antraten, die im Vergleich zur Zahl der sowjetischen Panzer sehr gering war, aber er hatte seine konkreteste Chance bereits aus der Hand gegeben, und er war vor allem im Kern seiner Konzeption gescheitert; sobald die USA, wie zu erwarten war, in den Krieg eintreten würden, war die Weltkriegssituation wiederhergestellt: Deutschland stand zusammen mit dem ehemaligen Österreich und mit Ungarn sowie mit Bulgarien und Rumänien, aber nicht mit der Türkei, im Kampf gegen die drei größten Weltmächte. Nur Frankreich war ausgeschieden, und ein Teil seiner Ressourcen kam Deutschland zugute.

Daß das antijüdische Motiv Hitlers objektiv untergeordnet war und gerade deshalb subjektiv so stark hervortrat, wird nirgendwo deutlicher als in der berühmten Prophezeihung vom 30. Januar 1939, die er in verkürzter Form während des Krieges mehrfach wiederholte. Sie ist sehr häufig zitiert worden, aber meist unvollständig und ohne einen Versuch der Interpretation. Sie lautet – unter Fortlassung einiger Zwischensätze –: »Ich will heute wieder ein Prophet sein: Wenn es dem internationalen Finanzjudentum in und außerhalb Europas gelingen sollte, die Völker noch einmal in einen Weltkrieg zu stürzen, dann wird das Ergebnis nicht die Bolschewisierung der Erde und damit der Sieg des Judentums sein, sondern die Vernichtung der jüdischen Rasse in Europa. ... Die Völker wollen nicht mehr auf den Schlachtfeldern sterben, damit diese wurzellose internationale Rasse an den Geschäften des Krieges verdient und ihre alttestamentarische Rachsucht befriedigt. Über die jüdische Parole ›Proletarier aller Länder, vereinigt euch‹ wird eine höhere Erkenntnis siegen, nämlich: ›Schaffende Angehörige aller Nationen, erkennt euren gemeinsamen Feind!‹«[21]

Aus diesen Sätzen geht klar hervor, daß der Öffentlichkeit gegenüber (aber, wie wir heute wissen, auch in ganz kleinen und vertrauten Kreisen von seinen ersten Anfängen bis zum Ende) der Antibolschewismus, den er ohne weiteres als Antimarxismus verstand, das stärkste Motiv in Hitlers Leben war. Aus persönlicher Erfahrung und Erinnerung heraus stammt dieses Motiv (wie in *Mein Kampf* nachzulesen ist) von der ersten Begegnung mit der marxistischen Arbeiterbewegung in Wien und von der Konfrontation mit dem Umsturz von 1918; den Anspruch einer Erkenntnis gewinnen Erfahrung und Erinnerung jedoch erst dadurch, daß sie mit dem »Kommunistischen Manifest« in Zusammenhang gebracht werden. Der Überschritt zu einer Gesamtdeutung der Weltgeschichte wird vorgenommen, indem das »Finanzjudentum« ins Spiel gebracht und damit eine Erklärung für den ersten und für den möglicherweise bevorstehenden zweiten Weltkrieg gegeben wird. Mit dieser Erklärung aber übernimmt Hitler unter Einengung auf die Juden gerade die marxistische These vom Ursprung des Weltkriegs aus finanziellen Interessen und damit die negative Wertung des Krieges insgesamt.

In bezug auf die bessere Wiederaufnahme des Weltkrieges, die doch von allen Präzedentien her eins seiner wesentlichsten Motive sein *mußte*, war Hitler also zur Täuschung gezwungen. Weit aufrichtiger war er in *Mein Kampf* gewesen, wo er geschrieben hatte, jede Macht, die dem Gesetz des Lebens gemäß ihren Lebensraum ausdehnen wolle, stoße stets auf einen Besitzer, dürfe also vor Gewalt und Krieg nicht zurückschrecken. Aufrichtiger war er auch am 22. August 1939 in seiner Rede vor den Generalen am Vorabend des Angriffs auf Polen, wo er sagte: »Wir müssen unser Herz verschließen und hart machen. ... Wer über diese Weltordnung nachgedacht hat, ist sich klar, daß ihr Sinn im kämpferischen Durchsetzen des Besten liegt. Das deutsche Volk aber gehört zu den besten Völkern der Erde. Uns hat die Vorsehung zu Führern dieses Volkes gemacht, wir haben damit die Aufgabe, dem deutschen Volke, das mit 140 Menschen auf den Quadratkilometer zusammengedrängt ist, den nötigen Lebensraum zu geben. Größte Härte kann bei der Durchführung einer solchen Aufgabe größte Milde sein.«[22]

Was Hitler am 30. Januar 1939 unter »Weltkrieg« verstand, hieß also nichts anderes als »Weltkrieg in der alten Konstellation«.

Der aber konnte nur entstehen, wenn England seinem antibol-schewistischen Interesse und der Intention der Erhaltung des Empire zuwiderhandelte. Die Möglichkeit dieses Zuwiderhan-delns führte Hitler auf die »jüdische Presse» zurück. (Daß er damit die Eigenmacht sehr englischer Traditionen gründlich un-terschätzte, braucht nicht eigens unterstrichen zu werden.) Aber die angeblich jüdische Kausalität war für Hitler in einem dritten »Erkenntnisschritt« nur Bestandteil einer noch weit umfassen-deren Kausalität, nämlich der Juden als der Urheber allen ge-schichtlichen Unheils, als »Drahtzieher der Geschicke der Menschheit«.[23] Damit trat das antijüdische Motiv in den Vorder-grund, das am wenigsten objektiv und am meisten mythologisie-rend war. Aber es gab für ihn kein anderes Gegenbild zu der um-fassenden Geschichtsdeutung des Marxismus, von der er mithin innerlich ganz abhängig war.

So läßt sich eine Rangfolge der »Objektivität« in Hitlers Motiven feststellen: Der militante Antibolschewismus war die reagierende Entsprechung zu dem von vornherein militanten Bolschewismus, der sich selbst als den zur Staatsmacht gewor-denen Marxismus sah. Dieser hatte »den Kapitalismus« und in der Sache die »bürgerliche« Kultur Europas zu einem Kampf auf Tod und Leben herausgefordert. Die militante Reaktion kam nicht aus der Mitte dieser Kultur, sondern aus ihren Randschich-ten, aber sie genoß weit darüber hinaus Sympathien. Nicht wenige Repräsentanten dieser Mitte waren überzeugt, daß eine andere Art der Auseinandersetzung möglich und angebracht sei. Aber im Prinzip war der Kampf, der nun auf beiden Seiten unter dem Leninschen Motto »wer-wen?« geführt wurde, von außer-moralischer Art. Die Moral spielte nur insoweit eine Rolle, als ein etwaiger Sieg der Bolschewiki von diesen als ein Kraftbeweis des tieferen Geschichtsverständnisses angesehen worden wäre. Wenn dieses Geschichtsverständnis falsch oder unzureichend war, mußte das entgegengesetzte deshalb nicht notwendigerweise richtig sein. Aber das Motiv des Antibolschewismus wies einen hohen Grad an Objektivität auf und war als solches nicht in dem historischen Unrecht, das alle Kommunisten, nahezu alle Marxisten und nicht wenige Liberale ihm zuschrieben.

Das Motiv des besser zu führenden Krieges bedurfte der Rechtfertigung durch den Antibolschewismus nicht; wo Hitler seine Meinung unverhüllt zu erkennen gab, entsprach es einfach dem Gesetz des expandierenden Lebens. Aber ohne die Existenz des Bolschewismus hätte es nicht die geringste Chance der Verwirklichung gehabt. Wenn die Menschheit am Beginn eines Zeitalters stand, in dem der »große« Krieg selbstzerstörerisch werden würde, dann war seine Entfesselung ein Menschheitsverbrechen, und die stärkste moralische Empörung war insofern berechtigt. Aber auch wenn Hitlers Krieg bloß ein Krieg um Lebensraum gewesen wäre, würde er längst nicht der erste und auch nicht der letzte Krieg dieser Art gewesen sein. Nur die Größe und die Bedeutung Deutschlands machten ihn »menschheitsgefährdend«, und damit kam ein Moment der Unsicherheit in die moralische Eindeutigkeit hinein.

Wenn Hitler sich selbst ernst nahm, mußte dieser Krieg den weit überschießenden Versuch mit sich bringen, eine »Endlösung des jüdischen Problems« herbeizuführen. Und sogar hier lassen sich Grade der Objektivität unterscheiden. Daß die Reste der deutschen Juden, die sich voller Angst kaum aus ihren Wohnungen herauswagten, eine Gefahr darstellten, ist eine abwegige Annahme, die sich höchstens auf die Aktivität der »Gruppe Baum« hätte berufen können. Dennoch spielte die Erinnerung an ein früheres Unheil und der Wille, keine Wiederholung dieses Unheils zuzulassen, mit hinein. Er werde dafür sorgen, sagte Goebbels 1943, daß kein Kontakt zwischen den ausländischen Arbeitern und den Juden stattfinden könne, so daß ein neuer November 1918 unmöglich sein werde.[24] Die deutsche Bevölkerung sah wenig Grund, über den Abtransport der Juden als solchen beunruhigt oder empört zu sein, soweit sie sich nicht der unablässigen Propaganda des Regimes hatte entziehen können.

Die Engländer und die Franzosen hatten gleich bei Kriegsaus-
bruch alle Deutschen interniert und teilweise nach Kanada ver-
frachtet, auch wenn diese Emigranten und Antifaschisten waren;
die Amerikaner verschickten ihre eigenen Staatsbürger japani-
scher Abkunft in Internierungslager, da sie ihnen Sympathien für
ihre Landsleute in Asien zuschrieben. Es lag kein grundsätzlicher
Unterschied vor, wenn die große Mehrzahl der Deutschen in den
Juden »Feinde« sah, so groß die Ungerechtigkeit im Einzelfall
und besonders gegenüber ehemaligen Frontsoldaten des Weltkriegs auch war. Daher ist es immerhin verstehbar, daß nach den
Berichten des SD manche Deutsche Anstoß an der »Sonderbehandlung« nahmen, die solche Juden genossen, welche mit
»Deutschblütigen« verheiratet waren.[25]

Wie weit seit 1941 Gerüchte ins Volk drangen, »im Osten« ge-
schähen schreckliche Dinge, ist noch nicht genügend untersucht.
Sicher ist, daß die deutsche Bevölkerung den Presseberichten
über »schreckliche Taten« der Bolschewiki, wie etwa über die
Massenmorde des NKWD vor dem Einrücken der deutschen
Truppen in Lemberg, Glauben schenkte und anscheinend wenig
Skepsis gegenüber der weiteren Behauptung an den Tag legte, es
handle sich bei den Tätern fast durchweg um Juden. Wenn die
These richtig war, daß unter den Partisanen, die Stalins Aufruf zu
einer völkerrechtswidrigen Kriegführung folgten, sehr viele Juden waren, mußte »das Judentum« große Verluste erleiden. Als
im März 1943 die Gräber von Katyn entdeckt wurden, empfanden viele Deutsche die Erschießung von Tausenden polnischer
Offiziere als Bestätigung ihrer Auffassung von dem »mörderi-
schen« Charakter des Systems im Osten. Aber es ist kein Zweifel
zulässig, daß die große Mehrheit der Deutschen sich trotz Lemberg und Katyn und trotz des Luftkrieges der Amerikaner und
Engländer gegen die Zivilbevölkerung mit Entsetzen abgewandt
hätte, wenn ihnen erzählt worden wäre, viele der Transporte aus
Deutschland endeten in Massengräbern, von den Einsatzgruppen würden Hunderttausende von Juden als Juden und nicht

etwa wegen kommunistischer Betätigung erschossen, und in Vernichtungslagern vollziehe sich eine Massentötung, wie es sie so noch nirgendwo gegeben habe.

Es war ein hoher nationalsozialistischer Funktionär und eingefleischter Antisemit, der Gauleiter und Reichskommissar Lohse, der voller Empörung ausrief: »Was ist dagegen Katyn!«[26] Aber er hätte sich doch auch wieder sagen müssen, daß ein solcher Versuch der unterschiedslosen Vernichtung einer »Rasse« konsequent war, wenn Hitlers Geschichtsphilosophie von den Juden als den »Drahtziehern« des Unheils und von der alleinigen Realität der »Volkskörper« ernst gemeint und nicht bloß eine Floskel war. Der Befehl zur Vernichtung der Lebensgrundlagen des deutschen Volkes, den Hitler im Frühjahr 1945 im Zeichen der nun schlechthin unvermeidbaren Niederlage gab, war jedenfalls *keine* rhetorische Floskel. Wer durfte annehmen, daß ein Befehl, »die biologischen Grundlagen des Judentums zu zerstören«, *nicht* ernst gemeint gewesen wäre?[27]

Im allgemeinen spielte jedoch die Frage der Behandlung der Juden innerhalb der oppositionellen Regungen gegenüber dem Regime bis in die letzte Kriegszeit hinein keine nennenswerte Rolle. Gerüchte nachzuprüfen war niemand imstande, und inmitten der immer fühlbarer werdenden Härten des Krieges wurde im Volk weit eher Kritik an den »besseren Kreisen« laut als an der Partei und gar an der Person des »Führers«. Die Emigranten waren ohnehin seit langem in Vergessenheit versunken. Die nationalsozialistische Vergangenheitsbewältigung hatte alle jene Kanäle, das heißt Kommunikationswege beseitigt, mittels derer sich im Ersten Weltkrieg Unmut und Opposition hatten vernehmbar machen und sogar organisieren können. Selbst gegen Hitlers letzte Zerstörungsbefehle erhob sich von unten kein wirksamer Widerstand. Aktiven und wirksamen Widerstand gab es, abermals in schroffem Gegensatz zum Ersten Weltkrieg, nur unter den Spitzen des Heeres, doch seine Träger wurden nach dem 20. Juli hingerichtet. Aber auch dem einfachsten »Volksgenossen« dürfte es im Inferno der letzten Kriegsmonate klar geworden sein, daß es für ein Volk nichts Unheilvolleres gibt als das völlige Fehlen jener »Kanäle«, die im November 1918 den Umsturz ermöglicht und eine »Winterschlacht in Deutschland« verhindert hatten, welche das Ende des Reiches bedeutet haben würde.

So war nach der totalen Niederlage im Jahr 1945, die keinen Raum für eine »Dolchstoßthese« mehr ließ, ein Orkan von Anklagen gegen Deutschland zu erwarten, denen auch diejenigen die »Objektivität« nicht bestreiten konnten, welche sich weigerten, in Hitlers Nationalsozialismus und im Zweiten Weltkrieg weiter nichts als die Verkörperung von »Wahnideen« ohne realen Gehalt zu sehen. Unstrittig war jetzt im Gegensatz zum Ersten Weltkrieg die Frage der Schuld am Ausbruch eines großen Krieges mit vielen Millionen von Opfern und war die im Ersten Weltkrieg völlig fehlende Vernichtungspolitik gegen angebliche »Drahtzieher« und angebliche »Minderwertige«. Aber den Antibolschewismus des Regimes konnten die Westalliierten nicht aus voller Überzeugung verurteilen, und diejenige »Vergangenheitsbewältigung«, welche Stalins Gefolgsleute im Osten Deutschlands ins Werk setzten, konnten sie sich nicht auf die Dauer zu eigen machen. Wieder kam, wie schon 1919, durch die Existenz der Bolschewiki eine Zweideutigkeit in das Verhalten der Westalliierten. Aus der Katastrophe, die von nicht ganz wenigen Deutschen dennoch als Befreiung empfunden wurde, aus den Anklagen und aus dieser Zweideutigkeit resultierte die deutsche Nachkriegsgeschichte.

III. Erinnerung und Vergessen
in der »Vergangenheitsbewältigung« nach 1945

Auf den ersten Blick konnte nichts eindeutiger sein als das Bild, das Deutschland nach der Kapitulation vom 7./8. Mai 1945 bot. Die »Winterschlacht in Deutschland«, die 1918 nicht geschlagen worden war, hatte nun stattgefunden: im Westen, nach schweren Kämpfen im linksrheinischen Gebiet in Form eines Durchmarsches vom Rhein bis an die Elbe; im Osten, wo diesmal der am meisten gefürchtete Feind stand, in erbitterten und für beide Seiten überaus verlustreichen Kämpfen von der Oder bis zum Reichstag und zum »Führerbunker« in Berlin. Deutschland war vollständig von fremden Truppen besetzt; die Reichshauptstadt und das Ruhrgebiet glichen jetzt den Ruinenfeldern Nordfrankreichs und Flanderns der Jahre 1914 bis 1918, ja die Zerstörungen, überwiegend durch die Bombardierungen der weit überlegenen angloamerikanischen Luftwaffe, nahmen sich noch weit schlimmer aus. Kein geschlagenes Heer marschierte in lockeren Formationen und abgerissenen Uniformen, aber noch in guter Ordnung nach Deutschland zurück, sondern dieses Heer befand sich in Gefangenenlagern, und durch die Dörfer und Städte vornehmlich Ostdeutschlands zogen die Reste von Flüchtlingstrecks, von denen einige dem großen Angriff auf Dresden entkommen waren.

Die Bedrückung der Gemüter war vielleicht noch stärker als die Not der Leiber, denn von den Titelseiten der ersten Zeitungen sprang den Deutschen eine umfassende Anklage seitens der Alliierten ins Gesicht: »Ihr seid schuldig«, und darunter zeigten Fotos große Haufen von skelettähnlichen Leichen, welche die vorrückenden Truppen in Buchenwald und Bergen-Belsen, in

Dachau und Mauthausen vorgefunden hatten. Diesmal wurde nicht die Auslieferung von einigen Hundert Kriegsverbrechern verlangt, sondern neben den Parteiführern wurden auch die Spitzen der Armee in Lager eingeliefert, wo sie nicht als Kriegsgefangene, sondern als Verbrecher behandelt wurden. Noch nie hatte in der modernen Geschichte Europas und Amerikas irgendein Staat eine so totale Niederlage von seiten seiner Feinde und einen solchen inneren Zusammenbruch erlitten; allenfalls die Niederlage der amerikanischen Südstaaten im Jahre 1865 konnte zum Vergleich herangezogen werden, aber da hatte es sich um einen Bürgerkrieg gehandelt, und die Weißen der Südstaaten hatten den »Yankees« innerlich nicht recht gegeben. In Deutschland aber erinnerte sich jeder Mann und jede Frau der Niederlage von 1918, und niemand konnte die Auffassung vertreten, damals habe man richtig reagiert. Sogar in den riesigen Internierungslagern, wo die »alten Nazis« versammelt waren, und erst recht unter den Kriegsgefangenen verteidigte niemand mehr den »Führer«, während 1918/19 zahllose Menschen zwar nicht den Kaiser, wohl aber Hindenburg und Ludendorff verteidigt hatten; jedermann mußte einsehen, daß die Rede von den neuen Waffen, mit denen noch eine Wende des Krieges herbeizuführen gewesen wäre, bloß ein Aufputschmittel gewesen war, mit dessen Hilfe Hitler und seine Leute möglicherweise nur ihr eigenes Leben um ein paar Monate und Wochen verlängern wollten; der »Führer« hatte sich als der schlimmste Feind seines Volkes erwiesen, weil er dessen Existenz bedenkenlos aufs Spiel gesetzt hatte.

Mit Hitler mußte auch sein ganzes System verworfen werden, das System der Partei- und Militärherrschaft, und es mußte ein Rückweg zu besseren Lebensmöglichkeiten gefunden werden. 1933 hatte aber nicht etwa nur das Ausland vor Hitler gewarnt, sondern starke Parteien und Traditionen hatten sich dem Nationalsozialismus widersetzt, und noch im März 1933 hatte die Hälfte des Volkes gegen Hitler gestimmt. Es bedurfte nicht eines Befehls der Sieger, um die Deutschen zum Nachdenken und zur

Suche nach neuen Wegen zu veranlassen. Aber kaum jemand war der Meinung, man brauche ja nur zum Weimarer System und zu den Weimarer Parteien zurückzukehren. Zunächst mußte die neue Situation wirklich zur Kenntnis genommen werden, die sowohl Katastrophe als auch Befreiung war. In all dem Kampf um das nackte Überleben mußte eine Neubesinnung erfolgen, die niemand den Deutschen abnehmen konnte. Und über vieles, was man bis dahin allenfalls mehr oder weniger deutlich geahnt hatte, konnte man sich jetzt nicht mehr hinwegtäuschen. Es waren Deutsche, die den Deutschen ins Gewissen redeten, die sie über das Geschehene aufklärten und die ihnen einen sinnvollen Weg zu zeigen versuchten. Ich greife drei Titel aus der Literatur der unmittelbaren Nachkriegszeit heraus.

Anklage enthielt der Gedichtszyklus eines Dichters, der während der ganzen Zeit des Dritten Reiches hatte publizieren können und dessen Roman *Der Großtyrann und das Gericht* trotz des Rückgriffs in die Zeit der italienischen Renaissance von vielen Gegnern des Regimes als Ermutigung empfunden worden war. Der Zyklus hieß *Dies Irae,* und das eindrucksvollste der siebzehn Gedichte hatte folgenden Wortlaut:

»Ich hatte dies Land in mein Herz genommen.
Ich habe ihm Boten um Boten gesandt.
In vielen Gestalten bin ich gekommen,
Ihr aber habt mich in keiner erkannt.

Ich klopfte bei Nacht, ein bleicher Hebräer
Ein Flüchtling, gejagt, mit zerrissenen Schuh'n
Ihr riefet dem Schergen, ihr winktet dem Späher
und meintet noch, Gott einen Dienst zu tun.

...

Ich kam als Gefangener, als Tagelöhner,
verschleppt und verkauft, von der Peitsche zerfetzt.
Ihr wandtet den Blick von dem struppigen Fröner.
Nun komm ich als Richter, kennt ihr mich jetzt?«

Aber Werner Bergengruen stellt sich doch nicht etwa als Richter
aus dem gemeinsamen Schicksal heraus, sondern er bezieht sich
in ein großes »Wir« ein, das befleckt ist und auf »das Gericht«
wartet. Ja am Ende wendet er sich »An die Völker der Erde« und
fordert sie auf, des gemeinsamen Abfalls zu gedenken und »das
göttliche Metanoeite« zu vernehmen.

Auch das früheste und wichtigste Buch über die deutschen
Konzentrationslager, Eugen Kogons *Der SS-Staat* – ebenfalls
1946 zuerst erschienen –, war keine deutsche Selbstanklage. Die
meisten seiner Mithäftlinge in Buchenwald waren ja Deutsche,
und sogar von einem der SS-Ärzte weiß Kogon Gutes zu berichten. Und war die Brutalität »deutsch«, hatte sie etwa Präzedentien im Kasernenhofdrill, oder war doch eine qualitative Differenz
darin zu sehen, daß nicht nur politische Gefangene mit Krimi-
nellen zusammengesperrt wurden, sondern daß schon bei der
Ankunft viele der Neueingelieferten und so gut wie alle Juden
»über den Bock« gelegt und durch Stockhiebe mißhandelt wurden? War es »deutsch« oder einfach nur barbarisch, daß ein
Häftling bei der Aufnahme der Personalien angebrüllt wurde:
»Welche Hure hat dich zur Welt gesch ...?« – diese »Hure« aber
war Inhaberin des von Hitler verliehenen Mutterkreuzes in
Gold! Welche Brutalität und welche Niedertracht kann man da
noch für unmöglich oder unvorstellbar erklären? Offensichtlich
sollte »ein Prozeß der Willensbrechung und menschlichen Ent-
würdigung« in Gang gesetzt werden.

Nach Kogon hatten die Rapport-, Block- und Kommando-
führer »unbeschränkte Vollmacht über Leben und Tod der Häftlinge«. So wurde es möglich, daß ein SS-Scharführer im Jahre
1944 zwei Juden wegen bloßer Schwäche lebend eingraben und

78

nachher gleich ins Krematorium bringen ließ. Schon im Dezember 1938 hatte man Häftlinge wegen des Fehlens zweier Krimineller neunzehn Stunden bei minus fünfzehn Grad auf dem Appellplatz stehen lassen, so daß in der Nacht bereits fünfundzwanzig erfroren und die Zahl sich bis zum Mittag auf über siebzig erhöhte. So starben in Buchenwald in jedem Jahr etwa 7500 Menschen, und das entsprach dem durchschnittlichen Lagerbestand. Die Juden suchte man am tiefsten zu demütigen, und zwar nicht zuletzt dadurch, daß man sie zwang, das sogenannte Judenlied zu singen: »... Wir haben geschoben nur, gelogen und betrogen, sei's mit der Krone oder mit der Mark.« Kogon verbirgt dem Leser jedoch nicht, daß im Rahmen der »Häftlings-Selbstverwaltung« auch Häftlinge über Leben und Tod anderer Häftlinge entschieden und daß die Kommunisten innerhalb der »Lageraristokratie« wegen der Festigkeit ihrer Überzeugungen und ihrer Solidarität die mächtigste Gruppierung waren, zu der er selbst gute Beziehungen unterhielt. Aber nur die SS-Leute waren in zahlreiche Korruptionsfälle verwickelt, und Kogon glaubt, daß der ehemalige Kommandant Koch nicht wegen der ihm zur Last gelegten Häftlingsmißhandlungen bzw. -tötungen von der SS-Gerichtsbarkeit hingerichtet wurde, sondern infolge einer Intrige anderer SS-Führer. Damit stimmt die These nicht ganz zusammen, daß sich die deutsche Barbarei dadurch von anderen Barbareien unterscheide, daß sie »mit hehren Idealen« verknüpft sei.[1]

Nicht aus persönlichen Erfahrungen und naheliegenden Interpretationen sind jene Angaben Kogons herzuleiten, die auf die Leser wohl den stärksten Eindruck machten und die aus Erzählungen anderer Häftlinge stammen: Die Zahl der Toten in Auschwitz allein betrug 3,5 bis 4,5 Millionen, viele Opfer wurden dort vor riesigen Glühgruben aufgestellt und abgeknallt, bis zu 34 000 Menschen wurden pro Tag vergast; im Lager Salaspils (wo offenbar nicht vergast wurde) blieben von 15 000 Menschen lediglich 192 am Leben; ein junger Jude wurde zusammen mit

177 Menschen in einen vierzehn Quadratmeter großen Raum getrieben. Kaum faßbar, wenn nicht unglaubwürdig, war einiges von dem, was Kogon aus Buchenwald berichtete, so über die Tötung von Häftlingen wegen ihrer bemerkenswerten Tätowierungen und die Anfertigung einer Tischlampe aus Menschenknochen und tätowierter Menschenhaut für den Kommandanten Koch und dessen Frau Ilse. Selbst wenn der Leser der einen oder anderen Einzelheit den Glauben versagte, blieb ein Gesamtbild übrig, zu dem es in der ganzen deutschen Geschichte keinerlei Vorbild gab.

Offensichtlich genügte es nicht, nur den Nationalismus und dessen Barbarei zu verurteilen, sondern man mußte einen sicheren Grund finden, aus dem Derartiges nie wieder würde erwachsen können. Mit einer Selbstgewißheit, der bloß diejenige der Kommunisten gleichkam, beschrieb der Dominikanerpater Eberhard Welty in seinem Buch *Die Entscheidung in die Zukunft* diesen sicheren Grund, der nur die »naturrechtlich-christliche« Basis der Staates sein könne. Naturrecht ist aber im Kern göttliches, der menschlichen Willkür entzogenes Recht. Deshalb muß die religiöse und christliche Schule an die Stelle der von den Nationalsozialisten völlig verweltlichten Lehranstalten treten. Nur dann wird die Achtung vor dem menschlichen Leben wieder selbstverständlich und wird die heidnische Vorstellung der Nationalsozialisten vom »lebensunwerten Leben« überwunden werden, »wenn Irrtum und Wahn derer, die unseren einzig richtigen Grundsätzen widersprechen und zuwiderhandeln, mit Stumpf und Stiel ausgerottet werden«. Daher muß jede öffentliche Verunglimpfung christlicher Glaubensüberzeugungen und Lebensgrundsätze »strafrechtlich verfolgt« werden; die so notwendige sittliche Erneuerung duldet es nicht, daß die Kunst den Ehebruch verherrlichen oder die eheliche Untreue verharmlosen darf, und auch die Hochschullehrer müssen »volle Gewähr« dafür bieten, »daß die Hörer der Wahrheit weder entfremdet noch entzogen werden«. Dieser christliche Fundamentalismus wendet sich ausdrücklich gegen den Marxismus und den Begriff des Klassenkampfes, weil auch das Sondereigentum auf dem Naturrecht beruht. Aber ebenso wahr ist, daß alles Eigentum »sozial gebunden und sozial belastet« bleibt, und deshalb stimmt ein gemäßigter und wirtschaftlicher Sozialismus mit dem Christentum und dem Naturrecht überein.[2]

Es waren in der Tat die christlichen Kirchen, denen die westlichen Besatzungsmächte einiges Vertrauen entgegenbrachten und deren Repräsentanten, wie einst in der Völkerwanderungszeit, die einheimische Bevölkerung zu verteidigen und zu schützen suchten. Die Amerikaner ernannten Ministerpräsidenten auf Vorschlag von Bischöfen, und das Schuldbekenntnis der evangelischen Kirche in Stuttgart erleichterte die Wiederherstellung der ökumenischen Beziehungen, obwohl sie in der Selbstanklage sehr maßvoll war – die Katholische Kirche lehnte jede Verlautbarung ab, die als Annahme einer Kollektivschuld hätte verstanden werden können. Die Erinnerung an den »Kirchenkampf« und an den Tod zahlreicher – allerdings überwiegend polnischer – Geistlicher in den Konzentrationslagern war weitaus stärker und lebendiger als die Erinnerung an die verhalten positiven Stellungnahmen der Bischöfe zur »nationalen Erhebung« 1933 und des Wiener Kardinals Innitzer zum Anschluß Österreichs; an die »Deutschen Christen« dachte niemand mehr; sie waren wie vom Erdboden verschwunden.

Aber es gab eine zweite Organisation, der eine Besatzungsmacht Vertrauen entgegenbrachte, die Kommunisten. Walter Ulbricht, Wilhelm Pieck und die anderen Emigranten, die in die Sowjetunion gegangen waren, besaßen zwar fast durchweg die sowjetische Staatsbürgerschaft, und insofern mochten sie als ein Bestandteil der östlichen Besatzungsmacht angesehen werden, aber niemand hatte vor 1933 den »deutschen Faschismus« nachdrücklicher bekämpft und es zeigte sich bald, daß diese Emigranten innerhalb des nationalsozialistischen Deutschland weit über die Zuchthäuser und Konzentrationslager hinaus Gesinnungsgenossen gehabt hatten. Zwar blieb in ersten Verlautbarungen auch »die deutsche Arbeiterklasse« vom Vorwurf des Versagens und der Schuld nicht ausgenommen, aber eine machtvolle, in Ost- wie in Westdeutschland verbreitete Kausalerklärung drängte die Ansätze zur Selbstkritik bald zurück: Der Nationalsozialismus habe nur wegen der unseligen »Spaltung der Arbeiterklasse« siegen können, deshalb sei die Einheit aller Sozialisten jetzt das oberste Gebot. Von dieser Überzeugung war das Manifest der Sozialistischen Einheitspartei Deutschlands getragen, das nach dem Vereinigungsparteitag der Kommunisten und der Sozialdemokraten am 23. April 1946 in der Zeitung der neuen Partei, dem *Neuen Deutschland,* veröffentlicht wurde. Darin hieß es: »Die Sozialistische Einheitspartei Deutschlands ist die Partei des Aufbaus einer antifaschistisch-demokratischen, parlamentarischen Republik, die dem Volk alle Rechte der Meinungsfreiheit und Mitbestimmung sichert, volle Glaubens- und Gewissensfreiheit gewährt, aber Faschismus und Militarismus mit ihren Wurzeln vernichtet. ... Die SED ist die wahrhaft nationale Partei des deutschen Volkes, ... die sich von allen fremden Einflüssen frei hält und das Wohlergehen des eigenen Volkes zum höchsten Gesetz der Partei gemacht hat. ... Die SED will aber bei dem Aufbau einer antifaschistischen demokratischen Republik nicht stehenbleiben. Ihr Ziel ist die sozialistische Gesellschaftsordnung, die alle Ausbeutung des Menschen durch den Menschen aufhebt, den Klassenkampf zwischen Armut und Reichtum beseitigt, den Frieden endgültig sichert und eine voll entfaltete Demokratie herbeiführt ...«

In der Sache war dies ein Problem der »Vergangenheitsbewältigung«, wie es für Rosa Luxemburg selbstverständlich gewesen war und wie es Theodor Adorno fünfzehn Jahre später in einem schon nostalgischen Rückblick formulierte: Eine unheilvolle Vergangenheit sei dann bewältigt, wenn die Ursachen des Unheils beseitigt und damit der Weg in eine bessere Zukunft freigemacht sei.[3] Diese Wurzel des Unheils war für Walter Ulbricht und

Wilhelm Pieck wie einst für Rosa Luxemburg und später für Theodor Adorno das kapitalistische Wirtschaftssystem mit seiner Entfesselung individueller und staatlicher Gewinnsucht. Ohne Ausrottung der Wurzel war das giftige Gewächs des Faschismus nicht zu beseitigen. In Deutschland waren die Schwerindustrie und der Bergbau die entscheidenden Repräsentanten des Systems. Daß die Stahlindustriellen und »Zechenherren« an Rhein und Ruhr die eigentlichen Urheber des Nationalsozialismus gewesen seien, verstand sich ohne nähere Untersuchung keineswegs bloß für die SED von selbst. Im Dezember 1945 machten KPD, SPD und CDU in Duisburg eine gemeinsame Eingabe an die Militärregierung, in der die Enteignung der Verantwortlichen, nämlich der »Monopolherren in Bergbau und Schwerindustrie«, gefordert wurde. Noch das »Ahlener Programm« der CDU aus dem Jahre 1947 verlangte die Überwindung des Kapitalismus (und allerdings auch des Marxismus). Die englische Militärregierung versicherte wieder und wieder, die beschlagnahmten Zechen würden nie den früheren Eigentümern zurückgegeben werden. Die Verlautbarungen und auch die Aktionen der Amerikaner waren der Ruhrindustrie kaum weniger feindlich. Auf den großen Prozeß gegen die »Hauptkriegsverbrecher«, nämlich die nationalsozialistische Führung, ließen die Amerikaner auch den »Industriellenprozeß« folgen, in dem unter anderem statt des kranken Chefs des Hauses Krupp dessen Sohn Alfried vor Gericht gestellt wurde. Schwerlich war jemals eine relativ kleine Gruppe von Menschen so vollständig ohne Fürsprecher, und nie verbanden sich mit deren Ausschaltung so große Hoffnungen: Der Weg zur Demokratie und zum Sozialismus, den die Weimarer Republik verfehlt habe, werde endlich frei sein, das deutsche Volk, nicht nur vom Nationalsozialismus und vom Militarismus, sondern auch von seinen Monopolherren befreit, werde endlich ein normales Volk unter normalen Völkern sein können.

Aber weder »Demokratie« noch »Sozialismus« sind eindeutige

Begriffe. Auch Hitler hatte sein Regime als »Demokratie« bezeichnet, freilich als »germanische«, als »Führer«-Demokratie, und zu gewissen Zeiten, nach manchen Ereignissen würde er in völlig freien Wahlen eine große Mehrheit an Stimmen erhalten haben. »Sozialistisch« nannte sich das System der Sowjetunion, aber selbst die KPD war 1945 der Ansicht, daß der sowjetische Weg für Deutschland nicht der richtige sein würde. Und konnten die Flüchtlinge, die aus den Gebieten jenseits der Oder und Neiße zu Millionen unter oftmals todbringenden Bedingungen und ohne jede Habe in die vier Besatzungszonen transportiert wurden, konnten die Besitzer von Gütern bzw. Bauernhöfen von mehr als hundert Hektar Größe dieses sozialistische System für gerecht und human halten, nachdem sie von heute auf morgen ihres gesamten Eigentums beraubt worden waren? Daß die Deutschen in den drei westlichen Besatzungszonen den Sozialismus in seiner sowjetischen Gestalt akzeptiert hätten, wäre selbst dann überaus unwahrscheinlich gewesen, wenn gemäß dem Konzept, das allen deutschen Parteien und den Besatzungsmächten gemeinsam zu sein schien, die ganze Schwerindustrie und der Bergbau »in Gemeinbesitz überführt« worden wären.

Die »große«, die »sozialistische« Vergangenheitsbewältigung war im Deutschland der Zeit nach 1945 objektiv noch unmöglicher, als sie im Deutschland der Jahre 1919 und 1920 gewesen war, denn inzwischen gab es ein fest etabliertes sozialistisches System, und es war trotz aller Reden von einem »deutschen Weg zum Sozialismus« für die »Ostzone« Deutschlands maßgebend, die zugleich die »russische« Zone war. Dieses Verständnis des Sozialismus war hier auf eine Weise von der Besatzungsmacht und einer kleinen deutschen Minderheit durchgesetzt worden, die weithin, wenn auch nicht durchweg, als »Zwang« empfunden wurde und die der Sozialdemokratischen Partei der Westzonen, die doch am ehesten über einen weithin akzeptablen Begriff von Sozialismus verfügte, keinen anderen Weg als den des Kampfes ließ, eines Kampfes, der durch die schroffe Russen-

84

feindlichkeit ihres Vorsitzenden Kurt Schumacher noch verschärft wurde.

Der führende Mann der Christlichen Demokraten, Konrad Adenauer, verteidigte zwar nicht die Schwerindustriellen als solche, wohl aber mit Nachdruck und Leidenschaft die Unternehmerinitiative. Es war nicht wahrscheinlich, daß die amerikanische Politik auf Dauer von jenen linken Kräften in der Militärregierung bestimmt bleiben würde, die zum Teil antimonopolistisch, zum Teil russophil und zu einem dritten Teil vom Interesse an der Ausschaltung der deutschen Konkurrenz geleitet waren. Machtpolitische Spannungen zwischen den USA und der Sowjetunion hatten sich ja schon sehr bald nach dem Ende des Krieges bemerkbar gemacht, und der amerikanische Sondergesandte Joseph E. Davies, ein ausgesprochener Sowjetfreund, hatte Winston Churchill bereits im Mai 1945 bei einer langen Unterredung ins Gesicht gesagt, er, Churchill, vertrete jetzt anscheinend Auffassungen, die Hitler und Goebbels in dem Bemühen, die alliierte Einheit aufzuspalten, immer wieder verkündet hätten.[4]

Zwei Jahre später war es nach der Verkündung der Truman-Doktrin und der Gründung des Kominform mit der alliierten Einheit unverkennbar vorbei. Der »Kalte Krieg« hatte begonnen. Immerhin gab es in Deutschland noch den interalliierten Kontrollrat in Berlin, und er bestätigte, was sich faktisch schon vollzogen hatte und was für Bloch, Muehlon und Friedrich Wilhelm Foerster das Hauptanliegen gewesen war, nämlich die Auflösung des Staates Preußen, die »kleine« Vergangenheitsbewältigung. Dies war aber nicht mehr als das Siegel, das auf die Abtrennung der Gebiete östlich von Oder und Neiße sowie die Enteignung aller verbleibenden »Junker« bis zur Elbe gedrückt wurde. Die deutsche Bevölkerung nahm diese Ereignisse allerdings kaum zur Kenntnis, und sie fühlte sich auch durch Anklagen nicht sonderlich bedrückt; denn diese richteten sich ganz überwiegend gegen die »Militaristen« und »Monopolherren«.

Die »Entnazifizierung« empfand man zwar als hart und ungerecht, aber im Grunde nicht als ernsthafte Anklage, da Millionen
vor die Spruchkammern gezogen wurden. Wenn gleichwohl
auch damals schon von mangelnder Sensibilität und Gleichgültigkeit der Bevölkerung im Hinblick auf die Vergangenheit und
die Opfer des Nationalsozialismus gesprochen wurde, so tut
man gut daran, sich einiger Sätze aus dem Buch Eugen Kogons
zu erinnern: »Ein Volk, das in luftkriegsgeschlagenen Städten
allüberall die verkohlten Reste seiner Frauen und Kinder gesehen
hatte, konnte durch die massierten Haufen nackter Leichen, die
ihm aus den letzten Zeiten der Konzentrationslager vor Augen
geführt wurden, nicht erschüttert werden, und es war nur allzu
leicht geneigt, hartgeworden die toten Fremden und Verfemten
mitleidsloser anzusehen als das eigene im Phosphorregen und
Granatsplitterhagel getötete Fleisch und Blut.«[5]
Ebensowenig sollte vergessen werden, daß die Lebensmittel-
rationen, die der deutschen Bevölkerung zugestanden wurden,
erheblich unter den Sätzen von Konzentrationslagern in der
Vorkriegszeit lagen und daß ein Mann wie Victor Gollancz – englischer Linker und Jude – damals in seinem Buch *In Darkest
Germany* gewiß auch die »nie zu vergessenden Ungeheuerlich-
keiten« erwähnte, die »seiner Rasse« angetan worden seien, daß
er aber noch stärker die elenden Verhältnisse in Deutschland
herausstellte, die Herrenvolk-Mentalität vieler Engländer ta-
delte, die »Säuberung« der Bibliotheken, von der unter anderem
Tagore, Romain Rolland und Lenin betroffen waren, für einen
»umgekehrten Nationalsozialismus« erklärte und einen baldi-
gen Schlußstrich unter die Entnazifizierung verlangte. Auch
sollte nicht übersehen werden, daß noch Hunderttausende in
den Internierungs- und Gefangenenlagern festgehalten wurden
und daß eine Welle von Prozessen die mittleren und unteren
Ränge der »Militaristen« und »Kriegsverbrecher« in die Zuchthäuser und an die Galgen brachte.
Dennoch war in der Mitte des Jahres 1947 noch keineswegs

die Entscheidung darüber gefallen, in welcher Art von Gesellschaft die Deutschen in Zukunft leben und auf welche Weise sie ihre Vergangenheit bewältigen würden, nachdem die »kleine«, die antipreußische Bewältigung so radikal erfolgt war und die »große«, die sowjetsozialistische Bewältigung im größeren Teil Deutschlands auf unüberwindbaren Widerstand sowohl bei der Bevölkerung wie bei den Besatzungsmächten stieß. Zwar unterlagen alle Publikationen dem Lizenzierungszwang durch die Besatzungsmächte, dennoch entwickelte sich inmitten der Trümmer und trotz des Hungers in den gebildeten Schichten ein sehr lebendiges und vielfältiges geistiges Leben. Schon jetzt wurde wahrscheinlich, daß die Partei, welche einmal an den Wahlurnen die erfolgreichste sein würde, nicht den Willen haben würde, die anderen zu vernichten, und daß dies ein wesentlicher Unterschied zu der mißlungenen Vergangenheitsbewältigung der Linkssozialisten nach 1918 und der für zwölf Jahre nur allzu erfolgreichen Vergangenheitsbewältigung der Nationalsozialisten nach 1933 sein würde.

Unter den Sozialdemokraten verbreitete sich die Auffassung, der wesentliche Gegensatz heiße heute nicht mehr Sozialismus – Kapitalismus, sondern Demokratie – Diktatur. Die katholisch-antipreußische Richtung schuf sich in der Zeitschrift *Neues Abendland* ein Organ, in dem sie an die föderalistische Tradition von Constantin Frantz und Onno Klopp anknüpfte. Die Linkskatholiken Eugen Kogon und Walter Dirks vertraten in ihren *Frankfurter Heften* einen christlichen Sozialismus, der dem deutschen Volk nach seinem Verrat an Geist und Gerechtigkeit die Möglichkeit »einer wirklich beispielhaften Neugestaltung« gebe.[6]

In der kurzlebigen, von den Amerikanern bald verbotenen Zeitschrift *Der Ruf* wollten die Autoren – unter ihnen Hans Werner Richter, der künftige Gründer der »Gruppe 47« und des »Grünwalder Kreises« – für die »Frontkämpfergeneration« sprechen, und zwar unter Einschluß der nicht durch Verbrechen belasteten Männer der Waffen-SS. Der ihnen vorschwebende Sozialismus sollte zwar nicht christlich, aber auch nicht marxistisch sein.

Die Liberalen in den Zeitschriften *Wandlung* und *Gegenwart* öffneten sich dem amerikanischen Einfluß und verfochten zum Teil eine »anti-autoritäre Erziehung«. Sie versuchten, der Trennung zwischen West- und Ostdeutschland entgegenzuwirken, indem sie auch sowjetische Intellektuelle wie den Obersten Sergej Tulpanow und den Diplomaten Wladimir Semjonow zu Wort kommen ließen, und sie äußerten manche Bedenken gegen den schroffen Antikommunismus Kurt Schumachers.

Die Journalisten des *Spiegel* führten eine bis dahin unbekannte Lockerheit der Sprache in Deutschland ein, ergriffen aber sehr eindeutig Partei auf der westlichen Seite und scheuten nicht davor zurück, die Entnazifizierungspolitik hart anzugreifen.

In der *Neuen Zürcher Zeitung* schrieb nicht selten der in die Schweiz emigrierte Nationalökonom Wilhelm Röpke, der mit großer Klarheit und viel Nachdruck die Ideen des Wirtschaftsliberalismus artikulierte.

In der von den Amerikanern herausgegebenen *Neuen Zeitung* kam seit Ende 1947 immer klarer eine antikommunistische und antisowjetische Tendenz zu Wort, die in der *New York Herald Tribune* schon länger von den Brüdern Alsop vertreten wurde. Sie stellten die Gefahr einer Einbeziehung von ganz Deutschland in den sowjetischen Herrschaftsbereich stark heraus, während William Shirer warnend darauf hinwies, die Nutznießer eines amerikanisch-sowjetischen Konflikts würden nur die Deutschen sein.[7]

Ohne öffentliche Stimme waren nach wie vor die ehemaligen Nationalsozialisten, aber ein amerikanischer Autor wollte zweifellos eine symptomatische Wendung wiedergeben, als er in seinem Buch über Marburg während der Besatzungszeit die Äußerung eines städtischen Angestellten zitierte, die Amerikaner hätten jetzt begriffen, »daß sie 1941–1945 den falschen Feind bekämpft« hätten.[8]

Doch Äußerungen wie diese und weit mehr noch die Tatsache, daß wichtige Abteilungen der deutschen Wehrmacht, wie die antisowjetische Militärspionage unter General Reinhard Gehlen oder die zivilen Raketenexperten mit Wernher von Braun, in den Dienst der Amerikaner getreten waren – und zwar ohne das Empfinden, sich selbst aufzugeben und bloße Söldner zu sein –, ließen eine ganz andere Art von Erinnerung und »Vergangenheitsbewältigung« als möglich erscheinen: die zustimmende Fortführung von Hitlers Antibolschewismus unter Verzicht auf Lebensraumgedanken und Antisemitismus.

Diese Tendenzen waren mit Ausnahme der zuletzt genannten im Parlamentarischen Rat vertreten, mit dem 1948 die Bildung eines »Weststaats« eingeleitet wurde, nachdem sich die Bildung eines kommunistischen Oststaates mit gesamtdeutschem Anspruch deutlich genug abgezeichnet hatte. Das Grundgesetz, das der Parlamentarische Rat verabschiedete, war ebenso antikommunistisch wie antifaschistisch, also anti-totalitär. Es schloß einen auf entschädigungsloser Enteignung beruhenden Sozialismus sowjetischer Art kategorisch aus. Aber erst als die christlichen und die freien Demokraten im August 1949 einen knappen Wahlsieg errungen hatten und die erste Regierung Adenauer gebildet worden war, wurde endgültig klar, daß es die »große« Vergangenheitsbewältigung in der Bundesrepublik Deutschland nicht geben würde. Wie wenig aber die SED mit ihrer im Oktober 1949 konstituierten »Deutschen Demokratischen Republik« am Rande des deutschen Lebens stand und wie stark die Idee der »großen« Vergangenheitsbewältigung trotz fortlaufender Schwächung seit 1945 gewesen war, läßt eine heute kurios anmutende Wendung aus einem Artikel der *Gegenwart* vom 15. Oktober 1949 erkennen, der sich mit der vorstellbaren Räumung der sowjetischen Zone durch die Besatzungstruppen beschäftigt: »Die Räumung Deutschlands durch die Westmächte wird dadurch nahezu zu einer inneren Unmöglichkeit. Denn nun können die Westmächte das westliche Deutschland nur noch dem Galgen und den Konzentrationslagern preisgeben, seitdem das westdeutsche Volk durch die Ausrufung der Demokratischen Deutschen Republik als Hochverräter und Rebell abgestempelt ist.« Die Zeitschrift war vollständig, wenngleich mit einiger Verspätung, im Recht, als sie in derselben Nummer schrieb: »Die Welt tritt erneut in ein Zeitalter des Schismas, der Glaubensspaltung und der Zerreißung der Völker ein.«

Es ist in der Tat nichts törichter, als die Bundesrepublik ein »Idyll« zu nennen. Zwar war sie ebensowenig souverän wie die DDR, aber die Entscheidung, aus der sie hervorging, die »Entscheidung für den Westen«, mußte innenpolitisch nachvollzogen und weitergeführt werden. Gewiß unterliegt es keinem Zweifel, daß die Bevölkerung in ihrer großen Mehrheit diese Entscheidung im Kern bejahte, doch das Bewußtsein, daß sie staatliche Verselbständigung für unabsehbare Zeit bedeutete, war doch nur unter großen Schwierigkeiten zu gewinnen und festzuhalten. Zudem war der Feind mächtig und hatte starke Mittel in der Hand: Noch im Jahre 1950 sprachen Ulbricht und Grotewohl verächtlich vom »Separatstaat im Westen«, forderten dessen »Einbeziehung in die Deutsche Demokratische Republik« und drohten, Adenauer vor ein Volksgericht stellen zu lassen. Das geschah allerdings erst nach dem Ausbruch des Korea-Krieges, der Schockwellen durch die westliche Welt gehen ließ, denn man hielt ihn für eine geplante Aktion des sozialistischen Lagers, das eben erst China gewonnen hatte. Der Erfolg der amerikanischen Gegenoffensive führte im Herbst desselben Jahres zu einer gewissen Beruhigung, aber da war die Frage der »Wiederbewaffnung« schon akut geworden. Sie konnte nicht durch einen Befehl von oben entschieden werden, sondern es wurde um sie in erbitterten Debatten über Jahre hinweg gerungen. Deren Hauptkennzeichen bestand darin, daß nicht nur die Pazifisten so gut wie vollständig, sondern auch die Nationalisten auf der Seite der Gegner Adenauers standen. Eben dadurch wurden die Frontlinien verwischt. Abstrakt betrachtet, hätte es nahegelegen, daß die Nationalisten die schnellstmögliche Wiederaufstellung der Wehrmacht gefordert hätten, um einen nationalen Befreiungs- kampf führen zu können, wie ihn etwa die Vietnamesen gegen die französische Kolonialmacht führten. Auf der Gegenseite hät- ten dann alle Pazifisten, die DDR und die Sowjetunion gestan- den, die mit großer Leidenschaft erklärt haben würden, in West- deutschland knüpfe man unmittelbar an Hitler an, man ver- dränge die Lehren der Geschichte und stoße alles Unheil in die Vergessenheit, das durch Hitler und seine Wehrmacht über die Welt gekommen sei. Aber der Ostblock war an konventionellen Kräften weit überlegen, und es konnte sich daher allenfalls um eine Fortsetzung der Verteidigung handeln, die Hitlers Krieg seit spätestens 1944 gewesen war. Daher sahen viele Nationalisten den »Weststaat« Adenauers als einen »Rheinbund« an, der sich in den Dienst amerikanischer Interessen stelle. So bildeten sich zahlreiche Vereinigungen ehemaliger Offiziere, die mit Nach- druck für die Neutralität als einzige Chance für eine Wiederver- einigung Deutschlands eintraten und oft genug Kontakte mit den entsprechenden Vereinigungen in der DDR knüpften, wo sogar eine eigene Partei als Sammelpunkt der »Ehemaligen« gegründet wurde, die Nationaldemokratische Partei Deutsch- lands. Daher konnte die DDR nicht pauschal die »Hitleroffi- ziere« anklagen, denn sie durfte hoffen, noch nachträglich viele Offiziere der ehemaligen Wehrmacht auf die Seite jener Mitglie- der des »Nationalkomitees Freies Deutschland« zu ziehen, die hohe Positionen in ihrer ohne jede öffentliche Debatte fast schon zu einer Armee ausgebauten »Kasernierten Volkspolizei« ein- nahmen.

Stalin kam »seinen« Hitleroffizieren in Ost- und Westdeutsch- land mit einer spektakulären Aktion zur Hilfe, die bei Adenauer und im ganzen Westen die Befürchtung auslöste, die Sowjetunion wolle ihrerseits zwar nicht in die Fußstapfen Hitlers treten, wohl aber den nationalbolschewistischen Flügel der NSDAP in einem neutralen und wiedervereinigten Deutschland an der Herrschaft beteiligen. In der Note vom 10. März 1952 machte er nämlich den Vorschlag, Deutschland nach freien (allerdings nicht international überwachten) Wahlen zu einem neutralen Staat wiederzuvereinigen, der auf die Gebiete jenseits von Oder und Neiße verzichten und konventionell bewaffnete Streitkräfte besitzen würde. In diese sollten auch die Offiziere und Soldaten der ehemaligen Wehrmacht eintreten dürfen, die keine Verbrechen begangen hätten. Die Westmächte und Adenauer *mußten* dieses Angebot ablehnen, denn es hätte für die USA bedeutet, daß ihnen der weit größere Teil des gesamtdeutschen Potentials, der ihnen nun zur Verfügung stand, entwunden worden und daß zwischen ihnen und der Sowjetunion eine »neutrale« Macht entstanden wäre, die unkalkulierbar und infolge der räumlichen Nähe einem plötzlichen Zugriff der Sowjetunion ausgesetzt gewesen wäre.

Adenauer konnte schon deshalb nicht zustimmen, weil noch alle Parteien mit Ausnahme der KPD einen Verzicht auf die Gebiete jenseits der Oder und Neiße einmütig ablehnten. Noch waren die über zehn Millionen Vertriebenen in der Bundesrepublik eine große und einheitlich empfindende, aber doch wieder über die verschiedenen Parteien verteilte Macht, die mehr als irgendeine andere Partei oder Gruppe in Erinnerungen an die »ferne Heimat« lebte, die man trotz des feierlich ausgesprochenen Verzichts auf »Rache und Vergeltung« nicht als »verlorene« Heimat ansehen wollte. Aber unter sozialen Gesichtspunkten war diese große Masse von Menschen nur deshalb nicht ein überaus gefährlicher Sprengstoff, weil sie an dem anhebenden »Wirtschaftswunder« großen und aktiven Anteil nahm und die Hoffnung auf eine Rückkehr in die Heimat noch nicht aufgegeben hatte. So machten die Vertriebenen ihren westdeutschen Landsleuten nicht den Vorwurf, den sie hätten vorbringen können: Vom wirtschaftlichen Fortschritt fortgerissen, hätten diese die Erinnerung an Schlesien und Ostpreußen verdrängt und ließen den von den Polen besetzten Gebieten nicht einmal so viel an Gedenken zukommen, wie es den noch in der Sowjetunion befindlichen Kriegsgefangenen zugewandt werde. Hätten die Flüchtlinge sich innerlich der DDR genähert, so wie es einige ehemalige Offiziere taten, dann wäre die Bundesrepublik von innen zusammengebrochen und von einem »Beitrag zur Verteidigung des Westens« hätte nicht mehr die Rede sein können.

Schon aus innenpolitischen Gründen mußte Adenauer also darauf drängen, daß die Phase der »alliierten Vergangenheitsbewältigung« nun definitiv abgeschlossen wurde: Etwa 500 »Kriegsverbrecher« waren hingerichtet worden, unter denen sich eine Anzahl der am schwersten belasteten SS-Führer, aber auch solche befanden, deren Aussagen erpreßt worden waren oder die keinen fairen Prozeß erhalten hatten. Internierungen, Entlassungen und mindestens Spruchkammerverfahren hatten Hunderttausende und Millionen getroffen; noch immer befanden sich zahlreiche ehemalige Soldaten in Haft. Die faktische Amnestie, die nun eintrat, und nicht zuletzt die großzügige Regelung der Beamtenfrage gemäß Artikel 131 wurde von seiten der entschiedenen Gegner des Nationalsozialismus als »Restauration« verstanden und bekämpft. Westdeutschland erlebe eine wahre Renazifizierung, sagte Otto John bei seinem ersten Auftritt in Ost-Berlin. Die tiefe Beunruhigung des ehemaligen Widerstandskämpfers und damaligen Präsidenten des bundesdeutschen Verfassungsschutzes war genuin, obwohl die Umstände seiner Flucht oder Entführung unklar waren.

In Wahrheit war die erste Hälfte der fünfziger Jahre für das deutsche Volk in der Bundesrepublik eine Periode der Normalisierung und des Aufatmens, wo gerade die vorher noch sehr starke Orientierung an den »guten Jahren« des Nationalsozialismus und an dem »großen Staatsmann« Hitler verlorenging, so daß sich die Polarisierung in »ehemalige Nazis« und »Antinazis« aufzulösen begann, da sie doch nicht, wie in der DDR, durch einen totalen Triumph der »Antinazis« und die Vertreibung der »Ehemaligen« hatte beendet werden können. Insofern war das »Vergessen« der nationalsozialistischen Zeit und der unmittelbaren Nachkriegsperiode die Grundvoraussetzung für das Entstehen einer neuen Art von Gesellschaft, in der zwar viele der bekannten und schwerlich bloß deutschen »Sekundärtugenden« wie Arbeitsliebe und Pflichtgefühl noch lebendig, aber erste Anzeichen einer »Amerikanisierung« erkennbar waren.

Vor allem sah sich indessen ein großer Teil der deutschen Intellektuellen oder »Geistigen« (wie man damals noch zu sagen pflegte) in eine große und durchaus internationale Auseinandersetzung einbezogen, die nur noch eine entfernte Ähnlichkeit mit den Konflikten der Weimarer Republik hatte. Sie vollzogen sich auf westlicher Seite unter der Fahne des Begriffs »Totalitarismus«, der zwar in Westdeutschland schon bald nach 1945 verwendet worden war, der aber erst jetzt fast allgemein akzeptiert und in großen Werken historisch und politisch begründet wurde. Es waren die führenden Köpfe der westlichen Welt, die sich im Juni 1950, gerade in den ersten Tagen nach Ausbruch des Korea-Krieges, im Westteil von Berlin zum ersten »Kongreß für die Freiheit der Kultur« in Person oder mittels schriftlicher Verlautbarungen zusammengefunden hatten: Ernst Reuter, Ignazio Silone, Alfred Weber, Sidney Hook, Arthur Koestler, Dolf Sternberger, Karl Jaspers, Franz Borkenau, Eugen Kogon, Benedetto Croce und viele andere waren darunter. Nicht wenige von ihnen waren früher Kommunisten gewesen. Ernst Reuter, ehemals Generalsekretär der KPD, sprach als Regierender Bürgermeister von West-Berlin in seinem Eröffnungsvortrag davon, daß man hier »dem Medusenhaupt einer satanischen Zerstörungsmacht ins Auge« blicke. Melvin Lasky sagte, Berlin, einst Zentrum der Tyrannei, sei heute zu einem der Symbole des demokratischen Widerstandes gegen andere Formen der Tyrannei geworden. Arthur Koestler verglich in einer ungemein leidenschaftlichen Rede den Kommunismus mit der Cholera und forderte den Kampf mit einer Philosophie, »die den Tod des Geistes will, nicht mehr und nicht weniger«. David Rousset, einst Häftling in deutschen Konzentrationslagern, rief zu einem großen Feldzug zwecks Abschaffung aller Konzentrationslager auf, insbesondere der sowjetischen und heute weitaus schlimmsten. Richard Löwenthal sah den kurzen Funken revolutionärer Schöpferkraft in der Sowjetunion zu einem starren System verknöchert.

Allerdings wurde ein breites Spektrum der Auffassungen und Interpretationen erkennbar, und daher ließ sich nicht ausschließen, daß eines Tages aus den Gleichgesinnten Gegner werden könnten. Für Peter de Mendelssohn existierte nach wie vor eine Anziehungskraft des Totalitären, vor allem in dem Verlangen nach Selbstaufopferung und Unbedingtheit. Hugh Trevor-Roper kritisierte Marx deshalb, weil er »wie die Katholiken« an eine absolute Wahrheit glaube. Denis de Rougemont nahm in der östlichen Versklavung der Kultur gerade ein Ernstnehmen wahr, das im Westen fehle. Eugen Kogon nannte den Totalitarismus »unser Kind«, das »nicht einfach asiatisch oder russisch« sei. Auch James Burnham, der die militanteste Rede hielt und »die Erlösung Osteuropas von den Kommissaren, von der Roten Armee und der NKWD« forderte, schrieb offensichtlich dem Westen eine Mitschuld zu. Er sagte, die Kommunisten hätten »unser rhetorisches Arsenal« geplündert und daraus Fesseln geschmiedet, die sie nun als Waffen gegen die Urheber zu verwenden suchten.

Die Reaktionen auf der kommunistischen Seite waren von äußerster Schärfe: Man sah »Wallstreet-Gespenster beim Tischrücken«, »Werwölfe in Freiheit dressiert« und »frühere Philosophen, die von neuen Maidaneks (sic!) träumen«. Dem *Rheinischen Merkur* fiel eine »unverkennbare Linksneigung und das vollkommene Fehlen einer konservativ-christlichen Gruppe« auf. Ein englischer Historiker nannte Franz Borkenaus fanatische Rede und den »hysterischen« Applaus des deutschen Publikums »ein Echo von Hitlers Nürnberg«. Er hätte fragen können, ob etwa die deutsche Vergangenheit in amerikanischer Gestalt zurückkehre.[9]

Auseinandersetzungen wie diese wurden während der nächsten

Jahre in deutschen Zeitungen und Zeitschriften ständig fortgesetzt, meist im Zusammenhang des Kampfes um die Wiederbewaffnung. Durch den Aufstand von 17. Juni 1953 wurde klar, daß die Führung der DDR sich stetig von den »demokratisch-antifaschistischen« Anfängen entfernt hatte und immer kommunistischer geworden war, aber sich nun auf unverkennbare Weise mit der Feindschaft großer Teile der Bevölkerung konfrontiert sah. So hörten die Einwirkungen auf Westdeutschland in mehr oder weniger engem Bunde mit dem Nationalneutralismus zwar nicht auf, aber sie ließen doch deutlich nach. In der Bundesrepublik war nicht mehr zu übersehen, daß Adenauers Machtstellung auf einer Koalition antikommunistischer Kräfte beruhte, die innerlich voll von potentiellen Spannungen war: Bismarckdeutschen, »Rheinbündlern« als den entschiedensten »Europäern« und Flüchtlingen. Es handelte sich dabei zugleich um eine Koalition von sehr unterschiedlichen Erinnerungen, die in der Weimarer Republik noch auf verschiedene Parteien verteilt gewesen waren. Einig waren sie sich darin, daß sie alle zugrundegehen würden, wenn die so viel jüngere und konzentriertere Erinnerung der Kommunisten in eins mit dem viel stärker enthusiasmierenden, aber seiner Glaubwürdigkeit schon weitgehend entkleideten Zukunftsentwurf sich mit Hilfe der Sowjetunion allein durchsetzen sollte.

Eine starke Unterstützung wurde ihnen zuteil, weil die Totalitarismuskonzeption jetzt in Gestalt von bedeutenden Werken wissenschaftlichen Rang, ja Vorrang gewann, die in den USA von emigrierten Deutschen geschrieben wurden. 1951 erschienen die *Origins of Totalitarianism* von Hannah Arendt, die als Schülerin von Karl Jaspers galt, aber auch mit Martin Heidegger eng verbunden war. Vier Jahre später lag das Buch unter dem Titel *Elemente und Ursprünge totaler Herrschaft* auf deutsch vor. Zwar unterstrich die Autorin, die sich in der Emigration dem Zionismus zugewandt hatte, die Bedeutung des Antisemitismus (sowohl des »rechten« wie des »linken«) innerhalb der Vorgeschichte des Totalitarismus, aber im Zentrum stand für sie keineswegs der Vernichtungswille der Nationalsozialisten gegen die Juden allein, sondern ebensosehr der Vernichtungswille der Kommunisten gegen die angeblich von der Geschichte zum Tode verurteilten Klassen wie Bürgertum und Kulaken. Beide Parteien behaupten, den Willen der Geschichte oder – wie die Nationalsozialisten – der Natur in die Wirklichkeit umzusetzen. Darin besteht das Wesen des pseudophilosophisch begründeten Massenterrorismus, der in der Weltgeschichte etwas ganz Neuartiges ist und mit dem historischen Despotismus oder Absolutismus nicht verwechselt werden darf.

Während Hannah Arendt die demokratische Massengesellschaft der Moderne als deren Voraussetzung in eine enge Verbindung mit dem Totalitarismus brachte, stellten Carl J. Friedrich und Zbigniew Brzezinski den westlichen Verfassungsstaat den beiden Hauptformen des Totalitarismus strikt entgegen. Zwar identifizierten sie die beiden nicht, aber durch die Herausarbeitung von sechs Hauptkennzeichen wie der Herrschaft einer einzigen Ideologie und der durch einen Diktator ausgeübten Einparteiherrschaft brachten sie die zwei Totalitarismen in größte Nähe zueinander.

Wenn diese Interpretation richtig war, dann konnte es einen Kampf gegen den Kommunismus geben, der gerade *keine* Fortsetzung von Hitlers Kampf war, sondern der sich ebenso entschieden gegen den Nationalsozialismus wandte wie gegen den Kommunismus. Das entsprach den Empfindungen und den Gedanken von vielen Liberalen und auch Konservativen in der Weimarer Republik sowie im Widerstand gegen Hitler. Es ist daher nicht richtig, die Totalitarismustheorie darauf zu reduzieren, daß sie eine Waffe im Kalten Krieg war. Auch sie implizierte im Grunde das negative Urteil über die ganze deutsche Geschichte, der es eben nie gelungen war, die Ebene der amerikanischen Revolution zu erreichen. Nur wenn die Deutschen zu einer neuen Art von Amerikanern würden, könnten sie sich guten Gewissens dem Kommunismus entgegenstellen, ohne sich einer gewissen Sympathie oder auch nur des Verständnisses für die national-sozialistische Vergangenheit schuldig zu machen.

Es ist merkwürdig, daß die Kommunisten der Totalitarismus-theorie keine vergleichbare Analyse entgegensetzten, die gezeigt hätte, daß die amerikanische Geschichte und die amerikani-schen Institutionen viel Ähnlichkeit mit der Geschichte und den Institutionen des Nationalsozialismus gehabt hätten – etwa durch Vernichtungs- und Eroberungskriege auf der einen und durch propagandistische Einrichtungen zur Verhüllung der Rea-lität auf der anderen Seite. Offensichtlich mußten sie fürchten, eine eingehende Darstellung der nationalsozialistischen Realität würde zum Vergleich zwischen Tscheka und Gestapo, zwischen Konzentrationslagern und Gulag, zwischen der Glorifizierung des »Größten Feldherrn aller Zeiten« und der Verherrlichung des »größten Wissenschaftlers aller Zeiten« herausfordern. Statt dessen wurden in geschichtlichen Darstellungen immer wieder alle Fehlentwicklungen der deutschen Geschichte angeprangert und mit dem Nationalsozialismus in enge Verbindung gebracht. Das bedeutendste dieser Werke, schon durch den großen Namen seines Verfassers, war 1953 die *Zerstörung der Vernunft* von Georg Lukács. Es ist eine Geistesgeschichte des modernen Deutschland, die nach Lukács einen Abfall von Hegel und einen Absturz in den Irrationalismus verkörpert. Diese Fehlentwick-lung beginnt bereits bei Schelling, und sie setzt sich über Scho-penhauer und Nietzsche bis zu Alfred Rosenberg und Adolf Hitler fort. Der Weg reicht von dem bei Schelling noch partiell bewahrten Humanismus bis zur entfesselten Barbarei. Lukács legt den Deutschen also nicht so sehr nahe, zu einer anderen Art von Russen zu werden und bloß noch die Erinnerung an die rus-sophilen Tatsachen ihrer Geschichte zu pflegen, sondern er for-dert sie auf, eine fundamentale Verdrängung in ihrer Geschichte rückgängig zu machen und sich Marx als den wahren und einzi-gen Erben Hegels anzueignen.

Wären die Deutschen Lukács gefolgt, so hätten sie keine Wiedergutmachungsleistungen gegenüber Israel erbringen müssen. Die DDR ließ nie einen Zweifel daran, daß die jüdischen Vermögen, die während des Dritten Reiches konfisziert worden waren, ebenso aus der Arbeit der deutschen Proletarier herausgepreßt worden seien wie alle übrigen kapitalistischen Vermögen. Nach der Überzeugung Walter Ulbrichts hatten die Nationalsozialisten also nicht zu viel, sondern zu wenig enteignet. Die Massentötungen von Juden, für die der Name »Auschwitz« als Symbol nur allmählich in Gebrauch kam, waren dem marxistischen Grundsatz gemäß als Teile der umfassenderen Vernichtungsmaßnahmen zu betrachten, denen die Arbeiterbewegung und die nichtdeutschen Völker ausgesetzt gewesen waren.

Adenauer war dagegen überzeugt, daß gerade dieses Verbrechen, das von der DDR als solches kaum wahrgenommen wurde und eigentlich als eine »innerbürgerliche« Ablenkung oder auch Verirrung hätte interpretiert werden müssen, die spezifische Untat des Nationalsozialismus war. Aber er glaubte auch an die außerordentliche Macht des »Weltjudentums« – wie es nach dem Zeugnis Nahum Goldmanns keineswegs nur Adolf Hitler, sondern auch Mussolini, Papst Pius XII. und sogar Maxim Litwinow taten[10], und er erklärte sich zu Verhandlungen mit Israel bereit, obwohl dieser Staat zur Zeit des Dritten Reiches noch nicht existiert hatte. Israel hatte seit Ende des Krieges mehr als eine halbe Million jüdischer Flüchtlinge aus Osteuropa aufgenommen, und nach relativ kurzen Verhandlungen wurde die zu zahlende Summe auf drei Milliarden DM festgesetzt. Der spätere Bericht des Verhandlungsführers Nahum Goldmann läßt auf anschauliche Weise die Überraschung deutlich werden, mit der die Regierung Ben Gurion in Israel und nicht zuletzt die Amerikaner die Höhe dieser Summe aufnahmen.[11]

Das Abkommen stieß in Israel auf viel stärkeren Widerstand als in Deutschland. Sowohl die rechte »Cheruth«-Partei wie die linke Mapam sahen darin ein »Blutgeld«, mit dem die Deutschen

sich ihrer Schuld zu entledigen versuchten und durch dessen Annahme Israel die Reinheit seiner Erinnerungen verderbe. Auch
Israel hatte ja eine Vergangenheit zu bewältigen, insbesondere
die gleichgültige Haltung vieler Zionisten in Israel gegenüber
einem Vorgang, der nur »Assimilanten« zu treffen schien, und
ebenso die Gleichgültigkeit vieler amerikanischer Juden. Goldmann räumte ebenso unbefangen die »Mitschuld des jüdischen
Volkes« ein, wie Chaim Weizmann ohne den Akzent moralischer
Verurteilung den Antisemitismus auf den verfehlten Versuch der
Assimilierung zurückgeführt hatte.[12] In den leidenschaftlichen
Demonstrationen vor der Knesset stellte sich ein Purismus dar,
der sich gegen die Notwendigkeiten des Lebens nicht durchsetzen konnte, denn Israel befand sich in einer schweren ökonomischen Krise, und ohne die gewaltigen Lieferungen aus Deutschland hätte es schwerlich überlebt. Falls Adenauer sich jedoch
vorgestellt haben sollte, mit der Zahlung von 3 Milliarden DM
und den zusätzlichen 500 Millionen Mark für die »Jewish Claims
Conference« sei eine endgültige »Bereinigung« der Vergangenheit erfolgt, so unterlag er einem schweren Irrtum.

Sicherlich verstand Adenauer »Bereinigung« nicht als »Vergessen« und auch nicht als eine Amnestie für noch zu entdek-
kende NS-Verbrecher. Vielleicht hätte er seine Vorstellungen am
besten von Hans Rothfels formuliert gefunden, der bald nach
dem Abschluß des »Luxemburger Abkommens« die *Vierteljahrshefte für Zeitgeschichte* begründete, die vor allem der Erfor-
schung der nationalsozialistischen Zeit gewidmet sein sollten.
Die Zeitschrift war das öffentliche Organ des Instituts für Zeitgeschichte, das schon seit einigen Jahren existierte. Zeitgeschichte,
so schrieb Rothfels in der Einleitung zum ersten Heft des Jahrgangs 1953, müsse mehr sein als ein Aggregat spezialistischer
Forschung. Sie sollte durch das Bewußtsein bestimmt sein, daß
seit 1917/18 ein neues universalgeschichtliches Zeitalter begonnen habe, in dem horizontale Frontbildungen die vertikalen
Gegensätze zwischen Nationen und Staaten der Vorweltkriegs-

zeit abgelöst hätten, so daß die Situation ideologischer Bürgerkriege entstanden sei. In diese Konstellation sei auch der Nationalsozialismus einzuordnen, der einen Teil des »Dreiecks« von Kommunismus, Faschismus und Demokratie darstelle, welches temporär an die Stelle der globalen Bipolarität von sowjetischem Kommunismus und amerikanischer Demokratie getreten sei. Im Rückblick auf diese nun abgeschlossene Epoche müsse auch die »ganzheitliche Sicht« selbstverständlich größtmögliche Objektivität anstreben, die aber keineswegs soviel wie Neutralität gegenüber den Grundsätzen der europäischen Gesittung bedeute. Nur nüchterne und freimütige Erörterung, welche sich von allen Tendenzen der Selbsterniedrigung wie der Apologetik fernhalte, könne zu einer »Bereinigung der Atmosphäre im Inland und Ausland« führen. Rothfels hat offenbar jenes Wiedererstehen nationalsozialistischer Tendenzen im Auge, das vom alliierten Werben um deutsche Mitarbeit bei der Verteidigung des Westens mit heraufgeführt worden war, etwa in Gestalt der inzwischen bereits verbotenen »Sozialistischen Reichspartei«. Er polemisiert zudem mit klaren Worten gegen »diejenigen, die am liebsten den Mantel des Verdeckens ausbreiten und sich in die Wolke des Vergessens hüllen würden«.[13]

Daß die Zeitschrift der Forderung, »sich an keinerlei heißen Eisen vorbeizudrücken«, gerecht wird, stellt Rothfels selbst gleich im zweiten Heft desselben Jahrgangs unter Beweis, wo er die Aufzeichnungen von Kurt Gerstein als »Augenzeugenbericht zu den Massenvergasungen« abdruckt. Sie sind bis heute neben den Aussagen bzw. Notizen von Rudolf Höß die meistzitierte Quelle zu den Vorgängen in den Vernichtungslagern geblieben. Der von Gerstein geschilderte Akt der Massentötung durch Dieselgase ist so entsetzlich, daß Rothfels – der aus Deutschland vertriebene, aber immer sehr »deutsch« gebliebene Jude – ausdrücklich bemerkt, es gehe ihm nicht darum, »Haß zu pflanzen«. Die Zahlenangaben Gersteins, die – im Jahre 1942! – 25 Millionen Opfer betragen, werden von Rothfels als überhöht betrachtet.[14]

Einem anderen Aspekt der »Endlösung« ist Anfang 1956 die Dokumentation »Aus den Akten des Gauleiters Kube« gewidmet, die deutlich macht, daß es sehr unterschiedliche Typen unter den »Tätern« gab, von dem Generalkommissar in Weißrußland Kube, der das Vorgehen der Einsatzkommandos »eines deutschen Menschen und eines Deutschlands Kants und Goethes unwürdig« findet, bis zu dem SS-Führer, der behauptet, er und seine Männer erfüllten innerhalb der bandenverseuchten Gebiete nur ihre »harte Pflicht«. Aber daß Kube die Vernichtung der russischen und polnischen Juden nicht minder für geboten hielt und daß der Terminus »Sonderbehandlung« auch in bezug auf deutsche Juden »Tötung« bedeutet, kann nach der Lektüre dieser Akten nicht dem geringsten Zweifel unterliegen.[15]

Niemand konnte der Zeitschrift vorwerfen, daß sie mit diesen Beiträgen »Partei ergriff«, denn es gab keine »Partei«, die das Faktum der »Endlösung« in Frage stellte. Schon die ersten Jahrgänge machten ebenfalls klar, daß sie die Zeitgeschichte nicht etwa auf den Nationalsozialismus reduzieren wollte, sondern daß ihr Interesse sich auch auf die Geschichte der Sowjetunion, Frankreichs, Polens und anderer Staaten erstreckte. Eine »Parteinahme« mag man am ehesten in der großen Bedeutung sehen, der dem »deutschen Widerstand gegen Hitler« eingeräumt wurde: Hans Rothfels war ja einer der ersten gewesen, der bereits 1948 und noch in Amerika ein Buch über die *Deutsche Opposition gegen Hitler* geschrieben hatte, und gleich im ersten Heft war eine Miszelle von Helmut Krausnick mit dem Titel »Erwin Rommel und der deutsche Widerstand gegen Hitler« zu lesen.

Sollte in der Bundesrepublik eine »Wiederbewaffnung« erfolgen, dann mußte die Anknüpfung an irgendeinen Strang der deutschen militärischen Tradition möglich sein, wenn man nicht eine wurzellose Armee von Söldnern haben wollte. Die kasernierte Volkspolizei und dann die »Nationale Volksarmee« der DDR konnten sich die ganze Tradition der »negativen Kriegserfahrung« und weiter des »Nationalkomitees Freies Deutschland« zu eigen machen und damit wie die Sowjetarmee inmitten hektischer Rüstungen das Banner des »Friedens« hochhalten. Eine Anknüpfung an die Partei der positiven Kriegserfahrung wäre dagegen unmöglich gewesen, selbst wenn es »deutsche Kriegsverbrechen« und »nationalsozialistische Massentötungen« überhaupt nicht gegeben hätte. Nur das Anknüpfen an die Gesinnungen und Aktionen der Männer des 20. Juli war zu rechtfertigen. Die *Vierteljahrshefte* wirkten in diese Richtung, und das im Ton Stefan Georges geschriebene, 1957 erstmals erschienene Buch von Eberhard Zeller *Geist der Freiheit. Der Zwanzigste Juli* suchte ebenfalls einen Durchbruch zu erzielen.

Noch war diese Orientierung in keiner Weise allgemein akzeptiert, als 1956 der endgültige Beschluß zur Aufstellung einer Wehrpflichtarmee gefaßt wurde, der Bundeswehr. Nur wenige Offiziere der ehemaligen Wehrmacht, ohne deren Engagement die neue Bundeswehr nicht aufgestellt werden konnte, hatten mit dem Attentat Stauffenbergs auf den »Obersten Befehlshaber« sympathisiert, und jetzt hingen anscheinend nicht ganz wenige einer neuen Art von Dolchstoßlegende an: Nur durch die Tätigkeit von »Verrätern« im Oberkommando des Heeres sei der Krieg verlorengegangen, ja sogar überhaupt erst entstanden, denn das Wissen von der Existenz hochgestellter Verschwörer habe den Engländern den Mut zur Kriegserklärung gegeben. Zwar war damit in keinem Falle eine Rückkehr zu Hitlers Idee vom besser zu führenden Kriege verknüpft, denn auch der entschiedenste Militarist konnte Westdeutschland nur als »junior partner« der Amerikaner sehen, der im Kriegsfall tödliche Verluste würde erleiden müssen. Aber es schien keineswegs ausgeschlossen zu sein, daß die Bundesrepublik eine Armee haben würde, von der eine »Renazifizierung« der Gesellschaft und eine Ausrichtung auf eine durch Drohungen zu erzwingende Wiedervereinigung sowie auf eine Rückgewinnung der Oder-Neiße-Gebiete ausgehen würde. Zur Beunruhigung trug nicht zuletzt die Tatsache

bei, daß darüber debattiert wurde, ob auch ehemaligen hohen
Offizieren derWaffen-SS der Eintritt in die Bundeswehr gestattet
werden solle. Zahlreiche Artikel und Beiträge in den vielgelesenen Illustrierten ließen die Vergangenheit des Dritten Reiches
wie ein Idyll erscheinen, und die Zeitungskioske waren voll von
sogenannten Landser-Heften.

»Vergangenheitsbewältigung« bedeutete nach wie vor in erster
Linie Antwort auf Fragen der Gegenwart. Es gab ja immer noch
zahlreiche »Nazis« und »Militaristen«, die sich im besten Alter
befanden und so dringend gebraucht wurden, daß sie möglicherweise entscheidenden Einfluß erlangen würden. Daher konnte
die Frage aufkommen, ob nicht sogar jene »kleine« Vergangenheitsbewältigung, die in der Bundesrepublik tatsächlich stattgefunden hatte, nämlich die Beseitigung »Preußens«, wieder rückgängig gemacht werden würde. Deshalb schlossen sich 1956 eine
Anzahl von Publizisten und anderen Intellektuellen zum »Grünwalder Kreis« zusammen, der der »Renazifizierung«Widerstand
entgegensetzen wollte. Sie waren keineswegs so schwach, wie
sie selber glaubten. Zu ihnen gehörten nämlich Hans Werner
Richter, dessen »Gruppe 47« schon einflußreich genug war, um
bedeutende Autoren derWeimarer Rechten wie Ernst Jünger und
Gottfried Benn wieder aus der vordersten Linie der Nachkriegs-
literatur zu verdrängen, Heinrich Böll, dessen Bücher allerdings
noch längst nicht so populär waren wie später, Erich Kuby, der
vor allem den neuen Verteidigungsminister Franz Josef Strauß
heftig angriff, Hans-Jochen Vogel, der freilich noch ein wenig bekannter Rechtsanwalt war, aber eine große Zukunft vor sich
hatte, und viele andere. Ihre Zeitschrift *Die Kultur* fand zahlreiche Leser. Freundliche Beziehungen bestanden zur »Frankfurter Schule« der ehemaligen Emigranten Max Horkheimer
und Theodor Adorno sowie zum Suhrkamp-Verlag, der sich,
ähnlich wie der S. FischerVerlag, mehr und mehr darauf konzen-
trierte, ältere und neuereWerke von ehemaligen oder permanenten Emigranten herauszubringen.[16]

104

Als Adenauers Partei, gestärkt durch das jahrelange »Wirtschaftswunder« und auch durch die allgemeine Empörung über
das brutale Eingreifen der Sowjetunion in Ungarn, 1957 ihren
größten Wahlsieg errang, war in der Bundesrepublik, noch kaum
erkennbar, eine intellektuelle Linkswendung in Gang gekommen, die eine Wendung zu einer neuen Vergangenheitsbewältigung bedeutete – jetzt auch unter häufiger Verwendung dieses
Wortes oder des Terminus »Aufarbeitung der Vergangenheit«.
Paradoxerweise wurde sie durch Chruschtschows Geheimrede
auf dem XX. Parteitag der KPdSU 1956 gefördert. Dort hatte der
Generalsekretär der herrschenden Partei die Darstellung und
Kritik einer Vergangenheit gegeben, mit der verglichen sich die
nationalsozialistischen Friedensjahre von 1933 bis 1939 wie ein
rechtsstaatliches Idyll ausnehmen mußten. Aber durch die faktische Übernahme des ursprünglich trotzkistischen Begriffs »Stalinismus« sahen sich die Sozialisten im Westen ermutigt, und ein
kritisches Nachdenken über die Oktoberrevolution und den
Leninismus wurde verhindert.

Von erheblicher Bedeutung war in der Bundesrepublik der
ebenso überraschende wie überwältigende Erfolg des *Tagebuchs
der Anne Frank*, das 1958 eine Auflage von 700 000 erreicht
hatte. Erstmals sahen sich junge Leser als solche durch diese Aufzeichnungen eines 14jährigen Mädchens angesprochen. Sie wurden da nicht mit unvorstellbaren Zahlen und Geschehnissen von
unfaßbarer Schrecklichkeit konfrontiert, sondern sie konnten
mit einer einzelnen Person mitempfinden, die sich in großer Gefahr befand und dennoch zusammen mit ihrer eigenen und einer
anderen Familie in einem Hinterhaus in Amsterdam versteckt
ein relativ bürgerliches Leben mit allen Nöten und Freuden des
Alltags führte. So lernten die Leser, die Ereignisse des Krieges
nicht mit den Augen der eigenen Eltern oder Verwandten zu
sehen, sondern mit diesem jungen Mädchen den »schrecklichen
Deutschen« gegenüber Distanz zu empfinden und mit ihr der
Invasion entgegenzufiebern. Dadurch lockerte sich das »Wir«-

Gefühl der Deutschen, das während der ersten Hälfte der fünfziger Jahre noch sehr stark und selbstverständlich gewesen war.

Aber eine Art von Verzweiflung über dieses »Wir« hatten weder die KZ-Berichte wie derjenige Kogons noch die alliierten Prozesse und auch nicht das Tagebuch Anne Franks zur Folge gehabt. Es bedurfte vielmehr eines zufälligen Anlasses, um dieses Empfinden in einer zunächst kleinen Anzahl von Menschen hervorzurufen. Der ehemalige Gestapochef von Memel hatte sich unter seinem richtigen Namen um eine Position im Polizeidienst beworben, und er wurde verhaftet, als er in den Verdacht geriet, an Massenerschießungen litauischer Juden beteiligt gewesen zu sein. Daraus resultierte der Ulmer Einsatzgruppenprozeß des Jahres 1958, der zwar gegenüber dem alliierten Prozeß gegen Ohlendorf und andere nichts grundsätzlich Neues erbrachte, aber von der deutschen Öffentlichkeit mit weitaus größerer Anteilnahme verfolgt wurde, vermutlich deshalb, weil der Krieg und seine unmittelbaren Folgen schon aus bedrängender Gegenwart zu bloßer Erinnerung geworden waren.

Die wichtigste Folge dieses Prozesses war die Gründung der »Zentralen Stelle der Landesjustizverwaltungen zur Aufklärung nationalsozialistischer Verbrechen« in Ludwigsburg, die am 1. Dezember 1958 ihre Arbeit aufnahm. Die Tätigkeit dieser Stelle war schon in den ersten Jahren außerordentlich erfolgreich, sicherlich nicht zuletzt deshalb, weil für zahlreiche Zeugenaussagen, die aus Polen und der Sowjetunion kamen, jetzt eine zentrale Adresse vorhanden war. Schon zwei Jahre später konnte der erste Leiter, Oberstaatsanwalt Erwin Schüle, bekanntgeben, daß etwa 900 Verfahren gegen Hauptbeschuldigte eingeleitet worden waren. Erst jetzt, durch diese systematischen Ermittlungen, erfahre das deutsche Volk, »mit welch ungeheuerlichen Verbrechen die nationalsozialistischen Gewaltverbrecher den deutschen Namen belastet haben«, denn die Machthaber hätten ihre Vernichtungsbefehle unter strengsten Geheimschutz gestellt und die beteiligten Personen zu unbedingtem Stillschweigen verpflichtet.[17] Die Aussage war insofern nicht zutreffend, als die Nürnberger Prozesse ja eben diesem Ziel gedient hatten. Nichts konnte schrecklicher sein als der Inhalt der Aussagen von Rudolf Höß, durch welche die Angeklagten des Hauptkriegsverbrecherprozesses offensichtlich zutiefst erschüttert worden waren; nichts konnte ein lähmenderes Entsetzen erzeugen als die Schilderungen Kurt Gersteins; die Berichte der Einsatzgruppen sowie der SS-Generäle Stahlecker und Katzmann lagen vor; seit 1958 war die Autobiographie von Höß unter dem Titel *Kommandant in Auschwitz* in den Händen des Publikums. Aber die Nürnberger Prozesse waren so massiert über ein völlig erschöpftes Volk hereingebrochen, daß sie nicht wirklich zur Kenntnis genommen wurden. Jetzt dagegen riefen die Berichte über die Massentötungen im Osten von Juden, Polen und Russen gerade wegen des Kontrastes zu einer weitgehend normalisierten Wirklichkcit einen neuen und viel stärkeren Eindruck hervor.

Ein bewegendes Zeugnis dafür sind die Vorträge, die eine Staatsanwältin hielt, die als Übersetzerin von polnischen Zeugenberichten in die Arbeit der Zentralen Stelle einbezogen war.[18] Ihr Entsetzen geht offensichtlich daraus hervor, daß sie sich nie mit den 42 Bänden des »Internationalen Militärgerichts« beschäftigt hatte und nun fassungslos vor der Tatsache stand, daß viele Deutsche, die sich inzwischen in Beruf und Familie von ihren Mitmenschen in keiner Weise unterschieden, während des Krieges an Massenmorden teilgenommen hatten, deren gräßliche Einzelheiten ihr aus den polnischen Texten, die sie zu übersetzen hatte, sozusagen ins Gesicht sprangen. Und wie mild waren die Strafen, die bisher verhängt worden waren: Fünf Jahre etwa für zigfache Mörder oder Totschläger! Ein Vortrag, den die überzeugte Christin 1961 an der Evangelischen Akademie Loccum hielt, hatte viel Aufregung zur Folge, weil sie nach – allerdings unzutreffenden – Presseberichten der deutschen Justiz schwere Vorwürfe gemacht und anklagend darauf hingewiesen hatte, daß sich gerade unter den höheren Polizeibeamten der

Bundesrepublik viele erst jüngst entdeckte oder immer noch verborgene Verbrecher befänden. Aber eben diese Tatsache war für sie und viele andere das Beunruhigende: daß die Männer, die Dutzende und Hunderte von Erwachsenen und Kindern erschossen, ja oft genug sogar lebendig verbrannt hätten, seit 15 Jahren als Familienväter und Berufskollegen ein untadeliges Leben führten. Mußte man also nicht in allen Nachbarn potentielle oder wirkliche Verbrecher sehen? Und traf der Verdacht nur auf Deutsche zu, oder war *jeder* Mensch imstande, unter außergewöhnlichen Umständen die schlimmsten Taten zu begehen?

Dies konnte der Ausgangspunkt für tiefgreifende Überlegungen, eindringliche Deutungsversuche und umfangreiche Forschungen sein. Etwa seit 1960, nachdem die Zentrale Stelle die Voraussetzungen für eine Anzahl von Prozessen geschaffen hatte, indem sie durch Einleitung von Ermittlungsverfahren die drohende Verjährung unterbrach, waren die Voraussetzungen für philosophisches Nachdenken und historische Interpretation gegeben: Worin bestanden die »außerordentlichen Umstände«, durch die sowohl Männer wie Frauen zu Schwerverbrechern werden konnten, welche nach dem Ende dieser Umstände wieder zu normalen Menschen wurden, so daß keinerlei Wiederholungsgefahr gegeben war? Vergleichende Untersuchungen waren erforderlich, um eine Antwort auf die Frage vorzubereiten, was an diesen Umständen und an diesen Taten »deutsch«, was möglicherweise in übernationalen Ideologien begründet und was am Ende sogar allgemein menschlich war. Historische Forschung mußte Fragen zu klären versuchen, auf die in Gerichtsverfahren mit ihren Bemühungen um die Feststellung individueller Schuld keine Antworten gegeben werden konnten, etwa die Fragen nach Strukturen und Selbstverständnis des Regimes, aber auch nach dem Verhältnis von Wirklichkeit, Übertreibung und Phantasie in den Zeugenaussagen zu zentralen Punkten.

Es lag nahe, an die programmatischen Ausführungen von Hans Rothfels anzuknüpfen, und das geschah auch. Seit dem Anfang der sechziger Jahre erschien inmitten einer Fülle fachwissen-schaftlicher Detailuntersuchungen eine Anzahl von teils bahn-brechenden, teils zusammenfassenden Büchern, zu denen etwa Martin Broszats *Der Staat Hitlers* gehört. Keines dieser Bücher war in jener kühlen Objektivität geschrieben, die längst vergan-genen Epochen zugewandt werden kann, aber keines ließ das Bemühen um Distanz und Zügelung der Emotionen vermissen. Alle forderten zu Polemik und Auseinandersetzung heraus, aber nur ganz wenige wurden zum Mittelpunkt eines erbitterten Par-teienstreits. Dazu zählte zuerst die Untersuchung von Fritz Tobias über den Reichstagsbrand, gegen die mit großer Leidenschaft und zu Unrecht eingewandt wurde, sie greife mit der These von der Alleintäterschaft Marinus van der Lubbes eine national-sozialistische Behauptung auf und sei apologetisch, weil sie das erste Staatsverbrechen der Nationalsozialisten in Abrede stelle. Wenig später folgte Fritz Fischers *Griff nach der Weltmacht*[19], das die Schuldfrage des Ersten Weltkriegs wiederaufnahm und sogar gegen Bethmann Hollweg schwere Vorwürfe richtete, so daß es wieder die »deutsche«, und nicht die »nationalsozialisti-sche« oder gar die »epochale« Vergangenheit war, auf die sich alle Aufmerksamkeit würde richten müssen.

Aber wenn damit die »Vergangenheitsbewältigung« auf die Ebene historischer Interpretationen und Studien gehoben wurde, die in der »großen Öffentlichkeit« ohne nennenswertes Echo bleiben mußten, so wurde sie um die gleiche Zeit frei für eine politische Instrumentalisierung. Gewiß hatte Eugen Kogon aus seinen Erfahrungen die Konsequenz abgeleitet, daß er sich zusammen mit Walter Dirks in den *Frankfurter Heften* über-wiegend für die Politik der Sozialdemokraten aussprach, aber hier handelte es sich noch um das Ziehen von unmittelbaren Konsequenzen für die Gegenwart, und in der elementaren Grundentscheidung des »Nie wieder« sowie der Skizzierung eines besseren Weges waren sich alle einig gewesen. Bis 1955 hatte sogar die DDR auf die ehemaligen Nationalsozialisten und

Militaristen sowohl in der Bundesrepublik wie in ihrem eigenen Gebiet viel Rücksicht nehmen müssen.

Seit dem Inkrafttreten der Westverträge und dem Eintritt der Bundesrepublik in die NATO im Jahre 1955 war für jedermann einsichtig, daß die »große« Vergangenheitsbewältigung, die Beseitigung aller Ursachen des vergangenen Unheils, in der Bundesrepublik nicht stattfinden würde. Theodor Adorno gab seine Definition in einem Augenblick, als die innere Möglichkeit ihrer Verwirklichung schon längst verschwunden war.[20] Aber eben dieses – systembedingte – Ausbleiben konnte die DDR jetzt zu einem zentralen Argument im Kampf gegen die Bundesrepublik machen, der in der Sache wegen der ständig sehr hohen Flüchtlingszahlen bereits defensiv, aber immer noch voll von höchst aggressiven Formulierungen war und an Zuversicht wieder gewann, als Chruschtschow durch sein Berlin-Ultimatum vom November 1958 nicht nur die Bundesrepublik, sondern auch die Westmächte insgesamt in eine Verteidigungsposition zwang.

Der Angriff der DDR richtete sich in erster Linie gegen Adenauers Staatssekretär Hans Globke, der als Beamter des Reichsinnenministeriums 1936 Mitverfasser eines Kommentars zu den Nürnberger Gesetzen gewesen war. Man fragte sehr wenig nach den »Umständen«, die diese Publikation erzeugt hatten, und auch kaum nach den Absichten, von denen sie sich leiten ließ, und man schreckte vor Schimpfwörtern wie »Judenmörder« nicht zurück. Wenig später nannte man den neuen Bundespräsidenten Heinrich Lübke einen »KZ-Baumeister«, weil er – nach der Verbüßung einer Haftstrafe – in einer Firma gearbeitet hatte, welche Bauteile für die Baracken in Konzentrationslagern geliefert hatte. Ein wirkliches Verbrechen warf man dem Bundesminister für Vertriebene Theodor Oberländer vor, der sich angeblich zu Beginn des Krieges gegen die Sowjetunion mit seinem Bataillon an Massenmorden in Lemberg beteiligt hatte. Es handelte sich um einen überaus heiklen Tatbestand, denn Massenmorde hatte in Lemberg zuerst der NKWD begangen, aber bei dem Schauprozeß, den man in Berlin (Ost) durchführte, kamen – in Abwesenheit des »Angeklagten«, wie sich versteht – nur Zeugen im Sinne der Anklage zu Wort. Schließlich sah sich Oberländer zum Rücktritt veranlaßt. Daß er sehr wirkungsvoll von einem Mann publizistisch verteidigt wurde, der seine nationalsozialistische Vergangenheit nicht leugnete, aber nun aggressiv gegen die vielen Publizisten zu Felde zog, die *ihre* nationalsozialistische Vergangenheit unter dem Mantel einer antifaschistischen Vergangenheitsbewältigung zu verstecken suchten, trug zur Erbitterung dieser Kämpfe bei.[21]

Im Kern ging es der DDR und zahlreichen Westdeutschen, die mit den Anklagen sympathisierten, nicht um einzelne Personen, sondern um den Grundcharakter der Bundesrepublik schlechthin: daß sie auf einem fragilen Modus vivendi zwischen gemäßigten »Ehemaligen« und gemäßigten »Antifaschisten« beruhte, und ein solches konfliktreiches Miteinander von »Rechten« und »Linken« macht ja in wechselnden Gestalten das Wesen der repräsentativen Demokratie aus. Aber auch in schlimmsten Krisen hat sich ein demokratischer Staat noch nie durch einige Mauerinschriften erschüttern lassen, wie es in der Bundesrepublik infolge der sogenannten Hakenkreuzschmierereien zur Jahreswende 1959/60 der Fall war, als deren Urheber sich später der tschechische Geheimdienst erwies.

In noch weitaus eindrucksvollerer Form wurde die Vergangenheitsbewältigung durch Israel instrumentalisiert. Ben Gurion machte keinen Hehl daraus, wie sehr er darüber beunruhigt war, daß die »Endlösung« für die jungen Israelis, die im Lande geborenen »Sabras«, in die Vergessenheit zurücksank. Dadurch schien ihm der Grundcharakter Israels gefährdet zu sein, das sich von der Kontinuität mit dem jüdischen Volke nicht abschneiden durfte, einem Volke, von dem Elie Wiesel gesagt hat, kein anderes Volk lebe so sehr in der Erinnerung, sowohl an seine Freunde wie an seine Feinde.[22] Um diese wieder ganz lebendig zu machen, schrak Ben Gurion auch vor einem Verstoß gegen das Völkerrecht nicht zurück und ließ Adolf Eichmann aus Argentinien entführen, um ihm in Jerusalem vor einem israelischen Gericht den Prozeß zu machen. Nicht ganz wenige Juden, unter ihnen Max Horkheimer, nahmen an dieser Verfahrensweise Anstoß, und es ist festzuhalten, daß sie zunächst im Dienst einer israelischen »Gegenwartsbewältigung« stand; aber sie mußte natürlich erhebliche Auswirkungen auf Deutschland haben. Als Eichmann zum Tode verurteilt und hingerichtet worden war, rief der Prozeß den bittersten innerjüdischen Streit hervor, den es im Hinblick auf die »Endlösung« bis dahin gegeben hatte. Hannah Arendt wies nämlich in ihren Prozeßberichten, die dann als Buch unter dem Titel *Eichmann in Jerusalem. Ein Bericht von der Banalität des Bösen* erschienen, mit ungewohntem Nachdruck auf die Rolle der »Judenräte« hin, ohne deren, gewiß erzwungene, Mitwirkung Eichmann nicht hätte agieren können. Die Autorin fand nur wenige Verteidiger, als ein Sturm von Empörung und Vorwürfen über sie hereinbrach. Und der Untertitel von der »Banalität« des Bösen ließ sich so verstehen, daß er sich keineswegs nur auf Eichmann und dessen Befehlshaber oder Helfer bezog, sondern jene anthropologische Konstante meinte, auf die manche Deutsche durch die Nachforschungen der Ludwigsburger Zentralstelle gestoßen waren.

Noch weit größeres Aufsehen erregte in Deutschland 1963 das Drama eines bis dahin unbekannten Verlagslektors: *Der Stellvertreter* von Rolf Hochhuth. Hochhuth wagte es, einen Mann in die Vergangenheitsbewältigung einzubeziehen, der bei seinem Tod im Jahre 1958 von nahezu allen Parteien und Richtungen in Westeuropa und den USA als ein wahrer »Vater des Abendlandes« betrauert worden war wie kaum je ein Mensch zuvor: den Papst Pius XII. In Hochhuths Schauspiel aber tritt ein kühler Geschäftsmann auf, der um die Aktien und den Besitz der Kirche fürchtet und deshalb Hitler als einen Vorkämpfer gegen den Bolschewismus nicht einmal in einem Augenblick verurteilen will, wo unter seinen Augen die Juden Roms aus ihren Häusern geholt und in die Todeslager abtransportiert werden. Daher verschließen er und seine Prälaten die Ohren gegenüber Kurt Gersteins leidenschaftlichen Erzählungen[23], und so erscheinen sie als Komplizen Eichmanns, der ebenfalls seinen Auftritt hat. Hochhuth lag, vermutlich ohne etwas davon zu ahnen, weit mehr im »Trend« als Hannah Arendt. Schon schrieb ein amerikanischer Autor, Günter Lewy, ein sehr kritisches Buch über das Verhältnis der Katholischen Kirche zum Nationalsozialismus, und unter dem neuen Papst, Johannes XXIII., versammelte sich ein Vatikanisches Konzil, das der Kritik auch innerhalb der Kirche die Bahn brach. Im Kern ging Hochhuth nicht so sehr gegen die Katholische Kirche vor, sondern gegen den Kalten Krieg; auch hier artikulierte er eine Wendung des Zeitgeistes und förderte sie zugleich.

Die beginnende Wandlung des »Zeitgeistes« wurde nicht weniger durch den »Auschwitzprozeß« anschaulich, der im Dezember 1963, kurz nach dem Ende der Kanzlerschaft Adenauers, in Frankfurt eröffnet wurde. Zwar verwahrte sich der Vorsitzende Richter ausdrücklich gegen die Bezeichnung »Auschwitzprozeß«, da es sich lediglich um das »Strafverfahren gegen Mulka und andere« handle, wo der individuelle Schuldanteil der einzelnen Angeklagten und das entsprechende Strafmaß festgestellt werden sollten, aber das Interesse der Öffentlichkeit war von Anfang an so groß, daß die Verhandlungen im »Römer« eröffnet und später in einen eigens umgebauten großen Saal verlegt werden mußten. Der Berichterstattung wurde in fast allen Zeitungen ungewöhnlich viel Platz eingeräumt. Mit angehaltenem Atem nahm ganz Deutschland von den Vorgängen Kenntnis, die sich der menschlichen Fassungskraft entzogen. Allerdings waren nicht die täglichen Vergasungen von bis zu 25 000 Menschen (wie Filip Müller, ein ehemaliges Mitglied des Sonderkommandos, aussagte) oder die gleich anschließenden Einäscherungen und auch nicht die Greueltaten des verstorbenen Scharführers Moll, der viele kleine Kinder in kochendes Fett geworfen habe, das Thema der Verhandlungen, sondern sie waren der häufig erwähnte und bis auf Details nie bestrittene Hintergrund des Prozesses. Auch die Verteidiger versuchten nicht, diesen Hintergrund in Zweifel zu ziehen, sondern sie spitzten das negative Gesamturteil noch zu, um gerade daraus Entlastungsgründe für die einzelnen Angeklagten abzuleiten: Es sei Hitlers Wille gewesen, sagte der Rechtsanwalt Laternser, alle Juden Europas physisch zu vernichten; sämtliche Insassen aller in Auschwitz eintreffenden Züge seien mithin von vornherein zum Tode bestimmt gewesen, und die Selektion an der Rampe, an der seine Mandanten beteiligt gewesen seien, habe daher nicht eine Auswahl zum Tode, sondern ganz im Gegenteil eine Freistellung zum Leben bedeutet, wenngleich nur zu einem kurz befristeten Leben.[24]

Übergreifende Fragen wie die, ob Hitler unter »Vernichtung« tatsächlich die physische Extermination verstanden hatte, konnten von dem Gericht nicht thematisiert werden, und Überlegungen wie diejenigen Laternsers wurden von der Öffentlichkeit als makabre Gedankenspiele betrachtet. Sie riefen sogar Empörung hervor, weil sie bestimmt zu sein schienen, die Verantwortlichkeit der Angeklagten zu beseitigen und damit auf die Anfänge der deutschen apologetischen Vergangenheitsbewältigung zurückzugehen, nämlich alle Schuld auf Hitler allein zu häufen, um dadurch das deutsche Volk und sogar die Mittäter freizusprechen. Was sich den Zuhörern und den Zeitungslesern am tiefsten einprägte, waren offenbar die von vielen Zeugen und mehreren Beteiligten beschriebenen Vorgänge auf der Rampe, wo einige SS-Männer nach flüchtigem Hinblick durch eine Handbewegung darüber entschieden, wieviele aus der mehrtausendköpfigen Masse in den sofortigen Tod geschickt und wieviele zur Registrierung und zu einem prekären Dasein als Arbeitssklaven ins Lager gebracht werden würden.

Als die Urteile nach anderthalbjähriger Dauer des Prozesses verkündet und fünf Angeklagte zu lebenslanger Haft verurteilt wurden, da war der allgemeine Eindruck der, daß mit Mulka und Boger, mit Kaduk und Stark nur austauschbare Figuren vor Gericht gestanden hätten. Im Grunde seien aber Adolf Hitler, der Nationalsozialismus und die ältere Generation schuldig gesprochen worden. Nur selten wurden Zusammenhänge wahrgenommen, die das Bild des historisch einmaligen Massenmordes zwar nicht in Frage stellten, aber doch modifizierten, so daß historische Beziehungen sichtbar wurden, die nichts entschuldigten, aber manches komplizierter und verstehbarer erscheinen ließen. So sagte der Angeklagte Mulka, zur Person befragt, aus, er habe sich nach dem Ende des Ersten Weltkrieges als Leutnant der Baltischen Landeswehr angeschlossen, um »das Vordringen des Bolschewismus nach Westen zu verhindern«.

Wer die Aufzeichnungen von Rudolf Höß gelesen hatte, die inzwischen in einer vielgekauften Taschenbuchausgabe vorlagen, erinnerte sich vielleicht daran, daß auch Höß ein Freikorpskämpfer im Baltikum gewesen war und geschrieben hatte, damals habe er die ersten Greuel an der Zivilbevölkerung gesehen: Die lettischen Roten hätten die Häuser ihrer Landsleute, welche Soldaten der Weißen bei sich aufgenommen hätten, angezündet und die Bewohner lebendig verbrannt. Noch heute ständen ihm die grauenhaften Bilder ausgebrannter Hütten und verkohlter Leichen von Frauen und Kindern deutlich vor Augen. Höß unterließ es nicht, gleich nachher zu erwähnen, daß er später »viel grausigere Bilder« sehen mußte, aber wohl nur ein außenstehender Beobachter hätte die Frage aufwerfen können, weshalb jene Nachkriegsanfänge der »Partei der positiven Kriegserfahrung« zwei Jahrzehnte später so entsetzliche Folgen gehabt hatten. Auch der Angeklagte Boger – Chef der Politischen Abteilung in Auschwitz und Erfinder der sogenannten Boger-Schaukel, die der Geständniserpressung diente und nur bei registrierten Häftlingen Anwendung finden konnte – stellte eine solche Frage allenfalls implizit, als er in seinem Schlußwort sagte: »Aber nicht das Auschwitz als grausame Vernichtungsstätte des europäischen

Judentums stand damals im Mittelpunkt meiner Betrachtungen, sondern die Bekämpfung der polnischen Widerstandskämpfer und des Bolschewismus.«[25]

Eine Reihe von Anzeichen wies schon bald darauf hin, daß es vornehmlich die jüngere Generation war, auf die dieser Prozeß den stärksten Eindruck gemacht hatte, jene Generation also, die in den fünfziger Jahren herangewachsen war und von der viele das Tagebuch der Anne Frank gelesen, aber in den Schulen wenig über den Nationalsozialismus erfahren hatten, weil die Lehrer natürlich vollen Anteil an jenem »Vergessen« hatten, das die allmähliche Ablösung von den niederdrückenden Erfahrungen der ersten Nachkriegsjahre ermöglichte. Drei neue Ansätze in der Wissenschaft mußten nun das besondere Interesse dieser Generation hervorrufen. Der erste war das Wiederaufgreifen der Kriegsschuldfrage des Ersten Weltkrieges durch Fritz Fischer, das zu einer Debatte über die spezifisch deutschen Ursprünge des Nationalsozialismus führen mußte. Der zweite war das Aufkommen der Frage nach dem »Faschismus«, das den Blick über Deutschland hinaus nach »Europa« und auf die Weltkriegsepoche im ganzen lenkte. Der dritte folgte dem zweiten auf dem Fuße und bestand zunächst hauptsächlich in der Wiederentdeckung der marxistischen Faschismustheoretiker der Weimarer Zeit, die zum Teil mit der Wiederentdeckung des Instituts und der *Zeitschrift für Sozialforschung* identisch war, jener »Marxburg« und jener Zeitschrift, aus denen die »Frankfurter Schule« von Horkheimer und Adorno als einer unter mehreren Zweigen hervorging.

Horkheimer und Adorno hatten ja zusammen mit »ihren« Verlagen Suhrkamp und S. Fischer bereits von der Mitte der fünfziger Jahre an so etwas wie eine geistige Hegemonie aufgebaut. Sie konnten sich rühmen, von den Studenten weit mehr gelesen zu werden als etwa Martin Heidegger und Ernst Jünger, aber ihre »kritische Theorie« schloß sich aus dem größeren Kontext der Totalitarismustheorie und sogar des Antikommunismus bzw. Anti-

116

sowjetismus nicht aus. Allmählich wurde jedoch klar, daß die spezifische Fortschrittlichkeit dieses Denkens durch eine doppelte und abstandnehmende Rückwärtsgewandtheit konstituiert wurde – durch die distanzierende Bezugnahme auf die »bürgerliche« Kulturkritik und auf den »proletarisch-revolutionären« Marxismus. Die attraktivste Synthese war der Freudo-Marxismus, der oft auch als »westlicher Marxismus« bezeichnet wurde und der von in Amerika verbliebenen Emigranten wie Erich Fromm und Herbert Marcuse entschiedener vertreten wurde als von Horkheimer und Adorno. Seit 1964 wurde der *Eindimensionale Mensch* von Marcuse zu einem Lieblingsbuch der jüngeren Studentengeneration.

Man sollte aber nicht übersehen, daß es sich in den Jahren 1965/66 erst um Ansätze handelte. Noch wagte außer Wolfgang Abendroth in Marburg so gut wie niemand, sich als Marxisten zu bezeichnen. Noch wurde sogar der Terminus »Faschismus« mit großem Mißtrauen betrachtet, und noch zog die Empfehlung, die Oder-Neiße-Grenze anzuerkennen, wie sie von Golo Mann und in einer Denkschrift der Evangelischen Kirche zum Ausdruck gebracht worden war, erbitterte Kritik auf sich. Die Bildung der Großen Koalition im Herbst 1966 politisierte viele Studenten, doch deren Kritik beruhte vorwiegend auf Befürchtungen, die eher der Totalitarismuskonzeption als dem Marxismus entsprangen, nämlich der Furcht vor einer Ausschaltung der Opposition durch eine übermächtige Regierung, die nun sogar eine Notstandsgesetzgebung vorbereite. Aber eine wirkliche Härte des Tons entstand erst durch ein außerdeutsches Ereignis, nämlich den Vietnam-Krieg. Schon 1966 waren bei Studentendemonstrationen in West-Berlin Steine gegen das Amerika-Haus geworfen worden, und das war ein Vorgang, der in der vollständig vom Schutz durch die Amerikaner abhängigen Stadt bis dahin völlig unvorstellbar gewesen wäre.

So entstand durch das Zusammenfließen verschiedener Tendenzen die sogenannte Studentenrevolution, deren erster und allbekannter Höhepunkt das Jahr 1968 war. Einige dieser Tendenzen waren in allen Ländern der westlichen Welt verbreitet, andere waren spezifisch deutsch: Aber jede hatte eine besondere Bedeutung für das Verhältnis der Deutschen zu ihrer Vergangenheit.

Die »68er Bewegung« verlangte eine Demokratisierung der Universität und eine Beseitigung der »Ordinarienherrschaft«. Damit griff sie auf Bestrebungen der ersten Jahre nach 1945 zurück, und Historiker wußten, daß es 1933 eine nationalsozialistische »Studentenrevolution« mit ganz ähnlichen Forderungen gegeben hatte. Es handelte sich also um einen positiven und doch auch verwirrenden Rückgriff auf die Vergangenheit.

Spezifisch deutsch war ebenfalls die Forderung nach »Anerkennung der DDR«. Sie bedeutete die Verneinung der »Substanz der deutschen Politik« seit 1949, das heißt der Politik aller bisherigen Bundesregierungen, die der DDR als dem Zwangsregime einer totalitären und überdies völlig von der Sowjetunion abhängigen Partei die Staatsqualität absprach und die Wiedervereinigung aufgrund freier Wahlen als ein Naturrecht des deutschen Volkes betrachtete. Die Forderung nach Anerkennung der DDR war Ausdruck jenes Anti-Antikommunismus, der von Autoren wie Rolf Hochhuth, aber auch vom »Grünwalder Kreis« schon seit längerem artikuliert worden war und nun unter den Sozialdemokraten zunehmend Einfluß gewann.

Allgemein westlich war dagegen die Opposition gegen den Krieg in Vietnam, der mehr und mehr als ein Angriffskrieg der Amerikaner gegen das vietnamesische Volk verstanden wurde und nicht als Verteidigung eines antikommunistischen Regimes und seiner zahlreichen Anhänger gegen einen Doppelangriff von innen und außen. Wenn die DDR in den fünfziger Jahren Adenauer umstandslos mit Hitler verglichen hatte, so wurden nun – etwa von dem aus der DDR nach Tübingen geflüchteten Ernst Bloch – die amerikanischen Verbrechen in Vietnam mit dem nationalsozialistischen Unrecht verglichen und beinahe gleichgesetzt. Daraus war aber zu schließen, daß die kapitalistischen USA und das nationalsozialistische Deutschland als Teile eines übergeordneten Bösen zusammengesehen werden mußten, und dieses Böse war der räuberische westliche Imperialismus. Damit hatte die Vergangenheitsbewältigung eine neue Stufe erreicht. Sie wurde in Deutschland von einer jüngeren Generation zum Kampf gegen die schuldigen Eltern instrumentalisiert, die angeblich ihre Verwicklung in die Hitlerschen Verbrechen verschwiegen oder verdrängt hatten; im Weltmaßstab aber mußte sie sich jetzt bis zur Forderung nach Beseitigung der schuldigen Klassen des Systems forttreiben, also nach Vernichtung des »Kapitalismus«. Damit war die marxistische Ausgangsposition wieder erreicht, und die »große« Vergangenheitsbewältigung, stand weltweit und nicht mehr bloß in der deutschen Enge auf dem Programm einer internationalen Bewegung.

Unterstützung fand dieser Anti-Okzidentalismus nicht nur bei dem Freudo-Marxismus, sondern auch beim unabhängig entstandenen Feminismus und seinem Kampf gegen das »Patriarchat«. Diese vielfältige und machtvolle Bewegung hatte jedoch zwei Wunden, eine offene und eine versteckte. Nahezu alles, was sie darlegte und forderte, wurde auch von dem »Sowjetblock« dargelegt und gefordert, aber nur verhältnismäßig kleine Gruppen, wie der deutsche »Spartakus«, schlossen sich ohne Vorbehalte dem Sowjetkommunismus an, denn auf der anderen Seite gab es keinen ausgeprägteren Gegensatz zur »sexuellen Revolution« und zum Kampf gegen alle Repressionen und zumal die »Leistungsgesellschaft« als die strikte Ordnung und die klare Hierarchie der Sowjetunion. Die versteckte Wunde war, daß eine Bewegung, welche die ganze Geschichte des Okzidents als eine Folge von patriarchalischen und kapitalistischen Repressionen betrachtete, konsequenterweise auch die jüdische Religion als Musterbild von Patriarchat und Gesetzlichkeit verwerfen und den Staat Israel als Eroberungs- und Unterdrückungsstaat bekämpfen mußte; das aber wagten die wenigsten auch nur zu denken, denn sie hätten sich dann in großer, wenn auch gewiß feindlicher Nähe zum Nationalsozialismus sehen müssen.

Wie auch immer es um die letzten Konsequenzen bestellt sein mochte: In der praktischen Politik trug die »Studentenbewegung«, die stets von Publizisten und Professoren vorbereitet und unterstützt worden war, im Falle der Vereinigten Staaten dazu bei, daß Präsident Lyndon Johnson 1968 auf eine Wiederwahl verzichtete, um sich während seiner verbleibenden Amtszeit ganz der Beendigung des Vietnam-Krieges zu widmen, weil er diesen lange vor einer militärischen Entscheidung verlorengab. In Frankreich hätten die rebellierenden Studenten um ein Haar Charles de Gaulle gestürzt, der im folgenden Jahr von sich aus resignierte; in Deutschland war es der »68er-Bewegung« zu einem guten Teil zuzuschreiben, daß die radikale Rechte in Gestalt der Nationaldemokratischen Partei Deutschlands die Überwindung der Fünf-Prozent-Hürde bei den Bundestagswahlen 1969 knapp verfehlte und daß daher die sozialliberale Koalition unter Willy Brandt zur Regierung gelangte. Diese Regierung vollzog den außerordentlichen Schritt, die DDR als Staat und dennoch nicht als Ausland anzuerkennen. Der neue Bundeskanzler schien die ganze bisherige Geschichte der Bundesrepublik in die Vergessenheit, ja in einen Abgrund zu stoßen, als er sagte, erst mit der Bildung seiner Regierung habe Hitler den Krieg endgültig verloren. Bei seinem Besuch in Warschau tat er 1970 jenen Kniefall vor dem Mahnmal für die Opfer der »Endlösung«, der in der ganzen Welt mit großer und positiver Bewegung zur Kenntnis genommen wurde, weil er das Symbol sowohl der Annahme wie der Überwindung der deutschen Vergangenheit zu sein schien.

Die Neomarxisten waren allerdings nicht davon überzeugt, daß die deutsche Gesellschaft zu Beginn der siebziger Jahre unter der sozialliberalen Koalition etwas essentiell anderes geworden sei als zur Zeit des Nationalsozialismus, weil doch die Eigentums- und Machtverhältnisse nach wie vor »dieselben« seien. Erst jetzt kam die große Zeit der marxistischen »Faschismusanalysen« und Textsammlungen. All das lief auf eine sehr einfache These hinaus: Da die Bundesrepublik nach wie vor ein kapitalistischer Staat sei, in dem dieselben Klassen dominierten, die auch schon den Nationalsozialismus hervorgebracht hätten, sei die Gefahr eines Wiedererstehens des Faschismus stets gegeben. Im Kern bedeutete diese Sichtweise nichts anderes als ein Wiederaufgreifen der Forderung nach der »großen«, der sozialistischen Vergangenheitsbewältigung, und da diese in der DDR tatsächlich stattgefunden hatte, ging die »Äquidistanz« zu beiden Systemen, die Rudi Dutschke und der »Sozialistische Deutsche Studentenbund« (SDS) stets gewahrt hatten, rasch verloren.

Es ist keine allzu große Übertreibung zu sagen, unter den Studenten der philosophischen Fakultäten habe damals die Ideologie der DDR gegenüber der Loyalität zu dem eigenen Staat eindeutig die Oberhand gewonnen. Aber da man vom Grundsatz her die Unterscheidung zwischen dem »reaktionären« Deutschland und dem »fortschrittlichen« (oder »humanistischen«) Westen nicht oder nicht nachdrücklich machen konnte, hätte man auch zu der Hauptthese von Marx und Engels zurückkehren müssen, daß nur eine in allen entwickelten Ländern gleichzeitig stattfindende Revolution die Lösung bringen könne. Aber der Glaube an »die internationale Arbeiterklasse« war sogar im »Marxistischen Studentenbund Spartakus« nicht sehr stark. Man setzte viel größere Hoffnungen auf die revolutionären Bewegungen in der »Dritten Welt«, von denen aus das System der reichen und ausbeuterischen »Metropolen« eines Tages zum Einsturz gebracht werden würde. Da jedoch feststand, daß der deutsche Kapitalismus nur zusammen mit dem amerikanischen Kapitalismus untergehen könne, ergab sich bei allem Gefühl von Überlegenheit gegenüber der älteren Generation keine konkrete Aussicht auf genuine Vergangenheitsbewältigung. Man mußte sich auf die literarischen Anklagen gegen die Industriellen und die Junker der Weimarer Republik beschränken; das heißt: dieser neue, an der Sowjetunion sowie der DDR orientierte Marxismus war ein bloßer Seminar- oder Papiermarxismus, der seine Erfolge nicht wesentlich über den akademischen Bereich hinaus auszudehnen verstand. Daß er einer Jugend, die unter soziologischen Gesichtspunkten durchaus »bürgerlich« war, die Möglichkeit gab, sich durch das Schlüssel- und Zauberwort »bürgerlich« der ganzen Welt der Eltern und der Vergangenheit gegenüberzustellen, war letzten Endes eine Art Selbstbefriedigung, die darüber hinwegtäuschte, daß man durchaus in die Entwicklung von der Wohlstandsgesellschaft zur permissiven Gesellschaft einbezogen war und dagegen keinen Widerstand leistete, obwohl etwa die Freigabe der Pornographie in der Sowjetunion ebenso ausgeschlossen war, wie sie im nationalsozialistischen Regime unmöglich gewesen wäre.

Im Hinblick auf die Teilung Deutschlands und die Anerkennung der DDR war man jedoch die Vorhut einer Tendenz, die auch unter den Linksliberalen allmählich Raum gewann. Die Teilung wurde als ein Ersatz für die in der Bundesrepublik mißlungene »große« Vergangenheitsbewältigung angesehen und daher nicht nur als unvermeidbar, sondern als Fortschritt betrachtet. In der Bundesrepublik sei zwar das »alte Deutschland« noch lebendig oder wiedererstanden, aber infolge der Existenz der DDR könne es nicht mehr die unheilvolle Stärke und Aggressivität von einst erlangen.

So richtete sich dieser Flügel der neuen Linken in einem Zustand ein, gegen den die Vorfahren noch Sturm gelaufen waren. Er wurde zu einer merkwürdigen Status-quo-Partei, die das Drängen nach grundlegender Veränderung, bislang kennzeichnendstes Merkmal der Linken, aufgegeben zu haben schien. Der Eindruck war schwerlich unzutreffend, daß für viele die Erinnerung an die immer wieder heraufbeschworene Schuld der Väter sogar dann ein behagliches Ruhebett war, wenn man sich selbst in tiefer Zerknirschung an die Brust schlug.

Die aktiveren und zur Brachialgewalt neigenden Teile der »Studentenbewegung« aber sammelten sich unter dem Banner von Mao Tse-tung und gründeten sogar eine »Kommunistische Partei Deutschlands«, nachdem sich die altbekannte KPD, die 1956 vom Verfassungsgericht verboten worden war, mit einer Umstellung von Buchstaben und unter wohlwollender Duldung der Regierung als »DKP« rekonstituiert hatte. Die »Maoisten« zerfielen zwar ihrerseits in mehrere Gruppen, aber sie waren sich in der scharfen Kritik an der Sowjetunion einig. Sie postulierten eine »sozialistische Revolution in beiden Teilen Deutschlands«, die ein wiedervereinigtes und völlig neues Deutschland schaffen würde. Um einen Besuch des südvietnamesischen »Volksfeindes« und »Mörders« Thieu in Bonn zu verhindern, organisierten sie einen wüsten Angriff auf das Rathaus in Bonn, mit dem sie unter Beweis stellten, daß sie die alten und die neuen Reaktionäre in Deutschland ebenso entschieden bekämpfen wollten wie die amerikanischen Imperialisten, die sowjetischen »Sozialimperialisten« und die »Volksfeinde« in der Dritten Welt.

Nach dem Tode Maos und der Verhaftung der »Viererbande« ging indessen die Bedeutung der Maoisten an den Universitäten und in der Öffentlichkeit stark zurück. Nicht wenige fanden später einen Unterschlupf bei der »grünen« Partei der Umweltschützer, in der sich zunächst die verschiedenartigsten Tendenzen sammelten, bis die Konservativen und »Rechten« um den eigentlichen Gründer, den CDU-Bundestagsabgeordneten Herbert Gruhl, herausgedrängt waren und neue Allianzen zwischen »Third Worldism«, Feminismus und Antikapitalismus gebildet werden konnten. Aber weitaus mehr, als es bei den sowjetorientierten Marxisten der Fall war, erschien dieser Gruppierung die ganze Weltgeschichte als eine bloße Folge von Gewalttaten und Unterdrückungen, die erst in dem von beiden Supermächten vorbereiteten Atomkrieg ihren Gipfel erreichen würde, so daß der Vorrang des Nationalsozialismus im Bösen – wenn überhaupt – nur noch mühsam und bloß in Worten gewahrt werden konnte.

Eine konkrete und gegenwärtige Gefahr für den Staat bildeten nur die Terroristen der »Roten Armee Fraktion«, die kleinste und entschlossenste Gruppierung, die aus der Studentenbewegung hervorgegangen war. Wolfgang Abendroth und Werner Hofmann hatten 1968 nur die »Gewalt gegen Sachen« und die »begrenzte Regelverletzung« für gerechtfertigt erklärt. Die ersten »68er« wollten die Rühmung von Brandstiftungen in Kaufhäusern noch als Satire verstanden wissen. Frauen und Männer wie Ulrike Meinhof, Gudrun Ensslin, Andreas Baader und Holger Meins zogen dagegen aus ihren Studien und aus den Lehren ihrer fortschrittlich gesinnten Elternhäuser oder Erzieher[26] den Schluß, daß dieses System der »Verdrängung« der nationalsozialistischen Unheilsgeschichte sowie der Gleichgültigkeit gegenüber den Leiden der Völker der Dritten Welt nur durch gezielte Gewalt gegen seine führenden Repräsentanten zu erschüttern sei.

Der Entführung eines Berliner Politikers folgte der verheerende Anschlag auf die Deutsche Botschaft in Stockholm. Nach der Ermordung des Generalbundesanwalts Siegfried Buback und des Bankiers Jürgen Ponto erreichte der Terror mit der Entführung des Arbeitgeberpräsidenten Hanns-Martin Schleyer seinen ersten Höhepunkt. Dieser Anschlag war offenbar so sorgfältig wie eine Militäraktion vorgeplant, und der Tod der begleitenden Polizeibeamten wurde mit kaltblütiger Entschlossenheit in Kauf genommen. Der Staat schien in seinen Fundamenten zu erbeben.

Aber erst die Entführung einer Lufthansamaschine nach Mogadischu und die Drohung, die zahlreichen Passagiere zu erschießen oder samt der Maschine in die Luft zu sprengen, wenn nicht die seit einiger Zeit verhafteten Mitglieder der RAF, unter ihnen Ulrike Meinhof und Andreas Baader, freigelassen würden, brachte den Staat in existenzielle Gefahr. Nachgiebigkeit hätte den Zusammenbruch des Handlungswillens der ohnehin in der geistigen Atmosphäre dieser Jahre nur noch mühsam sich behauptenden Staatsorgane bedeuten können. Aber der Staat legte unter der Leitung des neuen Bundeskanzlers Helmut Schmidt eine unerwartete Entschlossenheit an den Tag. Ein Spezialkommando befreite die Geiseln, wie kurz zuvor ein israelisches Kommando die Passagiere eines entführten El-Al-Flugzeugs im ugandischen Entebbe gewaltsam befreit hatte.[27] Auf die Nachricht von dem Mißlingen dieser Unternehmung hin begingen die in Stuttgart einsitzenden Terroristen Selbstmord. Die Anklagen, die diesem schwachen und nur in der äußersten Notlage entschlossenen Staat die Selbstmorde als Morde in die Schuhe schieben wollten, als wäre er so überstark und skrupellos wie der nationalsozialistische Staat, waren in sich Beweise dafür, daß die Kraft des Terrorismus gebrochen und die Ermordung Schleyers nur noch ein Racheakt war.

Obwohl der Terrorismus der siebziger Jahre keineswegs ein ausschließlich deutsches Phänomen war, so kann man gleichwohl sagen, daß Ulrike Meinhof, Andreas Baader und die übrigen Mitglieder der RAF »Kinder der Vergangenheitsbewältigung« waren – einer Vergangenheitsbewältigung, die sie für mißglückt hielten und die sie daher zu dem verzweifelten Entschluß brachte, sich nicht wie die übrigen Linken mit einem bevorstehenden »Marsch durch die Institutionen« zu trösten, sondern den »bewaffneten Kampf« aufzunehmen, der, wie sie hofften, eines Tages zum »Kampf der Volksmassen« und zur endgültigen Auslöschung des alten und schlechten Deutschland führen werde.

Zugleich gab es weiterhin Akte jener »punktuellen« Vergangenheitsbewältigung, die nicht unverhüllt ihre Anklagen gegen ganze Klassen richtete, sondern einzelne Personen als untragbare Überreste der nationalsozialistischen Zeit auszuschalten strebte. Wie sehr in der Bundesrepublik selbst der Krieg den Charakter der lebendigen Erinnerung verloren hatte, wurde im Fall des Ministerpräsidenten von Baden-Württemberg Hans Filbinger deutlich, dem von Rolf Hochhuth der Vorwurf gemacht wurde, als Marinerichter noch in den letzten Wochen des Krieges Todesurteile gefällt zu haben. Und alle Verdienste, die der Politiker sich in langen Nachkriegsjahren erworben hatte, konnten nicht ausgleichen, daß er im Krieg so gehandelt hatte, wie er es für seine – schwere – Pflicht hielt. So mußte er im August 1978 zurücktreten.[28]

Im Juli 1979 hob der Deutsche Bundestag nach intensiver Debatte die Verjährung für Mord auf. Er stimmte damit in der Sache der Meinung vieler Deutscher und wohl der überwältigenden Mehrzahl der Israelis zu, daß der nationalsozialistischen »Endlösung«, die jetzt mehr und mehr mit dem religiösen, wenngleich unpassenden Begriff »Holocaust« bezeichnet wurde, ein so singulärer Charakter zukomme, daß keiner der Mörder der verdienten Strafe entgehen dürfe. Die entsprechende Formulierung hätten die Abgeordneten aber offensichtlich als Unterwerfung unter den Druck des Auslands empfunden, und so hoben sie generell die Verjährung von Mord auf. Damit negierten sie eine Einsicht der Geschichtswissenschaft: »Völkermorde« sind in aller Regel an so außerordentliche Umstände gebunden, daß sie faktisch nur ganz selektiv geahndet werden können und daß die »Täter« dabei in höherem Maße bloß Ausführende sind als bei allen anderen Verbrechen. Zudem stellten sie eine der ältesten und humansten Überlieferungen in Frage: daß für das endlich-vernünftige Wesen, den Menschen, das Vergessen ebenso fundamental ist wie die Erinnerung und daß es daher auch für das schlimmste Verbrechen, den Mord, nach Ablauf einer angemessenen Zeit »Amnestie« oder »Verjährung« geben sollte.

Es war gegen Ende der siebziger Jahre schon erkennbar, daß tatsächlich die »Struktur der Gesellschaft« die »große« Vergangenheitsbewältigung verhinderte und daß man den sozialistischen Glauben an die baldige Verwirklichung der Utopie haben mußte, um die große »Bereinigung« für erreichbar und gut zu halten. Diese Struktur war aber als »kapitalistisch« ganz unzureichend gekennzeichnet, denn der Sozialstaat und erst recht die permissive Gesellschaft waren von der puritanisch-asketischen

Konkurrenzgesellschaft der frühen Industriellen Revolution sehr verschieden. Wohl aber war sie in allen ihren Abwandlungen »pluralistisch« und durch ein Nebeneinander von Kräften und Tendenzen charakterisiert, die je nach den Umständen stärker oder schwächer wurden, aber nie eine einzelne Kraft oder Tendenz zur totalitären Übermacht gelangen ließen. Eine »totale« Erinnerung war in dieser Gesellschaft so unmöglich wie ein »totales« Vergessen. Deshalb konnte die Vergangenheitsbewältigung sich nie vollständig durchsetzen, sowenig sie jemals völlig überflüssig werden durfte.

In der Wissenschaft wurde am deutlichsten sichtbar, daß die moralische »Abrechnung« mit der Vergangenheit positive Folgen haben konnte, sofern sie ein Minimum an Distanz sich selbst gegenüber aufbrachte, daß aber auch die Tendenz des Verstehenwollens nicht zugrundeging, obwohl der »Zeitgeist« ihr nicht günstig war. In dem sogenannten Strukturalismus war zwar das Motiv unverkennbar, die zentrale Rolle Hitlers in Abrede zu stellen und die Verantwortlichkeit der »führenden Schichten« zu unterstreichen, aber er legte doch beachtliche und ernstzunehmende Untersuchungen vor. Ähnliches gilt für die »Alltagsgeschichte« und für die »Geschichte von unten«, die nicht durchweg als bloß »modisch« abgetan werden können und die den »anderen« Opfern des Nationalsozialismus wie Zigeunern, Homosexuellen und sterilisierten Frauen viel Aufmerksamkeit schenkten. Die »Sozialgeschichte« griff frühere Ansätze, auch solche der nationalsozialistischen Zeit, auf und stellte sich im Hinblick auf die »Endlösung« als Funktionalismus dar, der die Ereignisse nicht aus einem vorgegebenen Vernichtungsentschluß Hitlers hervorgehen ließ, sondern den »verschlungenen Weg« nach Auschwitz[29] in seiner Widersprüchlichkeit und Zufallsabhängigkeit zu verfolgen suchte. Besonders neuartig war der Ansatz, der den Nationalsozialismus scharf verurteilte und ihm dennoch »Modernität« zuschrieb, wie es allerdings fast unumgänglich ist, wenn man den marxistischen Glauben aufgegeben hat, Modernität treibe sich von selbst zum Sozialismus fort.[30]

Was Hans Rothfels 1953 skizziert hatte, nämlich die Konzeption der Zeitgeschichte zwischen 1917 und 1945 als eines dreiseitigen ideologischen Bürgerkrieges, in dem der Nationalsozialismus gerade nicht der älteste Faktor war, hatte freilich kaum einen Vertreter gefunden – schon wegen der Tendenz zu immer stärkerer Spezialisierung in der Wissenschaft, aber wohl noch mehr aus der Befürchtung heraus, daß man den Nationalsozialismus dann ernster nehmen müsse, als der moralische Impuls der Vergangenheitsbewältigung es zuzulassen schien.

Als diese Konzeption, an der der Autor allerdings schon lange und nicht im verborgenen gearbeitet hatte, 1986 infolge eines besonderen Anlasses in einem Zeitungsartikel auf gewiß sehr verkürzte und etwas plakative Weise artikuliert wurde, brach ein Sturm los, der abermals zeigte, um wieviel stärker der moralische als der intellektuelle Impuls in der Vergangenheitsbewältigung war. Ein ernstes Nachspiel kam zustande, als der israelische Staatspräsident 1987 bei seinem ersten Aufenthalt in Deutschland Äußerungen tat, die sowohl das »Vergeben« wie das »Vergessen« in einer Weise negierten, welche für einen Augenblick die abgründige Differenz zweier jahrtausendealter und einander nicht etwa durchweg fremder Traditionen enthüllte. Ebenso absurd wie bezeichnend waren auch die Folgen einer 1988 gehaltenen Gedenkrede des Bundestagspräsidenten Philipp Jenninger zum Jahrestag des Novemberpogroms von 1938. Viele Abgeordnete und die Medien machten daraus einen Skandal, nur weil Jenninger gesagt hatte, der Nationalsozialismus sei zu seiner Zeit für die junge Generation ein »Faszinosum« gewesen. Daß der Redner sich dabei offenbar von der höchst »orthodoxen« Absicht hatte leiten lassen, die Verantwortung des ganzen deutschen Volkes zu unterstreichen, ging in der ersten Aufregung weder den Parlamentariern noch den Publizisten auf, und der Bundestagspräsident mußte zurücktreten.

Die Öffentlichkeit der Bundesrepublik Deutschland hatte aber auch drei Jahre zuvor nur schwache Regungen des Aufbegehrens und der Selbstbehauptung erkennen lassen, als der Plan des seit 1982 regierenden Bundeskanzlers Kohl, zusammen mit dem amerikanischen Präsidenten Reagan in einem symbolischen Akt der Kriegstoten beider Länder auf dem Soldatenfriedhof in Bitburg zu gedenken, vor allem im Ausland eine Flut von Protesten hervorgerufen hatte, die über ihre tiefere Begründung durch den Hinweis hinwegtäuschten, auf diesem Friedhof seien auch Angehörige der Waffen-SS begraben. Jedermann wußte oder konnte wissen, daß zahlreiche Soldaten der Waffen-SS nicht anders »einberufen« oder aber von anderen Truppenteilen »überführt« worden waren als andere Soldaten. Aber die Ehrfurcht vor den Toten – vor allen Toten als solchen – war so sehr abhanden gekommen, daß amerikanische Reporter Blumen auf diese Gräber stellten, um sensationelle Fotos nach Amerika übermitteln zu können.

Schließlich war dieser Staat nicht mehr weit davon entfernt, den Triumph zwar nicht der »großen«, wohl aber der möglichen und bequemen Vergangenheitsbewältigung zu besiegeln, nämlich die Teilung des Landes auch offiziell anzuerkennen, anders als alle anderen geteilten Länder auf der Erde. Im Herbst 1987 wurde Erich Honecker zu einem Staatsbesuch in Bonn empfangen, und seiner Forderung nach dem Verzicht auf den letzten Rest der Adenauerschen Deutschlandpolitik, nämlich auf die Inanspruchnahme einer »Obhutspflicht für alle Deutschen« und mithin die Nicht-Anerkennung einer eigenen Staatsbürgerschaft der DDR, leistete die Regierung nur noch mühsam Widerstand.

Eben diesem Staat, der durch seine Schwäche und durch den Mangel an Selbst- und Geschichtsbewußtsein unter Beweis gestellt hatte, daß er die nationalsozialistische Vergangenheit weit hinter sich gelassen und in der Art »bewältigt« hatte, wie es in einer pluralistischen Gesellschaft möglich ist, nämlich auf unvollkommene und nie unstrittige Weise, wurde infolge des inneren Zusammenbruchs der kommunistischen Regime in Osteuropa und der Umstellung oder Nachgiebigkeit der sowjetischen Politik die Wiedervereinigung beinahe ohne eigenes Zutun in den Schoß geworfen – die Wiedervereinigung als Anschluß der DDR an die Bundesrepublik, die so gut wie niemand mehr für möglich gehalten hatte. Das System war klüger und wirksamer gewesen als seine Glieder: Hätte die Bundesrepublik nach 1969 an der »rechten« Hallstein-Doktrin mit ihren Nicht-Anerkennungen und Forderungen festgehalten, würde sie ins Abseits geraten sein; wäre die »linke« Politik einer Vergangenheitsbewältigung durch vollständige Anerkennung der DDR realisiert worden, hätten die Botschaften der Bundesrepublik in Warschau und Prag die Flüchtlinge nicht aufnehmen dürfen, und der stärkste Hebel hätte damit gefehlt. In der größeren Bundesrepublik mußte das Reden über die Vergangenheit nun von der Debatte über die Gegenwart und Zukunft des wiedervereinigten Landes überlagert werden, und zuallererst drängte sich jetzt die Frage nach einer zweiten Vergangenheitsbewältigung in den Vordergrund, die Frage nach der Interpretation und der praktischen Handhabung der Geschichte der DDR.

IV. Die andere deutsche Vergangenheit: SBZ und DDR 1945 bis 1990

Mit dem Beschluß der Volkskammer vom 23. August 1990, gemäß Artikel 23 des Grundgesetzes den Beitritt der wiederhergestellten Länder der DDR zur Bundesrepublik zu vollziehen, kam die Geschichte der DDR an ein Ende. Der 3. Oktober 1990 markierte den Beginn der Geschichte des wiedervereinigten Deutschlands, das aber nach wie vor die Bundesrepublik Deutschland war und diesen Namen trug. Im Grunde hatte schon der Fall der Mauer das Ende der DDR bedeutet, denn bei offenen Grenzen hätte sich auch ein System des demokratischen Sozialismus, wie es vielen Reformern und Dissidenten vorschwebte, nicht halten können, da dann vermutlich nur noch die »Idealisten« in der DDR geblieben wären, während die »Materialisten« den Weg in die Bundesrepublik gewählt hätten.

Längst zählte die DDR nicht mehr zu den zehn bedeutendsten Industriestaaten der Erde. Große Teile ihrer Industrie waren auf dem Weltmarkt nicht konkurrenzfähig; eine weitere Abschottung des »Ostblocks« und damit die Erhaltung der Ostmärkte wäre nicht möglich gewesen, auch wenn die D-Mark nicht eingeführt worden wäre. Die Bausubstanz der Städte und Dörfer befand sich zu großen Teilen im Verfall, und die riesig angewachsenen Auslandsschulden würden innerhalb kurzer Frist den Staatsbankrott herbeigeführt haben. Mit einem Wort: Die DDR war ein ruiniertes Land, und zwar in noch ausgeprägterem Maße als die Sowjetunion, weil auch sie einen riesigen Verteidigungs- und Sicherheitsapparat unterhalten hatte und gleichwohl in der Konkurrenz mit der Bundesrepublik den relativ hohen Lebensstandard der Bevölkerung zu bewahren und zu entwickeln suchte.

Die Geschichte der DDR war also abgeschlossen und damit überschaubar geworden: nicht anders, als die Geschichte des nationalsozialistischen Regimes im Mai 1945 abgeschlossen war und im ganzen überblickt werden konnte. Vergleiche mit dem Dritten Reich drängten sich daher von vornherein auf, teils ausdrücklich, teils unausgesprochen. Es gab nach dem Fall der Mauer in der ganzen DDR so gut wie niemanden mehr, der die Parteidiktatur der SED hätte aufrechterhalten wollen, ganz wie es nach dem Mai 1945 so gut wie niemanden mehr in Deutschland gab, der an der Nationalsozialistischen Partei nebst Gestapo und SS hätte festhalten wollen.

Die großen Demonstrationen des Oktober und November 1989 hatten früher und nachdrücklicher das Ende der »Staatssicherheit« verlangt als die Einheit Deutschlands, und die herrschende Partei verstieß ihre Führungsgruppe, das Honeckersche Politbüro, nahezu vollständig, bevor sie sich einen neuen Namen gab, der die innere Abkehr von der Diktatur und sogar von dem Führungsanspruch der Partei symbolisieren sollte. Der Zusammenbruch von 1989/1990 hatte unverkennbare Ähnlichkeiten mit jenem von 1945, obwohl ihm kein heißer Krieg, sondern allenfalls der Kalte Krieg vorhergegangen war; aber mancher mochte sich auch an die Selbstaufgabe der Weimarer Republik während der letzten Zeit ihrer Existenz erinnern oder sogar an den Zusammenbruch des Kaiserreichs, der ja nicht ausschließlich auf die militärische Niederlage zurückzuführen war.

So rückte durch den Untergang der DDR die ganze deutsche Geschichte des 20. Jahrhunderts in ein neues Licht. In keinem Land der Welt hatten eine Diktatur der extremen Rechten und eine Diktatur der extremen Linken, ein »faschistisches« und ein »kommunistisches« Regime, nacheinander existiert; in keinem Land der Welt waren beide zusammengebrochen; in keinem Land mußte eine zweifache Vergangenheitsbewältigung vollzogen werden. Bei genauerer Betrachtung zeigt sich, daß jede dieser beiden Vergangenheiten durch eine spezifische Bewältigung einer früheren Vergangenheit gekennzeichnet war.

Daß die Geschichte der DDR nun abgeschlossen war, konnte nicht heißen, daß es sich um eine Geschichte gehandelt hätte, die auf dieselbe Weise so selbständig gewesen wäre wie etwa die Geschichte des nationalsozialistischen Deutschlands oder Frankreichs oder Italiens. Die DDR war immer so eng auf die Bundesrepublik als den größeren Teil Deutschlands bezogen, wie kein unabhängiger Staat jemals auf einen anderen ausgerichtet war. Die volle Unabhängigkeit, nämlich ihre Anerkennung als »Ausland« von seiten der Bundesrepublik, hatte sie zwar seit 1955 und ganz nachdrücklich seit der Streichung der letzten gesamtdeutschen Bezugnahmen aus ihrer Verfassung im Jahre 1974 erstrebt, doch sie hatte sie nie erlangt, obwohl sie zuletzt nur noch eine Haaresbreite davon entfernt zu sein schien.

Während der ersten Nachkriegsjahre aber war der Name »Deutsche Demokratische Republik« für das künftige Gesamtdeutschland viel gebräuchlicher als der Name »Bundesrepublik Deutschland«. Die zentrale Position Berlins war noch 1949/50 so selbstverständlich, daß Walter Ulbricht und Otto Grotewohl verächtlich von dem »Separatstaat« im Westen und von der »Mc-Cloy-Republik« in Bonn sprechen konnten. Trotz der Schwächung durch die Ereignisse rund um den 17. Juni 1953 blieb die DDR noch zwei Jahrzehnte hindurch gesamtdeutsch orientiert, auch wenn sie seit 1955 im Gefolge Chruschtschows eine »mechanische Vereinigung« beider Staaten ablehnte und eine »Konföderation« vorschlug. Noch 1989 brachte Erich Honecker seine Zuversicht zum Ausdruck, daß im Zuge des überall voranschreitenden »revolutionären Weltprozesses« auch Deutschland eines Tages sozialistisch sein werde.

Gleichwohl muß man sagen, daß der Prozeß der Staatsbildung der DDR nicht primär von außen, das heißt von den westlichen Zonen her, als ein Akt der Selbstverteidigung erzwungen war, sondern einen spontanen und aktiven Ausgangspunkt hatte, der seinerseits bestimmte Reaktionen mit großer Konsequenz nach sich zog. Dieser Ausgangspunkt war die Vereinigung der Sozialdemokratischen und der Kommunistischen Partei im April 1946. Es ist umstritten, wie weit die Überzeugung, die »Spaltung der Arbeiterklasse« sei ein Verhängnis gewesen, der Masse der Sozialdemokraten in der Ostzone diese Vereinigung erwünscht machte oder ob Zwang entscheidend war. Fest steht jedoch, daß noch an keiner Stelle im gesamten sowjetischen Einflußbereich eine solche Vereinigung der beiden Arbeiterparteien stattgefunden hatte. Sie mußte im östlichen Deutschland das Gleichgewicht innerhalb des »Blocks der antifaschistisch-demokratischen Parteien« zerstören und die uneingeschränkte Vorherrschaft einer Partei begründen; sie mußte damit das eben in Potsdam unter amerikanischer Federführung festgelegte Prinzip der »wirtschaftlichen Einheit Deutschlands« gefährden; sie mußte in Westdeutschland und auch in Westberlin den Widerstand großer Teile oder sogar der überwältigenden Mehrzahl der Sozialdemokraten hervorrufen, und sie mußte die Amerikaner von Polen abschneiden, wo diese nach dem Abkommen von Jalta beträchtlichen Einfluß haben sollten.

Die Bodenreform des Jahres 1945 und die weitgehende Verstaatlichung der Industrie in der SBZ entsprachen zwar im Prinzip dem Geist der ersten Nachkriegsjahre, aber die Art der Durchführung erregte nicht bloß in Westdeutschland Empörung. Es handelte sich zweifelsohne um Akte einer »zonalen« Eigenmächtigkeit, die Eigenmächtigkeiten in den anderen Zonen nur allzu wahrscheinlich machten. Da die Sowjetzone nur *eine* Besatzungsmacht hatte, gewann sie infolge der Einheitlichkeit und Zielklarheit der Sowjetunion und ihrer deutschen Partei, der SED, sehr rasch einen gewaltigen Vorsprung an »Staatlichkeit«, das heißt an zentraler Verwaltung und an gut bewaffneten Polizeikräften. Die allmähliche Bildung der »Bizone« und die folgende Konstituierung der Bundesrepublik waren Aufhol- und Defensivmaßnahmen, aus denen sich erst allmählich ein prekäres Gleichgewicht ergab, weil dem konzentrierten politischen Willen der in Berlin-Mitte sitzenden Regierung, die inzwischen alle Oppositionsregungen in den bloß formal fortexistierenden »bürgerlichen« Parteien ausgeschaltet hatte, auf der westlichen Seite das größere ökonomische Potential gegenüberstand.

Trotz temporärer Rückzüge strebte die SED weiterhin mit großer Entschiedenheit dem Sozialismus zu. Im Jahre 1960 wurde auch das Privateigentum der Bauern beseitigt, ganz wie in der Sowjetunion dreißig Jahre zuvor die Landwirtschaft »kollektiviert« worden war. Die Begleitumstände und die Folgen waren allerdings weitaus weniger schwerwiegend, als sie in der Sowjetunion gewesen waren, denn diejenigen Bauern, die sich vielleicht zu einem verzweifelten Widerstand aufgerafft hätten, flohen zum guten Teil in die Bundesrepublik, ebenso wie bald fünfzehn Jahre zuvor die meisten Gutsbesitzer und Industriellen und danach beträchtliche Teile der Bevölkerung in den Westen geflohen waren. Erst seitdem die Mauer die »Hälften« Berlins voneinander trennte, wurde die DDR ein durch Grenzbefestigungen und Wachtürme vollständig abgeschlossenes Gebiet, wenn auch wichtige Reste der Kommunikation wie etwa der Briefverkehr – anders als zwischen Nord- und Südkorea – erhalten blieben und später sogar ausgebaut wurden, etwa durch den Besucherverkehr von West nach Ost.

Spätestens seit 1961 und auch noch nach der rechtlichen Befestigung des Status quo durch die Verträge zwischen der Sowjetunion bzw. der DDR und der Bundesrepublik gab es ein erhebliches soziales und ökonomisches Ungleichgewicht. Ein großer Teil der Bevölkerung der DDR fühlte sich »eingemauert«. Weithin war Resignation an die Stelle von Hoffnung und zornigem Ingrimm getreten. Die Westdeutschen aber reisten frei in der ganzen Welt umher und wurden in den Ländern des Ostblocks wegen ihrer hochgeschätzten Währung weitaus besser behandelt als die »armen Verwandten« aus der DDR. Die Bundesrepublik

Deutschland stieg zum größten Exportland der Welt auf, während die DDR gezwungen war, nahezu drei Viertel ihres Handels innerhalb des östlichen Wirtschaftsblocks abzuwickeln. Seit dem Anfang der siebziger Jahre sah sich die SED gezwungen, das zunächst gewalttätige Vorgehen ihrer Jugendorganisation gegen den Empfang westlicher Radio- und Fernsehstationen einzustellen, und seitdem wurde ein großer Teil der DDR zum Einzugsgebiet westlicher Sender. Die wichtigste Folge bestand darin, daß viele Bewohner der DDR über das reiche Warenangebot im Westen besser unterrichtet waren als die meisten Einwohner der Bundesrepublik. Trotzdem war es zweifelhaft, ob von einem Vordringen der »westlichen Ideologie« gesprochen werden durfte, wenngleich die lebensgefährlichen Versuche Einzelner und ganzer Familien nie aufhörten, die Grenzen zu überwinden und in »die Freiheit« zu gelangen. Es wäre daher ungerecht, nur einen Einfluß des »westlichen Konsumismus« auf die Bevölkerung der DDR wahrzunehmen und den fortlebenden sowie den neu auftauchenden Freiheitswillen außer acht zu lassen. Aber wo das westliche Selbstverständnis mehr zum Inhalt hatte als individuelle Bewegungsfreiheit und praktischen Hedonismus, war es nur unter Mühen nachzuvollziehen, und die einfachen Linien der »Ideologie der Arbeiterklasse« blieben offenbar für große Teile der Bevölkerung maßgebend. Sicherlich war die Anwesenheit von über 400 000 sowjetischen Soldaten der wichtigste Faktor für die Fortexistenz der DDR, aber militärische Macht allein hätte die Fortdauer eines Staates nicht gewährleisten können, der in so schwieriger Lage war und niemals, wie alle Nationalstaaten Europas und auch die Bundesrepublik, der selbstverständlichen Zustimmung einer überwältigenden Mehrheit der Bevölkerung zu dieser staatlichen Existenz sicher sein konnte.

Wenn also die Geschichte der DDR als ganze und aus der Distanz heraus in den Blick genommen werden soll, dann muß zuerst nach der »inneren Stärke« dieses Staates, das heißt vor allem seiner Führungsgruppen, gefragt werden. Nur die kuriosen oder lächerlichen Züge in den Blick zu nehmen wie etwa die, daß »Arbeiterführer« riesige Jagdgebiete durch Zäune abtrennen lassen durften und in einem luxuriösen Sperrbezirk wohnten, ist ebenso unangebracht, wie sich über Hitlers Bärtchen zu amüsieren und die Ursachen der erstaunlichen Kraftentfaltung des Nationalsozialismus im dunklen zu lassen.

Die DDR verstand sich als Staat der geglückten Vergangenheitsbewältigung. Im Aufatmen der ersten Nachkriegsmonate und in der Stimmung des Aufbruchs und des Neuanfangs sowie in der Entschiedenheit der Aussage »Nie wieder dies!« stimmten zwar nahezu alle Deutschen überein, aber in der SBZ war die Grundempfindung noch 1948 wesentlich lebendiger als in den Westzonen. Aus diesem Schwung nährte sich der Kulturbund für die demokratische Erneuerung Deutschlands, in dem Intellektuelle aller linken und einiger konservativer Richtungen zusammenarbeiteten. Aus ihm heraus entstand die »Freie Deutsche Jugend«, die überparteilich sein wollte und auch die ehemaligen Hitlerjungen und -mädchen in ihre Reihen aufnahm. Er lag dem »antifaschistischen Bündnis der demokratischen Parteien« zugrunde und ermattete sogar dann nicht vollständig, als die SED ihre Vorherrschaft immer stärker ausbaute und die »bürgerlichen« Mitglieder dieses Bündnisses wie etwa Jakob Kaiser und Ernst Lemmer zunehmend in eine Verteidigungsposition zwang und schließlich ausschaltete.

Der Anspruch auf den Vorrang, den die SED und dann sehr bald die Kommunisten innerhalb der SED erhoben, besaß aber auch für die »anderen Antifaschisten« viel Überzeugungskraft, denn die SED wollte nicht bloß dasjenige, was in den ersten Nachkriegsjahren alle wollten, nämlich die Sicherstellung der Nicht-Wiederholbarkeit und die Bestrafung der Schuldigen, sondern sie konnte sich darauf berufen, daß sie schon in der Weimarer Republik die große Vergangenheitsbewältigung verlangt und jene Kräfte am entschiedensten bekämpft hatte, die nach nahezu einhelliger Überzeugung die Urheber des Nationalsozialismus gewesen waren, nämlich Großindustrielle und Großgrundbesitzer. Die SED war also nicht nur die Partei der Nachkriegs-Besinnung, wie viele ihrer Verbündeten, sondern sie war die Partei des prinzipiellen und zugleich des militanten Pazifismus. Unter dem Kampfruf des »Friedens« waren die Bolschewiki in Rußland 1917 an die Macht gekommen, aber sie hatten sofort gezeigt, daß sie sich vor den Waffen nicht fürchteten und einen Bürgerkrieg durchzufechten willens waren, ja sogar Kriege wie gegen Polen 1920, die sie aber als Bürgerkriege verstanden. Die militante und kriegerische Natur dieser Friedensideologie mußte Spannungen in das antifaschistische Bündnis hineinbringen, aber es war nicht nur die zahlenmäßige Übermacht, die es der SED möglich machte, ihre Bündnispartner Schritt für Schritt zurückzudrängen.

Diese Bündnispartner waren eben »Bürgerliche«. Der Begriff ließ sich aus dem Nachkriegs-Schwung gar nicht und aus dem militanten Pazifismus nur mit Mühe ableiten. Die SED bezog sich aber nicht bloß mit Nachdruck und Entschiedenheit auf die Zeit nach dem Ersten Weltkrieg, aus der sie als die älteste Partei einer radikalen Vergangenheitsbewältigung abzuleiten war, sondern sie berief sich auf die Lehren von Marx und Engels, und sie sah sich als »die Partei der Arbeiterklasse«. Daß »die Arbeiter« als »die erstgeborenen Söhne der modernen Industrie«[1] dazu berufen seien, einen völlig neuen Weltzustand zu erkämpfen, in dem für immer die »Ausbeutung des Menschen durch den Menschen«, der Kampf zwischen »Kapital und Arbeit«, die Gegensätzlichkeit der Staaten und damit die innere Möglichkeit des Krieges abgeschafft sein würden, war der Kern der Lehre von Marx und Engels. Dieser Kern war auch für alle verständlich, die Marx' *Kapital* nach der Lektüre des ersten Abschnitts aus der Hand gelegt oder nie davon gehört hatten. Dadurch zeigte sich, daß der Marxismus auf etwas viel Älterem und Stärkerem beruhte als auf den schwierigen Erörterungen eines gelehrten Buches. Er basierte auf einer der edelsten Strebungen des Menschen, dem

138

Verlangen nach Gerechtigkeit, und zugleich auf einigen der niedrigsten Affekte, dem Neid und dem Zerstörungswillen.

Jedes soziale System der Weltgeschichte war darauf abgestellt, diese machtvollen Emotionen im Interesse der jeweiligen Ordnung nicht an die Oberfläche und nicht zur Wirkung gelangen zu lassen: durch ein nicht-egalitäres Verständnis der Gerechtigkeit auf positive Weise, durch frühzeitige Unterdrückung aller Tendenzen zu Aufruhr und Anarchie in negativer Absicht. Erst seit der Aufklärung existierte »die Linke« als eine sich relativ frei artikulierende Kraft, und zwar in mehreren Versionen. Auf die radikalste dieser Versionen, die von Morelly und Babeuf, und damit auf die uralte Verurteilung »des Privateigentums« als der Quelle alles Bösen stützte sich der Marxismus. Er war aber dadurch ausgezeichnet, daß seine beiden Gründer als Intellektuelle die einfachen Grundempfindungen der radikalen Linken »wissenschaftlich« und damit für andere Intellektuelle annehmbar machten und daß sie die anarchistische Zerstörungsgewalt niederhielten, indem sie die volle Ausbildung des »Kapitalismus« für die elementare Voraussetzung des Sozialismus erklärten.

So konnte der Marxismus zur Partei der gebildeten oder »klassenbewußten« Arbeiter und der gegen »die Verhältnisse« aufbegehrenden Intellektuellen werden. Dadurch durfte er einen objektiven Vorrang vor allen anderen Parteien beanspruchen. Eine Zerreißprobe war der Erste Weltkrieg, denn weder die Bejahung des Krieges (als eines Verteidigungskampfes) von seiten aller sozialistischen Parteien Europas noch die Oktoberrevolution in Rußland entsprach den Vorstellungen von Marx und Engels. Aber wer die naheliegenden Zweifel überwand oder unterdrückte und sich der internationalen Bewegung des bolschewistischen, das heißt kriegerischen Pazifismus anschloß, der durfte überzeugt sein, daß er einer Partei von ganz besonderer Art angehörte.

So gründeten sich die SED und dann die DDR keineswegs nur auf den Enthusiasmus des »Nie wieder!« der Nachkriegszeit und

139

auch nicht auf die »negative Kriegserfahrung« des Ersten Weltkrieges, sondern auf die bolschewistische Version des Marxismus als der wichtigsten modernen Partei der radikalen und »ewigen« Linken.

Der dritte dieser tief emotionalen Entwürfe war der stärkste und maßgebende. Aber auch der erste, der Impuls des »Nie wieder!«, ging nicht vollständig verloren und blieb für zahlreiche Menschen ein lebendig empfundenes Motiv.

Manfred Gerlach, 1928 in Leipzig geboren, war vor 1945 ein »Fähnleinführer« des »Jungvolks« in der Hitlerjugend. Gleich nach dem Krieg kam er in Kontakt zu Wilhelm Külz, der als Liberaler in der Weimarer Republik eine gewisse Rolle gespielt hatte. Dieser engagierte sich jetzt in der Liberaldemokratischen Partei, aber offensichtlich gestand er der SED von Anfang an den Vorrang zu, denn er war Gerlach zufolge von einem tiefen Schuldkomplex erfüllt. Er und seine Partei hätten 1933 versagt, während die Kommunisten richtige Vorhersagen gemacht und tapfer gekämpft hätten. Ein anderer Mentor des jungen Gerlach war Wilhelm von Stoltzenberg, der »rote Baron«, der den Volksentscheid in Sachsen über die »Enteignung von Kriegs- und Naziverbrechern« aus Überzeugung befürwortete, obwohl schon zu diesem frühen Zeitpunkt klar war, daß es sich nicht um die Bestrafung von Individuen, sondern um die Ausschaltung von Klassen handelte. So tritt Gerlach der FDJ bei, wo ihm die jungen Kommunisten, nicht zuletzt Erich Honecker, großen Eindruck machen. Als Zwanzigjähriger ist er bereits Mitglied des »Volksrates« und wird insofern zu einem der Mitbegründer der DDR, in der er »die revolutionär-demokratischen und humanistischen Traditionen der deutschen Geschichte verkörpert« sieht.

Aber er stimmt mit der SED auch darin überein, daß es erforderlich sei, »die Wurzeln der NS-Gewaltherrschaft und der Kriegsgefahr« zu beseitigen. Und er, der »Liberale«, erblickt ganz wie Honecker diese Wurzel in der »Profitwirtschaft«. So ist es nicht verwunderlich, daß später von der »Blockpartei« LDPD, deren Vorsitzender er wird, zu Anfang der siebziger Jahre keinerlei Widerstand gegen die Überführung der letzten Reste des »Privat- kapitals« in Staatsbesitz geleistet wird. Erst als die Vorzeichen des Endes unübersehbar werden, entdeckt er die Verschieden- heit seiner Partei von der SED. Er spielt dann für kurze Zeit eine wichtige Rolle, schließlich sogar als der letzte Staatsratsvorsit- zende der DDR. Es wirkt zwar glaubwürdig, wenn er in seinen Erinnerungen schreibt, er sei hauptsächlich durch die Friedens- idee zum Sozialismus geführt worden. Aber wie sehr er zum Anhänger der Ideen der SED geworden war, geht schon daraus hervor, daß er noch 1991 den Satz zu schreiben vermag: »In einer Gesellschaft, in der niemand am Krieg verdient, jeder einzelne und jede Klasse oder Schicht nur draufzahlt, entsteht kein Krieg.«[2]

Die ältere Generation der vor der Jahrhundertwende gebore- nen Kommunisten, die 1945 unter der Führung Walter Ulbrichts und unter dem Schutz der Roten Armee ab Juni 1945 in der SBZ die Macht ergriff, war durch den Ersten Weltkrieg geprägt und hatte in der Weimarer Republik den Kampf des militanten Pazi- fismus geführt. Walter Ulbricht war einer jener »überzeugten Deserteure« gewesen, denen der unbändige Haß der Freikorps gegolten hatte. Aber die negative Kriegserfahrung führte auch ehemalige Offiziere und sogar Adlige in die KPD, wie Ludwig Renn, der eigentlich »Vieth zu Golssenau« hieß. Der Schriftsteller Friedrich Wolf schrieb wirkungsvolle Theaterstücke gegen den Krieg, und die Atmosphäre der ersten Zeit nach dem Ersten Welt- krieg ist noch in dem Erinnerungsbuch seines Sohnes Markus ganz gegenwärtig. Dieser, 1923 geboren, wird nach der Emigra- tion mit seiner Mutter und seinem Bruder Konrad als Schüler der Karl-Liebknecht-Schule in Moskau in den Jahren 1934 und 1935 noch der Kraft der »frühbolschewistischen« Gläubigkeit inne, die nach seinem Empfinden die Gegenwart als eine »Zeit des Aufbaus und Aufschwungs im ganzen Land« durchdringt und ihm wie allen seinen Freunden das »Gefühl der Zugehörigkeit zu einer großen Gemeinschaft« vermittelt. Zwar bleibt er vom Unbegreiflichen und Dunklen der Jahre der großen Säuberung nicht unberührt, aber noch im Rückblick aus dem Jahr 1989 kann er schreiben, »die großen Ideale und die moralischen Werte der russischen Revolution« hätten unverlierbare Spuren in die Herzen und Hirne der Jungen eingegraben. Deshalb hat er später als Generaloberst der Staatssicherheit und Chef der Auslandsaufklärung auch keinen Augenblick das Gefühl, an der Spitze einer Spionageorganisation zu stehen. In beinahe wörtlicher Übereinstimmung mit einer entsprechenden Äußerung Walter Ulbrichts kann er erklären, seine Leute seien nicht »Agenten«, sondern »Aufklärer« oder »Kundschafter«, die im Dienst des Friedens die Stellungen des Feindes beobachteten und dessen Kriegsvorbereitungen dem »Friedenslager« zur Kenntnis brächten. Daß das amerikanische System »menschenfeindlich« sei, grundsätzlich nicht anders als das faschistische, bezweifelt Wolf noch im Jahre 1989 nicht. Selbst angesichts der Verheerungen, welche die Säuberungen Stalins und dann die »Kulturrevolution« Maos in seiner Umgebung angerichtet haben, ist er unmittelbar vor dem Zusammenbruch der DDR nur zu einer minimalen selbstkritischen Korrektur bereit: »Vom Standpunkt der Geschichte aus haben wir recht, aber das bedeutet nicht, daß wir jede Minute recht haben.«[3] Gerade die Tatsache, daß so viele Kommunisten in den Straflagern unverbrüchlich an ihren Ideen festgehalten haben, festigt seinen Glauben, und wenn er die Erinnerungen des ehemaligen Gauleiters Rudolf Jordan gekannt hätte, würde er sich zusätzlich durch die Aussage dieses Feindes bestätigt gesehen haben, der voller Erstaunen aus seiner Haftzeit in der Sowjetunion Ähnliches berichtet.[4]

Auch Erich Honecker kannte den Ersten Weltkrieg nur aus Erzählungen seines Vaters und durch den Hunger, den er, 1912 geboren, als Kind hatte erleiden müssen. Das Milieu, dem er entstammte, war ein ausgesprochen »altproletarisches«. In dem saarländischen Industriedorf, wo er aufwuchs, lebten die Arbeiter in eigenen Häuschen und hielten sich in den Gärten Kleinvieh wie Ziegen und Kaninchen zwecks Verbesserung der dürftigen Lebenslage. Hier bildeten sich sehr früh die großen Linien der »Weltanschauung« des Jungen, aus der Anschauung der Realität und ebensosehr aus den Lehren des Vaters: »Damals ... erklärte mir mein Vater in seiner einfachen Art, warum die Reichen reich und die Armen arm sind, woher die Kriege kommen, wer an den Kriegen verdient und wer unter ihnen leidet. Für mich war das einleuchtend. Ich gewann ein klares Weltbild ... Ich kann mich an keinen Augenblick in meinem Leben erinnern, da ich an unserer Sache gezweifelt hätte.«[5]

So führt der junge Honecker ein Leben, das wie viele ähnliche Lebensläufe von Kommunisten nach 1945 die Bewunderung und Selbstanklage der »bürgerlichen« Verbündeten hervorrufen sollte. Er zieht nach einer ersten Ausbildung in Moskau als führendes Mitglied in der Jugendabteilung des Rotfrontkämpferbundes, der im Saarland nicht verboten war, gegen die SA zu Felde, die für ihn aus feigen Söldnern des Kapitals zusammengesetzt ist. Er arbeitet nach dem Anschluß des Saargebietes unter Leitung von Herbert Wehner im Widerstand. Von der Gestapo wird er verhaftet, als ihm eine Tschechin, von Prag kommend, in Berlin einen Koffer voll konspirativen Materials übergeben hat, er verbüßt danach im Zuchthaus Brandenburg-Görden eine Freiheitsstrafe, aus der ihn erst 1945 die sowjetischen Soldaten befreien.

Als ausgewiesenes »Opfer des Faschismus« baut er die FDJ auf, noch für geraume Zeit in engem Kontakt mit christlichen und sonstigen bürgerlichen Jugendlichen, dann aber wirkt er als Sicherheitsbeauftragter des Politbüros voller Härte gegen die »Klassenfeinde« bis hin zum Bau der Mauer, den er als Hauptorganisator leitet. Er zeigt sich dem Intrigenspiel um die Macht gewachsen und trägt wesentlich zum Sturz Ulbrichts im Jahre 1971 bei. Danach ist er fast ebensolange wie sein früherer Protektor erster Mann der DDR. Obwohl seine Herrschaft autokratisch ist und Züge des orientalischen Despotismus aufweist[6], bleibt der Kern seiner Intentionen sehr einfach. Der unmittelbare Zusammenhang mit den Lehren seines Vaters ist nicht zu übersehen: »Reiche« im Sinne einer Schicht von Unternehmern darf es in der DDR sowenig geben wie in der Sowjetunion, und die Masse der einstmals Armen soll wie der Rest des Mittelstandes vor Arbeitslosigkeit und physischer Not sicher sein.

Einige seiner Genossen führten den Zusammenbruch der DDR auf bestimmte Grundentscheidungen Honeckers zurück, aber er blieb auch nach dem Ende davon überzeugt, daß bloß historische Umstände wie etwa die »Perestroika« Gorbatschows verantwortlich gewesen seien. Vielleicht ist eine Antwort, die er im Jahre 1990 zwei Interviewpartnern spontan auf eine überraschende Frage gab, besonders symptomatisch für den Grund der inneren Stärke der DDR, zugleich aber auch für die tiefe Schwäche, welche die Kehrseite dieser Stärke war. Als ihm nämlich die Frage gestellt wurde, wer seine erste Freundin gewesen sei, antwortete er: »Meine erste Liebe war eigentlich die Sowjetunion.«[7]

Das hatte es seit dem Zeitalter der Konfessionskriege in Europa nie mehr gegeben: daß eine große Anzahl von Menschen einen politischen Glauben, eine Ideologie, über die Loyalität gegenüber dem Vaterlande stellten. Eine solche Entscheidung war offenbar tief in übergreifenden Entwicklungen verwurzelt, denn die absolute Souveränität der Nationalstaaten war im Hinschwinden begriffen. Immer neue Schichten, Klassen und Völker forderten Mitwirkung, Anerkennung oder auch Herrschaft; altüberlieferte Wertungen und Begriffe verloren ihre Kraft. Vor allem aber waren Honeckers Empfindungen und Meinungen nicht die Empfindungen und Meinungen einer kleinen Gruppe oder einer Partei unter anderen Parteien. Sie repräsentierten vielmehr die gleichsam »natürliche« Reaktion von »Armen«, die sich gegen eine herausfordernde und zugleich undurchschaubare »Welt der Reichen« auflehnen. Diese Armen verstanden sich

144

jedoch nicht bloß als Benachteiligte, sondern als die »Schöpfer allen Reichtums«, der aus der Kraft ihrer Arme hervorgehe, und sie glaubten sich allen Reichen und Wohlhabenden ihrer Nation überlegen, weil sie die Nationalität schon hinter sich gelassen hätten und zu der weltweiten Gemeinschaft der »Proletarier« gehörten.

Besucher der DDR haben sich häufig überrascht und bewegt gezeigt, daß sie inmitten großer Werkshallen auf einfache Arbeiter stießen, die ihnen mit leuchtenden Augen sagten, zwar ständen sie nach wie vor an der Werkbank, aber gegenüber früheren Zeiten habe sich doch alles geändert, denn nun arbeiteten sie nicht länger für Ausbeuter, sondern für sich selbst. Tatsächlich waren die Verhältnisse in einer Weise durchsichtig geworden, die es in keinem »kapitalistischen« Staate gab. Niemand konnte Vermutungen darüber anstellen, wer »im Hintergrund« Fäden ziehe oder wer durch welche Manöver plötzlich großen Reichtum erworben habe. Erich Honecker und das Politbüro hatten wirklich die Macht in ihren Händen, und wenn sie sich häufig mit dem Kreml in Moskau oder mit der sowjetischen Botschaft in Berlin abstimmen mußten, so wurde dadurch noch keine Undurchsichtigkeit konstituiert. Die Schriftstellerin Christa Wolf brachte eine genuine und nicht bloß individuelle Empfindung zum Ausdruck, als sie ihre Zuhörer wissen ließ, wenn man aus dem westlichen Ausland zurückkomme, dann sage man beim Überschreiten der Grenze aufatmend »Zu Hause«.[8] Für Erich Honecker war es sicherlich keine Propagandafloskel, häufig von »Geborgenheit« zu sprechen, die jedem Menschen guten Willens im sozialistischen Staat gewiß sei.

Für viele Bewohner der DDR bedeutete die Mauer nicht nur Sperre und Ausschluß von der Freiheit, sondern Schutz vor der Fremdartigkeit einer bösen und undurchschaubaren Welt. Und der Begriff »bürgerlich« gab insbesondere den Intellektuellen einen Schlüssel zu diesem Fremdartigen und Bösen und vermittelte ihnen das Empfinden unbestreitbarer Überlegenheit. Für einen Marxisten hatte weder die Geschichte noch die Gegenwart unlösbare Rätsel, und im Hinblick auf die Zukunft kamen ihm erst recht keine Zweifel. Er durfte das Empfinden haben, auf einem festen Untergrund der Volksmeinung zu stehen, denn die »kritischen Intellektuellen« genossen nur unter ihresgleichen Ansehen und Popularität, und der Gedanke, daß die Staatssicherheit sich dieser Leute annehmen werde, stärkte die Zuversicht, mit der man auf die Unerschütterlichkeit einer Welt blickte, in der es kein begehrliches Aufschauen »nach oben« und keine angstvollen Blicke »nach unten« gab, mindestens soweit, wie die materiellen Umstände in Frage standen.

So war die Kommunistische Partei weder in der Zeit ihres Kampfes um die Macht bis 1933 noch in der Periode der Unterdrückung durch die NSDAP noch während ihrer Herrschaft in der DDR eine Partei wie die anderen Parteien, die bis zum Anfang des Ersten Weltkriegs bekannt gewesen waren, abgesehen von den Sozialdemokraten, als deren unmittelbare Fortsetzung sie sich fühlte. Aber diese innere Stärke hatte die Kehrseite bemerkenswerter Schwächen.

Zwar war die absolute Souveränität der Nationalstaaten im Hinschwinden begriffen, aber es ist eine Erfahrungstatsache, daß das Gefährdete und Hinschwindende von seinen Verteidigern mit besonderer Kraft ergriffen wird und unerwartete Hilfe finden kann, zumal dann, wenn Angreifer es vollständig zu beseitigen versuchen. Gegen einen »Internationalismus«, der nicht bloß ein Zusammenwirken der Nationen erstrebte, sondern eine »Verschmelzung« der Arbeiter und Bauern der ganzen Welt, und der die Entstehung einer einheitlichen Weltsprache im Auge hatte, war der Nationalismus keineswegs von vornherein im historischen Unrecht, ja er gewann gerade dadurch neue Anhänger und größere Kraft, daß die fortlebenden Reste der alten Adelswelt – marxistisch gesprochen des »Feudalismus« – immer schwächer wurden. Seit 1918 wurde ein volkstümlicher Nationalismus möglich, der zunächst viele Arbeiter unter seinen

146

Fahnen zu sammeln vermochte und sich dann eine versteckte These des Marxismus zu eigen machte, nämlich die Vorstellung, daß sich der Klassenkampf nicht primär innerhalb der Nationen, sondern als »Völkerklassenkampf« zwischen ihnen vollziehe. Die tiefe Erbitterung, mit der die kommunistischen Parteien der ersten Nachkriegszeit gegen »den Faschismus« zu Felde zogen, resultierte aus der Wahrnehmung, daß hier ein Feind auf die Bildfläche getreten sei, der den eigenen Zielen ganz entgegengesetzt, aber hinsichtlich der »sozialen Basis« ähnlich sei. Das »bürgerliche« Mehrparteiensystem mochte die Kommunisten, wie es in Frankreich und England der Fall war, im Zaum halten oder zur Anpassung zwingen. Aber eine »nationale Arbeiterpartei«, welche nicht bloß den Intellektuellen Zugang gewährte, sondern grundsätzlich allen Schichten der Gesellschaft, konnte die Kommunistische Partei vernichten.

Die Erfahrung der großen Niederlagen in Italien und Deutschland wurde für alle kommunistischen Parteien in der zweiten Nachkriegszeit prägend. Auch die deutschen Kommunisten machten sich nach 1945 zu Vorkämpfern der deutschen Nation, ganz wie es auf ihre Weise die Sozialdemokraten unter Kurt Schumacher taten. Aber ihre Polemik gegen den »westlichen Separatstaat« und den »Rheinbund« fand im Westen Deutschlands kaum Gehör, weil dieser Nationalismus im Dienste eines anderen und fremdartigen Nationalismus zu stehen schien. Der Vorwurf, daß die SED eine »Russenpartei« sei, war in der Bundesrepublik tödlich, und auch innerhalb der DDR besaßen »die Freunde« wenig Popularität, so laut die Propaganda auch immer das Gegenteil behauptete.

Von der Ostsee bis zum Erzgebirge, von der Oder bis zur oberen Weser war schon die SBZ und dann die DDR ein Land der Parolen und der Transparente, aber gerade dieses unablässige Trommelfeuer der Propaganda wirkte befremdend. Das Fehlen genuiner Konkurrenz zwischen selbständigen Betrieben innerhalb der Planwirtschaft oder »Zentralverwaltungswirtschaft«

machte in der anfänglichen Notsituation außergewöhnliche Leistungen durch außergewöhnliche Konzentration möglich. Im Laufe der allmählich eintretenden Normalisierung erstickte es aber alle Initiative und Beweglichkeit und schob einen grauen Schleier der Laxheit und der Routine über das Land.

Daß dies nicht der Sozialismus der Selbstorganisation der Produzenten, sondern eine gigantische bürokratische Maschine war, sprang ins Auge und rief auch in der Partei selbst Opposition hervor. Die fühlbarste Schwäche der DDR bestand jedoch darin, daß nicht nur der »Klassenfeind«, die Bourgeoisie, die Flucht ergriff, sondern daß viele Hunderttausende von Menschen aus allen Schichten und Klassen das Land verließen, und zwar bis 1961 größtenteils über die offene Grenze, die im Herzen der DDR einen Zufluchtsort, West-Berlin, existieren ließ, welcher seinerseits eine unablässige Propaganda machte – nicht in erster Linie die des RIAS und des »Untersuchungsausschusses freiheitlicher Juristen«, sondern die »Propaganda« der vollen Läden und der Wohlstandsgesellschaft »westlicher« Art. Aber auch vor 1961 war die offene Grenze zwischen dem östlichen und dem westlichen Teil Berlins nicht etwa unkontrolliert. Ihr Überschreiten war mit beträchtlicher Gefahr verbunden. Nur die Attraktion glitzernder Schaufenster hätte bei weitem nicht ausgereicht, so viele Menschen zu motivieren, unter Zurücklassung ihrer gesamten Habe ein ungewisses Schicksal auf sich zu nehmen. Es ist daher erforderlich, nicht nur von der inneren Stärke der DDR und von ihren Schwächen zu reden, sondern auch und nicht zuletzt von ihren Opfern.

Aus der innersten Intention aller kommunistischen Parteien resultierte zunächst die entschädigungslose Enteignung aller Großgrundbesitzer oder »Junker«. Dem idealtypischen Begriff nach hätte sie sich so vollziehen können, daß nach der Machtübernahme der Kommunisten alle »Junker« ihren Besitz aufgegeben hätten und in die Reihen der Kleinbauern zurückgetreten wären. Aber es gibt in der Weltgeschichte kein einziges Beispiel dafür, daß eine ganze Klasse von Menschen sich ohne Widerstand ihr Eigentum hätte fortnehmen lassen. Selbst der Vorgang der Enteignung von einigen tausend Großgrundbesitzern ist nur als ein – vermutlich sehr einseitiger – Bürgerkrieg vorstellbar, weil sich nicht wenige Verbündete gefunden haben würden. In der SBZ vollzog er sich innerhalb eines großen Krieges oder im unmittelbaren Anschluß daran, so daß ein bewaffneter Widerstand von vornherein aussichtslos war.

Es waren die siegreichen sowjetischen Truppen, welche die ersten Enteignungen vornahmen, und dabei handelte es sich faktisch um eine einzige Folge von Plünderungen, Vergewaltigungen, Erschießungen und Vertreibungen. Szenen wie die, daß ein adliger Gutsbesitzer den russischen Offizier, der seine Frau vergewaltigen wollte, erschoß und dann der Frau und sich selbst den Tod gab, waren nicht selten. Berichte wie die folgenden fallen in keiner Weise aus dem Rahmen: »Am 8. 5. 45 zog die Rote Armee ein. Es war furchtbar, sie hausten wie ein Stück Vieh, alle Frauen und Mädchen wurden vergewaltigt, alles wurde zertrümmert …«[9] Daß die Betroffenen die Präzedentien des deutschen Krieges in Rußland ebenso vergaßen, wie nach 1918 bei den Protesten gegen Versailles die Präzedentien in Belgien und Nordfrankreich vergessen worden waren, ist nicht unverständlich, denn eine solche Flutwelle von Plünderung und Vergewaltigung hatte sich kaum je über nahezu die ganze Bevölkerung eines Landes ergossen, und sie mußte als »asiatisch« empfunden werden.

Einzelne Szenen, von denen auf glaubwürdige Weise berichtet wird, sind von einer Grausigkeit, der kaum irgendetwas in diesem Krieg an die Seite zu stellen ist; allerdings haben sie nie einen »industriellen«, sondern immer einen »persönlichen« Charakter, etwa wenn ein sowjetischer Soldat drei kleine Kinder tötet, die ihm bei der Vergewaltigung der Mutter hinderlich sind oder wenn eine Mutter aus Verzweiflung ihre Kinder erhängt. Im Herbst 1945 war es mit dem unmittelbar Kriegsmäßigen längst vorbei, und das Vorgehen wurde in »gesetzliche Bahnen« geleitet.

Durch die »Bodenreform« wurden alle Besitzer von Gütern und Höfen über 100 Hektar vollständig enteignet, insgesamt etwa 8000 Familien. Von den Bevorzugten, von denen einzelne vielleicht 99 Hektar besaßen, wurden etwa 4000 kurzerhand zu »Kriegs- und Naziverbrechern« erklärt, so daß ihr Besitz ebenfalls konfisziert werden konnte. Eine Reihe dieser Familien hatte auf den geplünderten Höfen ausgeharrt und sogar Teile der Ernte eingebracht, aber nun wurden ihnen unter starker Beteiligung einheimischer Kommunisten, häufig der früheren Knechte und anderer Dorfbewohner, die Enteignungsbescheide zugestellt. Jetzt trat unverkennbar der urtümliche Impuls hervor, der in den Aktionen der feindlichen Armee nicht so deutlich geworden war.

Auf die Frage, wohin man denn gehen solle, antwortete nach einem Bericht der einzige Kommunist des Dorfes: »Ihr Junker sollt auf der Straße verrecken«, und eine Kommission äußerte sich einem anderen Gutsbesitzer gegenüber folgendermaßen: »Sie haben hier 25 Jahre in Luxus und Wohlleben gelebt, jetzt gehen Sie auf die Walze; und diejenigen, die bis jetzt auf der Walze waren, werden hier das bisherige Leben von Ihnen fortsetzen.«[10] Impulse und Emotionen wie diese hatten mit dem Kriege nichts zu tun, sondern entsprangen dem viel älteren egalitären Empfinden, wie es innerhalb der Verschwörung Babeufs 1795 im »Manifest der Gleichen« zum Vorschein gekommen war und wie es in den dreißiger Jahren des 19. Jahrhunderts die emigrierten deutschen Handwerksgesellen in der Schweiz bewegt hatte, als sie sangen, das Haupt, das frech sich aus dem Volk erhebe, das fälle des Volkes Beil.

Die Internierungslager dagegen, die von der Sowjetarmee und dem NKWD eingerichtet wurden, sollten der Bestrafung von Kriegs- und Naziverbrechern sowie der Ausschaltung besonders gefährlicher Deutscher dienen. Insofern unterschieden sie sich nicht von den entsprechenden Lagern der Westalliierten. Aber in der SBZ wurden neben Kriegsgefangenenlagern wie Mühlberg

an der Elbe vornehmlich nationalsozialistische Konzentrationslager diesem Zweck dienstbar gemacht. So füllten sich sehr bald
Buchenwald und Sachsenhausen wieder mit Häftlingen: mit
mittleren und unteren Funktionären der Nationalsozialistischen
Partei wie Ortsgruppenleitern und Blockwarten; mit Jugendlichen, denen man zum Vorwurf machte, den (in Wahrheit gar
nicht vorhandenen) Partisaneneinheiten des »Werwolf« angehört zu haben; zunehmend mit Sozialdemokraten, die sich der
Vereinigung mit der KPD widersetzt hatten, aber auch mit vielen
Angehörigen freier und sonstiger »bürgerlicher« Berufe.

Die Gesamtzahl der Gefangenen lag weit über 150 000. Zuver-
lässige Zahlen über die Umgekommenen existieren nicht, aber
Schätzungen bewegen sich um die 50 000. Lange Jahre waren die
Lager Schweige- und Hungerlager, und gerade nicht Arbeitslager,
so daß zu den Qualen des Hungers, dem die Häftlinge wie die
Fliegen zum Opfer fielen, noch die Qualen des Nichtstuns und
der völligen Trennung von den Angehörigen hinzukamen. Über
das »Todeslager Jamlitz« liegen mehrere Berichte vor. Massenerschießungen scheinen aber nicht stattgefunden zu haben. Der
Hauptunterschied gegenüber den nationalsozialistischen Konzentrationslagern besteht darin, daß diese Lager nicht bloß die
Ausschaltung politischer Gegner, sondern die Verstärkung einer
Klassenvernichtung zum Ziel hatten, die außerhalb der Lager
ebenfalls im Gange war.[11]

Auch die Verstaatlichung der Industrie, und das heißt die Beseitigung der »Bourgeoisie«, die mit dem sächsischen Volksentscheid im Herbst 1946 begann, hatte in entsprechenden Absichten, ja in den Bestimmungen einzelner westdeutscher Landes-
verfassungen eine Parallele. Der Unterschied lag jedoch nicht
nur im stärkeren oder schwächeren Willen zur Durchführung,
sondern vor allem darin, daß hier nur als Anfang gesehen wurde,
was im Westen als Ziel erschien, nämlich die »Vergesellschaftung
der Schlüsselindustrien«. Schon um 1950, als die letzten Internierungslager aufgelöst und die Gefangenen großenteils, soweit

sie nicht in die Sowjetunion deportiert worden waren, der Volkspolizei übergeben wurden, war die Struktur der Industrie im
Osten ganz verschieden von der im Westen.

Die »Bourgeois« allerdings, die Eigentümer der großen Industrie, hatten die DDR früh verlassen, und auch die Papiere und
Unterlagen waren meist rechtzeitig in den Westen gebracht worden, so daß sie zu einem Bestandteil des »Wirtschaftswunders«
in der Bundesrepublik werden konnten. Einen langen und zähen
Kampf führten die SED und die mehr und mehr zur reinen Par-
teiorganisation umgebildete FDJ trotz temporärer Pausen gegen
das an den Universitäten verbliebene Bildungsbürgertum, also
vornehmlich gegen die »bürgerlichen« Professoren. Sehr erfolgreich waren die Bemühungen, den Anteil der Söhne und Töchter
aus den unteren Schichten an der Studentenschaft zu vergrößern,
nicht zuletzt infolge der Gründung von »Arbeiter- und Bauern-
fakultäten«. Hand in Hand damit ging in den frühen fünfziger
Jahren der Kampf gegen die Kirchen als »Bollwerke der Reaktion« und zumal gegen die »Junge Gemeinde« der evangelischen
Kirche, wo sich begreiflicherweise nicht wenige junge Menschen
sammelten, denen der Zugang zu Höheren Schulen und zu den
Universitäten wegen ihrer »bürgerlichen Abkunft« verwehrt
wurde.

Jene »Entspannung«, die in Westdeutschland nach dem Ende
der Entnazifizierung und dem Abschluß der alliierten Kriegsver-
brecherprozesse begann, so daß eine erste Abstandnahme von
der Nachkriegsbedrückung möglich wurde, trat in der DDR
nicht ein. Die Übergabe der restlichen Gefangenen der Internierungslager in die Verantwortung der Volkspolizei und ihre Überführung in Zuchthäuser wie das »Gelbe Elend« in Bautzen oder
in das Frauenzuchthaus Hoheneck bedeuteten keine Erleichte-
rung des Loses, und schon der Name »Staatssicherheit« wurde
zu einer Quelle des Schreckens. Willkürliche Verhaftungen, ent-
würdigende Verhöre unter schweren Mißhandlungen, Quälereien
in den »Strafbunkern«, Einsperrung in überfüllte Zellen hörten

nicht auf und hingen auch dann weiterhin wie eine drohende dunkle Wolke über dem Land, als sich die Verhältnisse in den Strafanstalten seit der Mitte der fünfziger Jahre besserten.

Aber das entscheidende war, daß sich Menschen aller Klassen und Schichten bedroht fühlten. Auch das ging aus der Natur des Systems hervor, denn von jeher hatten die Kommunisten in den »Kleinbürgern« und dem »kleinbürgerlichen Egoismus« eine große Gefahr gesehen, und Kleinbürgerlichkeit hatten sie sogar an vielen Arbeitern wahrnehmen müssen. So zeigte sich bis zum Bau der Berliner Mauer, der verbreitete Anpassungsbereitschaft nach sich zog, daß die kommunistische Partei sich nicht nur im Kampf gegen »Junker« und Industriebürgertum befand, sondern gegen den Charakter der Gesellschaft selbst, der alle Mitglieder der Gesellschaft, mit alleiniger Ausnahme der überzeugten Marxisten, den Versuchungen der »Kleinbürgerlichkeit« aussetzte, nämlich der Sehnsucht nach »Ruhe und Frieden«, nach einer der permanenten Propaganda entzogenen Normalität, nach Befreiung von den Klischees der Parteisprache.

Es mochte lange Zeit so aussehen, als finde sich das ganze »alte Deutschland« in den Flüchtlingsammelstellen in West-Berlin und Gießen zusammen. Da erzählt der tüchtige Bauer, man habe ihm die besten Kühe gepfändet, weil er mit dem Milchsoll nicht nachkam, bis er mit seiner Familie, ohne auch nur einen Koffer mitzunehmen, bei Nacht und Nebel nach West-Berlin flüchtete. Da berichtet die Familie eines Pfarrers von den täglichen Erniedrigungen und Quälereien, denen ihre Kinder ausgesetzt waren. Da wird ein Zeuge Jehovahs zu zehn Jahren Zuchthaus verurteilt, weil er auf dem Weg zur Arbeit täglich an einem KVP-Gelände vorbeifahren mußte, so daß man ihm den Versuch der Spionage vorwerfen konnte. Da darf ein Kunsthistoriker die Einladung zu einem Vortrag in Köln annehmen, und seine Frau fleht ihn an: »Bleib dort, bleib um Gottes willen dort. Ich versuche ... irgendwie nachzukommen.« Da bettelt ein alter Bauer, der aus Ostpreußen vertrieben worden war, nach dem

erzwungenen Eintritt in eine Landwirtschaftliche Produktions-
genossenschaft bei allen Nachbarn um Futter für das Pferd, das
er aus der Heimat mitgebracht hat und das von der LPG nicht
übernommen wird, und als er ohne Erfolg bleibt, finden ihn
seine Kinder »im Stall erhängt«; die aber besteigen im Morgen-
grauen die Fahrräder, ohne irgendwelches Gepäck, und fahren
und fahren, immer weiter in Richtung auf Berlin.[12]

»Alltagsereignisse« wie diese machen es nicht minder anschaulich als der massenhafte Hungertod in den Internierungslagern und die zahllosen nächtelangen Verhöre in den Zucht-
häusern, daß von einer Minderheit ein Angriff nicht bloß gegen
eine herrschende und besitzende Klasse, sondern gegen ein ganzes Volk geführt wurde. Die Minderheit war gleichwohl eine
Massenpartei, welche zum guten Teil aus Menschen bestand, die
von der edlen Natur ihrer Endziele überzeugt waren und auch
ihrerseits Anhänger aus allen Schichten zu rekrutieren vermoch-
ten. Man darf auch nicht übersehen, daß in den Flüchtlings-
berichten nicht ganz selten davon die Rede ist, daß der eigene
Sohn oder die Tochter sich weigerten, mit den Eltern in den
Westen zu gehen, weil sie, wie so viele unter den Intellektuellen,
die DDR für den besseren und zukunftsvolleren der beiden deutschen Staaten hielten. Um die Mitte der siebziger Jahre konnten
Beobachter den Eindruck gewinnen, daß die kleinere, aber über-
zeugtere Hälfte der Bevölkerung der DDR sich gegenüber der
größeren und hauptsächlich nach Rückkehr zur Normalität
strebenden endgültig durchgesetzt habe.

Aber gerade in diesen Jahren verhaftete das Ministerium für
Staatssicherheit eine Anzahl junger Menschen, die mit dem
»alten Deutschland« wenig zu tun hatten und bloß noch gegen
den ertötenden Konformismus, gegen die »Langeweile« aufbe-
gehrten, die ein so außerordentlich geregeltes oder reglementier-
tes Leben in einem, wie Honecker sagte, »moralisch sauberen«
Staat mit sich bringt. »Lieber sterben als genormt sein«, sagte ein
junger »Punk«, und von ganz jungen, wenig gebildeten Menschen

wurden Gedichtzeilen wie die folgenden geschrieben: »Technik regiert, der Mensch ist nichtig« oder »Gefühle sind verboten, Gefühle, die sind tot, und findest du einen Menschen, ist er meistens total rot«.[13] Im Hinblick auf diese Jugend gab es in der Bevölkerung viel Empörung, bis hin zu dem Zuruf »Euch müßte man vergasen«; aber war diese Reaktion nicht »kleinbürgerlich« zu nennen? Stellte sich »Kleinbürgerlichkeit« etwa unter allen Bedingungen und in allen Situationen wieder her? War sie gar nicht die Eigentümlichkeit einer bestimmten Schicht?

So waren diejenigen die am meisten charakteristischen Opfer des Regimes, die einen Widerstand leisteten, welcher während der Friedensjahre nicht einmal im nationalsozialistischen Deutschland bestraft worden wäre: das Verlassen des Landes und sogar die bloße Intention, sofern Vorbereitungen getroffen wurden, die dann aber gar nicht bis zum wirklichen Versuch geführt hatten. Daß Menschen wegen »versuchter Republikflucht« ins Gefängnis geworfen wurden, war ein singulärer Tatbestand, der nur den Schluß zuließ, daß dieser Staat seine Angehörigen als Eigentum und insofern als Sklaven betrachtete. Wem die Flucht gelang, der glaubte sich tatsächlich einem riesigen Gefängnis entkommen. Noch 1988 erreichten drei Bürger der DDR nach einem langen und irrtumsreichen Schwimmen das westliche Ufer eines die Grenze bildenden Sees und fragten völlig erschöpft: »Sind wir im Westen?«, um sich nach der bejahenden Antwort überglücklich in die Arme zu sinken.

Ein Leipziger Student bereitete mit einem Kommilitonen eine höchst gewagte Bootsfahrt von Bulgarien über das Schwarze Meer in die Türkei vor, und er berichtet: »Das schlichte Wort ›Jgneada‹ klang wie Musik in unseren Ohren.«[14] Er hatte allerdings vorher an einer Aktion mitgewirkt, die auf der untersten oder harmlosesten Ebene des aktiven Widerstands lag. Voller Empörung über die Sprengung der schönen alten Universitätskirche in Leipzig hatten einige Studenten es fertiggebracht, durch einen sinnreichen Mechanismus während einer vielbe-

155

suchten Konzertveranstaltung ein großes Transparent mit der Inschrift »Wir fordern Wiederaufbau« vor die Bühne herunter- rollen zu lassen. Unpolitische Äußerungen bloßen Unmuts konnten wegen »Boykotthetze« oder »staatsgefährdender Pro- paganda und und Hetze« bestraft werden.

Ein Ventil für das bloße »Herauswollen« wurde erst geschaf- fen, als nach der Unterzeichnung des Abkommens von Helsinki seit 1975 Anträge auf legale Ausreise oder »Entlassung aus der Staatsbürgerschaft« gestellt werden durften. Jetzt konnte etwa ein Arzt aus einer Provinzstadt als bekennender Christ einen An- trag auf Ausreise mit der Begründung stellen, er sei zu der Gewiß- heit gelangt, »mit seiner Familie nicht länger wahrhaftigen Ge- wissens in einem Gemeinwesen leben zu können, das an seine Bürger … einen weltanschaulich-politischen eindeutig athe- istisch geprägten Totalitätsanspruch« stelle.[15] Damit gab er sich zwar als »Klassenfeind« zu erkennen, aber er hatte offensicht- lich nicht die Absicht, sich mit seinesgleichen zusammenzu- schließen, und die Staatssicherheit wurde nicht aktiv. Er wurde vielmehr nur auf vielfältige Weise bedrängt, vor allem in langen Gesprächen mit den Kreisbehörden, aber schließlich wurde dem Antrag nach etwa zwölf Monaten stattgegeben. Nicht viel anders erging es noch Mitte der achtziger Jahre dem Sohn eines bekann- ten und regimetreuen Schriftstellers, der selbst als Künstler der Partei angehörte und viele Bekannte in den führenden Kreisen hatte. Aber er hatte gelegentlich West-Berlin besuchen dürfen, und dort hatte er gesehen, daß er »das Opfer eines ungeheuer- lichen Betruges« war. Nun fällt ihm erst recht die »Unlust und lähmende Schlamperei« ins Auge, von der er umgeben ist, und sein Nachdenken über den Parteizentralismus und die Ver- wandtschaft zwischen Preußentum und dem in der DDR prakti- zierten Sozialismus läßt ihn schließlich zu der Überzeugung gelangen, daß im Ostblock nichts anderes vorliege als ein »Rück- fall aus dem 20. Jahrhundert in die Zeiten mesopotamischer Priesterstaaten«. So schlägt er einen anderen Weg ein als seine

156

älteren Freundinnen Adele Rosenstein und Henriette Cohn, die beide schwer unter der großen Säuberung Stalins gelitten hatten und doch unverbrüchlich an der Treue zu ihrer Partei festhalten. Die Verwirklichung seines Entschlusses wird ihm nicht allzu schwer gemacht, so daß er schon zwei Monate nach der Stellung des Antrags ausreisen kann.[16]

Auf dem anderen Pol des Widerstandes gegen das Regime wäre eine aktive Feindschaft anzusiedeln, die ebenso von Überzeugungen getragen und ebensosehr zur Anwendung aller Mittel entschlossen gewesen wäre wie das Regime selbst. Aber dieser Widerstand existierte nur als potentieller, und er wurde präventiv beseitigt, nämlich durch die Internierung und Deportierung aller »Faschisten«, von 14jährigen der Teilnahme am »Werwolf« Verdächtigen bis hin zum greisen Sozialdemokraten. Dieser Widerstand hatte also von vornherein den Opfer-Status. Als es zu einem wirklichen Aufbegehren gegen das Regime kam, nämlich am 17. Juni 1953, so daß der Sturz Ulbrichts und möglicherweise sogar der Partei bevorzustehen schien, da waren weder »Faschisten« noch »Agenten« die »Drahtzieher«. Der Grund war vielmehr in der Unzufriedenheit der Arbeiter über eine Erhöhung der Normen, verbunden mit der damals noch fast allgemeinen Hoffnung auf Wiedervereinigung zu sehen. Nachdem die sowjetischen Panzer ihr Werk getan hatten, wiederholte sich, anders als in Polen, die Gefahr eines »Volksaufstandes« nicht.

Kritik zu üben und insofern Widerstand zu leisten waren fortan nur Leute imstande, die aus der Mitte der Partei kamen und über »antifaschistische Verdienste« verfügten. Bei den Auseinandersetzungen innerhalb der Parteiführung im Jahre 1953 und in den folgenden Jahren lagen Richtungskämpfe und schwerlich bloße Rivalitäten der Zaisser, Herrnstadt, Schirdewan, Selbmann und anderer gegenüber Walter Ulbricht vor – Richtungskämpfe, bei denen es um das Ausmaß des »Tauwetters« und die Einstellung zur Wiedervereinigung Deutschlands ging. 1956 kam im Gefolge des XX. Parteitags der KPdSU und Chruschtschows Abrechnung mit Stalin die Kritik überwiegend aus den mittleren Rängen, wie diejenige von Wolfgang Harich und Walter Janka, aber sie wurde rasch mit der Verurteilung zu langjährigen Zuchthausstrafen zum Schweigen gebracht.

In den sechziger Jahren wurde Robert Havemann zum bekanntesten Partei-Oppositionellen, ein Mann, der wie so viele andere Kommunisten aus großbürgerlichem Hause stammte, der während des Krieges wie Honecker im Zuchthaus Brandenburg-Görden inhaftiert gewesen war und der sich um die Umwandlung der Humboldt-Universität in eine parteifromme Institution die größten Verdienste erworben hatte. Er hörte nie auf, die DDR als »die in Deutschland historisch entscheidende Errungenschaft des internationalen Kampfes der Arbeiterklasse für den Sozialismus« und damit als wesentlichen Beitrag »zu der Endphase der Weltrevolution« zu betrachten.[17] Aber er wandte sich in Vorlesungen ganz offen gegen den »Dogmatismus«, und er wurde schon im März 1964 aus der Partei ausgeschlossen, so daß er auch seine Professur an der Humboldt-Universität verlor. Obwohl er im *Spiegel* Artikel publizierte, die sich gegen den »Totalitarismus« wandten, wagte die Führung es nicht, ihn juristisch verurteilen zu lassen. Man begnügte sich mit sehr scharfer Überwachung und »Hausarrest«, der jedoch mannigfaltige Kontakte mit Besuchern aus dem Westen und DDR-Dissidenten nicht zu verhindern vermochte.

Weit härter war das Schicksal von Rudolf Bahro, dessen sozialistische Gesinnung ebenfalls nicht angezweifelt werden konnte und dessen Buch *Die Alternative*, 1977 im Westen erschienen, wegen seiner scharfen Kritik am »realen Sozialismus« viel Aufsehen erregte, aber dem Autor eine Zuchthausstrafe eintrug. Er brauchte sie allerdings nicht bis zum Ende abzusitzen, weil ihn, wie Zehntausende andere Häftlinge, die Bundesregierung »freikaufte«.

Es ist zweifelhaft, ob die oppositionellen Regungen unter den Schriftstellern der DDR, die natürlich auch dann in der Bundes-

158

republik mit großer Aufmerksamkeit konstatiert wurden, wenn sie nur in sehr verschlüsselten Wendungen artikuliert wurden und dadurch von dem Grundzug der Selbstverherrlichung des Kommunismus abwichen, der Partei-Opposition zugezählt werden dürfen. Keiner dieser Schriftsteller konnte oder wollte sich »antisozialistisch« äußern, aber es ist sicher eine der bemerkenswertesten Tatsachen in der Geschichte der DDR, daß ihre Literatur zunehmend in der Bundesrepublik publiziert wurde – ganz so, wie ein bedeutender Teil der deutschen Literatur während der nationalsozialistischen Zeit im Ausland erschien. Allmählich gingen nicht wenige dieser Schriftsteller selbst in die Bundesrepublik, und es zeigte sich, daß einige von ihnen scharfe Gegner des Regimes gewesen waren. Es gab den einen oder anderen Sonderfall wie Stefan Heym und am Ende sogar Markus Wolf, denen das Regime gestattete, sich kritisch zu äußern und dennoch in der DDR zu bleiben – sei es aus Schwäche, sei es aus vorausschauender Klugheit.

Es wäre jedoch töricht, in Abrede zu stellen, daß die DDR auch gegen genuine Feinde zu kämpfen hatte und daß es keine bloße Propaganda war, wenn die »imperialistischen Agentenzentralen« in West-Berlin und der Bundesrepublik attackiert wurden. Diese Feinde befanden sich außerhalb der DDR, zum guten Teil allerdings innerhalb ihres Territoriums in West-Berlin, und es handelte sich zum großen Teil um Hilfsorganisationen, die jenen eine Stimme geben wollten, die sich in der DDR nicht äußern konnten. Der RIAS verstand sich als eine »freie Stimme der freien Welt«, die in der DDR tatsächlich sehr viel gehört wurde. Bis zum Beginn der Großen Koalition rief auch die Bundesregierung, etwa durch den Mund des Staatssekretärs im Ministerium für Gesamtdeutsche Fragen Franz Thedieck, »die Brüder und Schwestern im Osten« immer wieder zum Ausharren auf. Das »Ostbüro der SPD« stärkte den in der DDR verbliebenen Sozialdemokraten den Rücken und wurde von der DDR-Führung häufig der Spionage bezichtigt.

Wirklich militant war aber nur die »Kampfgruppe gegen Unmenschlichkeit«, deren Gründer Rainer Hildebrandt aus seiner Widerstandstätigkeit im Nationalsozialismus bald das Postulat ableitete, dieser Widerstand verliere seine moralische Berechtigung, wenn er nicht zum Widerstand gegen das zweite totalitäre System auf deutschem Boden werde. Harte Strafen der DDR gegen eingeschleuste »Agenten« und scharfe Kritik in der Bundesrepublik selbst brachten diese Militanz aber bald an ein Ende. Ein anderer Mann des Widerstands im Dritten Reich, zudem als Jude in einer Ausnahmesituation, war Gerhard Löwenthal, der in Zeitungen, im RIAS und dann im Zweiten Deutschen Fernsehen unermüdlich den Kampf gegen die totalitäre Diktatur führte. In seinem Erinnerungsbuch bestätigte er jedoch einige der Vorwürfe der DDR, nämlich die Klagen über die »Abwerbung« qualifizierter Arbeitskräfte von westlicher Seite, um ein Ausbluten der DDR zu erreichen: Es habe eine Phase gegeben, »in der die Abwanderung der geistigen und kulturellen Elite aus der von den Sowjets beherrschten Zone erklärtes Ziel der amerikanischen Politik war«.[18] Aber die geistige Atmosphäre der Bundesrepublik war Löwenthal schon in dem Augenblick nicht günstig, als er 1969 die Leitung des *ZDF-Magazins* übernahm, das immerhin für fast zwei Jahrzehnte nahezu das einzige und jedenfalls wirkungsvollste Organ eines entschiedenen Antikommunismus war, bevor es den Angriffen der großen »Entspannungspartei« erlag. Aus den Erinnerungen von Ausgereisten, Flüchtlingen und Freigekauften wird jedoch evident, welche Unterstützung gerade diese Stimme und solche Publikationen wie die »Hilferufe von drüben« für Ausreisewillige und Oppositionelle in der DDR bedeuteten. Man muß aber hinzufügen, daß auch das »gewöhnliche« Fernsehen und die eher linksorientierten Korrespondenten etwa des *Spiegel* und der ARD eine Hilfe für diese Oppositionellen waren, daß das Regime in den achtziger Jahren – ohnehin durch Vorteilsgewährung im »innerdeutschen« Handel, durch die Zahlungen für Straßenbenutzung sowie Frei-

160

käufe und auch durch die Gewährung von Milliardenkrediten ökonomisch vom Westen zunehmend abhängig (oder den Westen, wie Honecker meinte, mit dessen eigenen Mitteln geschickt schlagend) – alles zu vermeiden suchte, was in der westlichen Öffentlichkeit zu Aufsehen und Empörung geführt hätte.

Dies war eine der Hauptvoraussetzungen für die Opposition im Umkreis der evangelischen Kirche, die während der achtziger Jahre die letzte, aber auch wirksamste und auffallendste Form des aktiven Widerstands war. Ein gutes Beispiel ist der Pfarrer Rainer Eppelmann, der im Jahre 1993 sehr offenherzig, aber ohne Triumphalismus, darüber berichtete. Er scheut sich nicht, eine Tatsache offenzulegen, die in den fünfziger Jahren für die Staatssicherheit eine schlechthin tödliche Waffe gewesen wäre, nämlich daß sein Vater ein SS-Unterscharführer in der Wachmannschaft von Buchenwald und Sachsenhausen gewesen war und daß seine Mutter der NSDAP als Mitglied angehört hatte. Hier hätte sich also, nach dem in der DDR üblichen Prinzip der Sippenhaftung, eine Filiation zwischen dem Nationalsozialismus und dem Widerstand gegen das DDR-Regime konstruieren lassen. Aber als Eppelmann nach mancherlei Schwierigkeiten sein Theologiestudium abgeschlossen und 1975 die Samaritergemeinde in Berlin übernommen hatte, da war die Zeit nach dem Helsinki-Abkommen schon angebrochen, das Honecker deshalb unterschrieben hatte, weil es die Unantastbarkeit der Grenzen festlegte, das aber auch den Menschen aller Unterzeichnerstaaten »Menschenrechte« gewährleistete. Somit waren die harten Zugriffe früherer Zeiten nicht mehr möglich, solange die Oppositionellen einige Vorsicht an den Tag legten.

Eppelmann war in erster Linie von der Erinnerung an die »Millionen von Opfern« bewegt, welche die harten Jahrzehnte der SED-Herrschaft gekostet hatten, und gleichzeitig von den gegenwärtigen Erfahrungen, die er innerhalb seiner Gemeinde machte, nämlich von der Angst und den Nöten all derer, die sich von dem ideokratischen Anspruch des Regimes und von seiner

Selbstgewißheit bedrängt fühlten, »auf der Seite der Sieger der Geschichte« zu stehen und deshalb bis zum weltweiten Siege mit der Sowjetunion (und ihren durchweg immer noch als »Besatzung« empfundenen Truppen) in einem unzerreißbaren Bunde vereint zu sein. Als sehr modern denkender, Rudolf Bultmann und Dorothee Sölle nahestehender Pfarrer zog er eine moderne, durchaus unkirchliche Jugend an und veranstaltete »Blues-Messen«, die Tausende von Teilnehmern aus der ganzen DDR nach Berlin reisen ließen. Diese waren zu sehr kirchliche Veranstaltungen, als daß das Regime sie zu verbieten gewagt hätte, und zu sehr politische Kundgebungen, als daß sie auf den Raum der Kirchengläubigen beschränkt gewesen wären. Im Keller des Pfarrhauses befand sich eine Druckmaschine, die nötigen Matrizen wurden von westlichen Journalisten mitgebracht, und die verteilten Texte wurden »immer aufmüpfiger und offener«.[19]

Zwar wurde Eppelmann, der auch mit Havemann Kontakt aufgenommen hatte, mehrfach verhaftet und verhört, und es galt immer noch als schlimmes Delikt, wenn bei der Hausdurchsuchung Bücher wie Wolfgang Leonhards *Die Revolution entläßt ihre Kinder* oder gar Solschenizyns *Archipel Gulag* gefunden wurden, aber immer wieder kamen die Westmedien und auch die Kirchenleitung Eppelmann zur Hilfe. Zwar kritisiert Eppelmann im Rückblick die der SED gegenüber versöhnliche Politik der Kirchenleitung und ihres Sprachrohrs Manfred Stolpe sehr heftig und nicht minder die Haltung vieler Intellektueller in der Bundesrepublik, die im Verlust der deutschen Einheit die angemessene, von der Bevölkerung der DDR auf praktische und von ihnen selbst auf theoretische Weise zu leistende Sühne für »die deutschen Verbrechen« erblickten, aber es ist doch zweifelhaft, ob er ohne diese Atmosphäre hätte überleben und wirken können.

Im Herbst 1989 waren Flucht und Widerstand fast nicht mehr unterscheidbar, und so wurden sie zu einem wesentlichen Faktor bei dem Sturz des Regimes, wenn auch keineswegs zu dem ein-

162

zigen. Die Massenflucht in die Deutschen Botschaften in Prag, Budapest und Warschau hätte nicht stattgefunden, wenn die Regierung der Bundesrepublik nicht an dem letzten Rest jener alten »Substanz der deutschen Politik«, der Übernahme einer »Obhutspflicht für alle Deutschen«, trotz der starken Gegentendenzen festgehalten hätte. Und die Massendemonstrationen auf den Straßen Leipzigs und Berlins hätten schwerlich zustandekommen können, ohne daß Gorbatschow bei seinem Besuch der Feiern zum 40. Jahrestag der Gründung der DDR grünes Licht für die »friedliche Revolution« gegeben hätte, aus welcher der Untergang des SED-Regimes resultierte.

Aber dieser Untergang hätte zu einer chaotischen Situation und nicht zur Wiedervereinigung Deutschlands geführt, wäre nicht die Bundesregierung – oder vielleicht auch nur das System – so klug gewesen, die europäischen Verbündeten immer wieder auf die Unterstützung der Wiedervereinigung festzulegen und ihnen dabei das Empfinden zu vermitteln, daß sie die Selbstverpflichtung nie würden realisieren müssen. Doch auch diese widerstrebende Unterstützung hätte nichts bewirkt, wären nicht die USA als der größte Verbündete fest und verläßlich gewesen und hätte nicht ihr Hauptgegner im Kalten Krieg, die Sowjetunion, ihre Zustimmung zum Verbleib des vereinigten Deutschland im nordatlantischen Bündnis gegeben. So führten gerade die beiden großen Siegermächte des Zweiten Weltkrieges, wenngleich aus sehr unterschiedlichen Positionen heraus, dem größeren Staat in Deutschland den kleineren wieder zu und machten damit ein Ereignis möglich, das kein isoliert nationales Ereignis war und doch die Reste gesamtnationalen Empfindens sowohl in der DDR wie in der Bundesrepublik zur unerläßlichen Voraussetzung hatte.

V. Erinnerung und Vergessen
in der ehemaligen DDR
und die ersten gesamtdeutschen Debatten

Schon der Untergang des Regimes bedeutete auch eine Befreiung der Erinnerung, ansatzweise bereits unter der Regierung des »Reformkommunisten« Hans Modrow, ungefesselt in den Übergangsmonaten der Regierung der Christlichen Demokraten, sich festigend und auch auf die alten Bundesländer sich ausdehnend nach dem formellen Akt der Wiedervereinigung am 3. Oktober 1990. Zwar konnte jedermann in der alten Bundesrepublik über die Vorgänge des Jahres 1945, über die sowjetischen Internierungslager, über die politische Verfolgung der fünfziger Jahre, über die Fluchtversuche hinweg über Mauer und Grenzbefestigungen und über die Freikaufaktionen unterrichtet sein, auch wenn er nicht zu den unmittelbar Betroffenen gehörte. Die monumentale Dokumentation der *Vertreibung* der *Deutschen aus den Ostgebieten* lag seit langem vor; die Bücher von Karl Wilhelm Fricke und Wolfgang Schuller boten gründliche Information; die Flüchtlingsberichte von Erika von Hornstein waren 1960 zum erstenmal publiziert worden, und für Forscher war eine Unzahl ähnlicher Berichte in Archiven zugänglich; der Verband der deutschen Studentenschaften veröffentlichte bis 1962 Jahr für Jahr seine *Dokumentation des Terrors*, in der die Namen der verhafteten oder verschwundenen Professoren und Studenten aufgeführt waren; das Ministerium für Gesamtdeutsche Fragen brachte eine Fülle von Literatur über die SBZ bzw. die DDR heraus. Aber jene Dokumentation, die sich unmittelbar nur auf die Gebiete jenseits der Oder oder Neiße oder auf die Sudetengebiete bezog, wurde mit ihrer überwältigenden Fülle von Grausamkeiten und Unmenschlichkeiten nur einem eng begrenzten

Kreis von wissenschaftlichen Interessenten zugänglich gemacht. Die Bücher von Fricke und Schuller waren umfangreich und in ihren juristischen Teilen für Laien nicht ganz leicht zu lesen; der Dachverband der Studenten wandte sich nach 1962 dem Kampf gegen den Kapitalismus und den amerikanischen Imperialismus zu; das Ministerium für Gesamtdeutsche Fragen wurde schon in den Anfangszeiten der Entspannungspolitik von Herbert Wehner auf eine weniger kämpferische Linie gebracht; ein Buch wie das von Hermann Just über *Die sowjetischen Konzentrationslager auf deutschem Boden 1945–1950* übte schon bei seinem Erscheinen 1952 nicht entfernt dieselben Wirkungen aus, wie es Kogons *SS-Staat* sechs Jahre zuvor getan hatte; die »Materialien zur Lage der Nation«, von der Bundesregierung in Auftrag gegeben und seit 1971 von Peter Christian Ludz verantwortet, legten ein hohes Maß an Verständnis für die DDR als Staat und als Gesellschaftssystem an den Tag.

So geriet dieser Aspekt der Frühgeschichte der DDR in der Bundesrepublik seit dem Beginn der siebziger Jahre in Vergessenheit, und in der DDR war die Erinnerung daran von jeher verboten gewesen. Von 1990 an war die Situation eine andere. Bürgerkomitees gingen daran, die Akten der Staatssicherheit in Beschlag zu nehmen und für die künftige »Aufarbeitung« zu sichern; die »Bürgerrechtler«, durch den »Runden Tisch« an der Regierung beteiligt, waren fast durchweg Verfolgte oder Unterdrückte gewesen; an vielen Orten bildeten sich Gruppen des »Bundes stalinistisch Verfolgter«; erst jetzt trat ins öffentliche Bewußtsein, daß Buchenwald und Sachsenhausen keineswegs bloß »Nazi-KZs« gewesen waren, sondern daß dort nach 1945 Zehntausende von Menschen eingesperrt gewesen und zum guten Teil gestorben waren, daß also die Monumentalisierung dieser Lager als »nationaler Gedenkstätten« zwar nicht auf blanker Lüge, wohl aber auf einer ungeheuerlichen Einseitigkeit beruht hatte. An vielen Stellen kamen nun die Erinnerungen der Internierten, der willkürlich Verhafteten, der wegen Republikflucht Bestraften heraus. Auch für das Publikum in der alten Bundesrepublik war es neuartig und überraschend, daß nun sogar ein Film über die Schicksale jener deutschen Frauen gedreht werden konnte, die als junge Mädchen wieder und wieder vergewaltigt und dann in wochenlangen Transporten nach Sibirien verschleppt worden waren, um von dort, sofern sie überlebten, nach langen Jahren schwerster Arbeit mit ruinierter Gesundheit in die DDR oder auch in die Bundesrepublik zu kommen, wo sie ihre Erfahrungen entweder verbergen mußten oder aus Scham angesichts des mangelnden Interesses der Öffentlichkeit verschwiegen.

Mit dem Wiederauftauchen so vieler verdrängter oder verbotener Erinnerungen mußte ein Fortstoßen in die Vergessenheit Hand in Hand gehen. In der DDR waren ja nicht etwa nur bestimmte Erinnerungen verboten gewesen, sondern man hatte der Bevölkerung eine andere Art der Erinnerung und des Geschichtsverständnisses aufgezwungen. Die Grundzüge der Erinnerungen und des Geschichtsbildes der Kommunisten fanden zwar viel Zustimmung in der Bevölkerung, soweit sie mit dem Geist des Nachkriegs-Antifaschismus übereinstimmten: daß Bismarck die Arbeiterbewegung vergeblich zu unterdrücken versucht habe, daß die Revolution von 1918/19 durch den Verrat der Mehrheitssozialdemokratie gescheitert sei, daß Hitler durch die Unterstützung der Ruhrindustriellen zur Macht gelangt sei, daß die Kommunisten die tapfersten und opferwilligsten aller Widerstandskämpfer gewesen seien. Es war jedoch purer Zwang, wenn die Häftlinge ausgesprochene Parteilieder singen mußten und sich mit einer Gruppierung des Spanischen Bürgerkrieges identifizieren sollten:

»Vor Madrid auf Barrikaden in der Stunde der Gefahr
mit den Interkampfbrigaden, das Herz voll Haß geladen,
Stand Hans der Kommissar.«

166

Aber den Gipfel erreichte die Überlagerung der eigenen Erinnerung durch eine fremde erst, als gesungen werden mußte:

>Tausende Panzer durchfuhren das Land.
Hinter sich Krieg und Verderben,
Weiten sowjetischer Erde verbrannt,
Städte in Trümmern und Scherben.«[1]

Es klang zwar ähnlich, als eine sozialdemokratische Zeitung bald nach dem Ende des Krieges die Zeilen veröffentlicht hatte:

»Sie standen in Frankreich und Polen
Sie standen an Wolga und Don
Sie haben geraubt und gestohlen,
nun wissen sie nichts mehr davon«,

aber das war eine Kritik von innen gewesen; die »Tausende Panzer« dagegen wurden von sowjetischen Augen gesehen, und diese Sicht, diese Erinnerung wurde den deutschen Augen, der deutschen Erinnerung aufgedrängt. Eins war allerdings unmöglich, nämlich die eigene Erinnerung dadurch zurückzugewinnen, daß man sich nun mit Hitlers Panzern identifizierte und das Lied mit leicht abgewandeltem Text in der Art von »Und heute gehört uns Deutschland und morgen die ganze Welt« sang. Das heilsame Vergessen konnte nicht in der bloßen Umkehrung der aufgezwungenen Erinnerung bestehen. Man konnte dem Unterdrücker und seinen Gefolgsleuten nicht völlig unrecht geben, aber vor dem Versuch des Durchdringens und der Aufarbeitung mußte der Heilschlaf des Vergessens stehen. Dem Vergessen mußten auch Szenen wie die anheimfallen, daß der DDR-Bürger in seinem »Wartburg« auf der Rückfahrt aus der Sowjetunion vor dem Grenzübergang in Brest neben dem Mercedes des Bundesbürgers stand und nach Stunden noch geduldig wartete, während der Landsmann aus dem Westen, von dem Wachtposten sogleich herangewinkt, die Untersuchung bereits hinter sich hatte und über die Brücke des Bug nach Polen rollte. Wenn der »DM-Nationalismus«, von dem westdeutsche Intellektuelle so verächtlich sprachen, weiter nichts gebracht hätte als die Gleichbehandlung der so lange Gedemütigten in den Ländern des ehemaligen Ostblocks, dann wäre er ein Triumph der Menschenwürde gewesen.

Bedrückende Erinnerungen dieser Art teilten nahezu alle Bewohner der ehemaligen DDR, nicht aber die Erinnerungen an Verhaftung, Internierungslager und Zuchthaus. Vielleicht hatten die Erinnerungen von nicht unmittelbar betroffenen Intellektuellen, die aus der Distanz heraus auch immer schon Interpretationen waren, größere Aussicht, Allgemeines zum Ausdruck zu bringen. Kaum jemand hat seine Sicht der Dinge so gut zu formulieren verstanden wie Jens Reich, der eine Zeitlang Mitglied des »Runden Tisches« und der Volkskammer sowie des Bundestages war und schließlich von einem Kreis westdeutscher Publizisten als Kandidat für die Wahl zum Bundespräsidenten im Jahre 1994 vorgeschlagen wurde. Schon der Buchtitel *Rückkehr nach Europa* bringt ein Grundempfinden zum Ausdruck, das er mit vielen tschechischen, polnischen und ungarischen Intellektuellen teilte. Diese Rückkehr ist für ihn offenbar nicht ein Rückfall oder eine bloße Reaktion, wie Kommunisten sie verstehen würden, sondern sie ist eine Abkehr von »Absurdistan«, von diesem »Pseudosozialismus«, »diesem Unstaat, dieser Halb-Nation«. Seine persönliche Erinnerung ist die eines Mannes von »hoffnungslos bürgerlicher« Abkunft, dessen Großvater als Intendanturrat während des Krieges nach seiner festen Überzeugung nichts Unrechtes getan hatte und doch den Rest seiner Tage »als Kriegsverbrecher« in Rußland zubringen mußte und dessen Vater, ein Arzt, mit der überaus nationalen Begründung in der DDR geblieben war, dies sei deutsches Land und es werde zur Wüstung werden, wenn alle einfach wegliefen.

Was sein eigenes Leben angeht, so erinnert er sich besonders daran, daß er, Naturwissenschaftler und Angehöriger einer Universität, an »zahllosen und endlosen Sitzungen« teilzunehmen hatte, daß er kompromittierende Bücher wie Hitlers *Mein Kampf* und Solschenizyns *Archipel Gulag* aufs sorgfältigste versteckt halten mußte, daß er bei einer Familienfeier 1971 den stockenden und ratlosen Bericht zweier Geschwister hörte, »die in Rußland um 1937 als Kinder erlebten, wie eines Tages ohne Vorwarnung alle Männer im Dorf verhaftet wurden und auf Nimmerwiedersehen verschwanden«.[2] Was seine Mitmenschen in der DDR betrifft, so muß er feststellen, daß viele die Stasi immer noch fürchten, weil sie »die Erinnerungsbilder, die seelischen Imprints, nicht so schnell löschen können«. Zwar beziehen sich diese Erinnerungsbilder in der Regel nicht mehr auf die unmittelbare Nachkriegszeit und die schrecklichen fünfziger Jahre, aber auch die späte Stasi produzierte »paranoide Wahnsinnige, seelisch Zerstörte«, wenn auch nicht mehr Leichen.[3] Für seine ganze Generation und in der Sache für die volle Lebensdauer der DDR gilt: »Wir wurden als Kinder zur Scham für Deutschland erzogen«, und die Folgen waren in der Bundesrepublik nur anders, aber kaum weniger tiefgreifend als in der DDR: »Eine skeptische Generation lang ist Verdrängung gelungen: Man war Weltbürger, Europäer, die Bundesrepublik war ein Eigenheim mit Komfort, ohne gefühlige Bindungen.«

So ist es kaum verwunderlich, daß Reich nicht in dieses Europa der Bundesrepublik zurückkehren will; und er gelangt zu der überaus paradox scheinenden Aussage, mit dem Zusammenbruch der DDR sei er innerlich DDR-Bürger geworden und er werde es bis ans Ende seiner Erdentage bleiben. Das heißt natürlich nicht, daß er nun zum Anhänger der PDS oder gar Honeckers geworden ist, sondern daß ihm erst jetzt ganz bewußt wird, wie verschieden die Erfahrungswelten waren, in denen die Bewohner der DDR und die Bürger der Bundesrepublik lebten. Deshalb fühlt er sich im Bundestag den westdeutschen Abgeordneten gegenüber fremd, deshalb beklagt er die (angebliche) Tatsache, daß die ehemalige DDR nun zur Kolonie des Westens wird, deshalb fordert er im Januar 1991 die ehemaligen DDR-Bewohner auf: »Wir müssen unsere Herkunft, unsere Vergangenheit annehmen – wir dürfen sie nicht verdrängen.«[4]

Ein ähnliches Postulat hätte auch Erich Honecker aufstellen können, aber für ihn hatte die Erinnerung weiterhin einen ganz anderen Gehalt, wie sich schon zeigte, als er sich 1990 zwei Interviewpartnern gegenüber sehr ausführlich äußerte. Zwar ist er sich darüber im klaren, daß das »in vierzig Jahren Errungene« jetzt dahinschmelzen wird, aber er behauptet mit großer Zuversicht: »Die Erinnerung daran wird nicht vergehen.« Kein Zweifel besteht für ihn darüber, daß der Weg seiner Partei »der einzig richtige« war, denn sie habe nur Wege gesucht, »zu einer wirklichen Gemeinschaft« zu gelangen. Es werde die Zeit kommen, wo die heutigen Flüchtlinge und Kritiker sich »nach der Geborgenheit zurücksehnen« würden, welche die DDR ihren Bürgern geboten habe. Nach wie vor ist er davon überzeugt, »für die gerechteste Sache der Welt« eingetreten zu sein, »für die Völkerbefreiung«. Daß heute auch in Polen und Rumänien die Lenin-Denkmäler gestürzt werden, scheint ihm »den Sinn der Oktoberrevolution in Frage zu stellen«, und eine solche Infragestellung sieht er offensichtlich als unbegreifliches Verbrechen an.[5]

Leicht begreiflich sind dagegen die Ereignisse, die zu seinem Sturz führten: Die Botschaftsbesetzungen in Prag und Warschau waren »inszeniert«, die Mitglieder des Politbüros Mielke, Schabowski und Krenz trieben ein »schändliches Spiel«, das den Weg für alle gegenrevolutionären Kräfte und destruktiven Elemente öffnete. Diese Führung sei »dem Ruf des nah- oder ferngesteuerten Volkes gefolgt, anstatt dafür zu sorgen, daß das Volk ihr folgt«. Heute herrsche in der DDR eine Sippenhaft, »schlimmer als bei den Nazis«. Wieder regiere das »Wolfsgesetz« des Kapitalismus. Fast alle sehr vorsichtig vorgebrachten Einwände weist er brüsk zurück: Die sowjetische Zeitung *Sputnik* sei mit Recht verboten worden, denn es sei empörend, daß die Kommunisten dort beschuldigt worden seien, »schuld gewesen zu sein am Ausbruch des Zweiten Weltkrieges und am Überfall Hitlerdeutschlands auf die Sowjetunion«; der Liedersänger Wolf Biermann habe »das eigene Nest dreckig gemacht«; über Härten solle man sich nicht beklagen, denn »wo gehobelt wird, fallen Späne«. Auf die Frage, ob es ihm nicht leid tue, daß etwa 200 Menschen an der Mauer getötet worden seien, antwortet er: »Mir tun unsere 25 Genossen leid, die meuchlings an der Grenze ermordet wurden.«[6]

Aber die Starrheit, das Nicht-Sehen-Wollen und die Erbarmungslosigkeit gegenüber Feinden waren keine Eigenschaften, die Honecker erst seit seinem Sturz gewonnen hätte. Sie waren vielmehr für einen Glauben kennzeichnend, welcher »der gerechtesten Sache der Welt« gegen wolfsartige Feinde zum Durchbruch verhelfen will. Honecker mußte jedoch nicht nur die Toten an der Mauer und die Umgekommenen der Internierungslager und Zuchthäuser vergessen oder verdrängen, sondern er konnte auch kein Wort ernster Kritik an Stalin äußern, und daher war es in hohem Grade symptomatisch, daß er in seiner Autobiographie Chruschtschow mit keinem Wort erwähnt.

Die Kernfrage für die deutsche Zukunft lautete: Wessen Erinnerungen würden die stärkste Kraft haben und sich durchsetzen? Es war höchst unwahrscheinlich, daß die Art und Weise, wie Honecker sich erinnerte, zum Paradigma werden würde, denn die Folge müßte eine erneute Separierung der DDR oder ein kommunistisches Gesamtdeutschland sein. Aber es war auch nicht wahrscheinlich, daß die schroff entgegengesetzten und ganz erstaunlichen Erinnerungen eines entschiedenen Gegners von Honecker für die Masse der ehemaligen DDR-Bürger zu einem Bild werden könnten, in welchem sie ihre früheren Erfahrungen und Verhaltensweisen, wie in einem Brennglas gespiegelt und verstärkt, wiedererkennen würden: Josef Kneifel, der im März 1980 das sowjetische Panzermonument bei Karl-Marx-Stadt (Chemnitz) sprengte und dann im Zuchthaus den zähen

Mut hatte, sich inmitten dauernder Mißhandlungen immer wieder auf die Routine-Fragen nach seiner Identität als »Politischer Gefangener der Kommunisten« zu melden und seine Wärter als »Kommunistenhunde« anzureden.[7] Irgendwie müßte eine mittlere Linie zur Vorherrschaft gelangen, und die radikalen Gegensätze würden nur in geduldeten Nischen ihr Dasein führen. Aber »neutral« könnte die mittlere Linie gleichwohl nicht sein, selbst wenn sie von Honecker nur die Rückwendung zur einstigen »Sicherheit« übernähme und von Kneifel die Erinnerung an die leeren Läden und die Stasi.

Auch im Hinblick auf die Vergleiche mußte die Frage gestellt werden, welche Vergleiche die einleuchtendsten sein und die lebendigsten bleiben würden. *Daß* aber Vergleiche angestellt werden würden, war unvermeidlich. Schon die einfachen Erlebnisberichte steckten voller direkter und indirekter Vergleiche, und der Bezugspunkt war außer in der Parteipropaganda, wo von der »amerikanischen Gestapo« die Rede war und Adenauer als neuer Hitler erschien, durchweg das Dritte Reich. »Ihr Nazi-Schweine« schrie Timo Zilli die Volkspolizisten an, die ihn auf dem Bahnhof Friedrichstraße verhafteten und schlugen[8]; bei ihren Protesten gegen die Methoden der Bodenreform warf die frühe CDU der SED »Nazi-Methoden mit umgekehrter Zielrichtung« vor; als die Universitätskirche in Leipzig gesprengt wurde, sagte eine Studentin: »Sie werden dieses Land völlig ruinieren wie die Nazis vorher.«[9] Daß die Staatsanwälte bei Prozessen »wie Freisler« gebrüllt hätten und daß die Richter »dem nationalsozialistischen Volksgerichtshof zur Zierde gereicht hätten«, war häufig der Eindruck von Angeklagten; daß der »Boykotthetzeparagraph« und das nationalsozialistische Heimtückegesetz einander sehr ähnlich waren, wurde offenbar so häufig festgestellt, daß die SED ausdrücklich dagegen polemisieren mußte; daß die »Giftschränke« in den Bibliotheken sich von der nationalsozialistischen Bücherverbrennung nur durch den Mangel an Symbolgehalt unterschieden, dürfte nicht wenigen

Studenten in den Sinn gekommen sein, denn sie enthielten keineswegs bloß »faschistische« Literatur.

Der Vergleich der Volkspolizisten oder auch der »Betriebskampfgruppen« mit den SA- oder SS-Männern wurde sehr häufig angestellt, ja in einzelnen Erzählungen wird der Vergleich bis zum äußersten Punkt geführt: Ein ehemaliger Häftling berichtet, er sei, als er 1950 gegen das Berliner Pfingsttreffen der FDJ mit Flugzetteln Propaganda gemacht habe und dann verhaftet worden sei, splitternackt in den Keller des Untersuchungsgefängnisses geführt worden und da habe in einer Ecke »ein riesiger Haufen Brillen« gelegen, im nächsten hätten sich große Haufen von Herren- und Damenschuhen befunden und nebenan seien »Berge von Menschenhaar« zu sehen gewesen. Als sie sich dann unter eine Massendusche hätten stellen müssen, »fielen mir die Vergasungsanlagen der Nazis in den KZs ein«.[10] In diesem Falle ist zu vermuten, daß eine durch Erzählungen und Schulunterricht vermittelte Vorstellung die wirkliche Erinnerung überlagerte, aber Termini wie »Todeslager«, auf Jamlitz oder Ketschendorf bezogen, schlossen den Vergleich, ja die Gleichsetzung auch ohne ausdrückliche Bezugnahme ein.

Nach dem Zusammenbruch ergaben sich Vergleiche anderer Art, subjektive und objektive. Sehr bald wurden Bösewichter in der Umgebung Honeckers ausfindig gemacht, namentlich Günter Mittag, denen die Verantwortung für das Ende zuzuschreiben sei – nicht anders, als in den Erinnerungen führender Nationalsozialisten nach 1945 Männer wie Bormann oder Himmler als solche Bösewichter identifiziert worden waren. Wie einst Hitler warf man jetzt Honecker »Verrat an der Idee« vor, und in Aufzeichnungen eines Politbüromitgliedes aus den frühen achtziger Jahren, die nun ans Licht kamen, wurde Honeckers Politik sogar als »antikommunistisch« angeklagt.[11] Günter Mittag wiederum machte Honecker Unverständnis für ökonomische Grundtatsachen zum Vorwurf[12], ganz wie einige Nationalsozialisten nachträglich Hitler Vorwürfe gemacht hatten.

Es ist unwahrscheinlich, daß Markus Wolf die naheliegende Parallele zu Äußerungen führender Nationalsozialisten nach 1945 nicht aufgefallen sein sollte, als er im Hinblick auf die »Repressionen« unter Stalin schrieb: »Das Ausmaß der ungeheuerlichen Verbrechen konnten wir uns nicht vorstellen.«[13] Und wenn Helmut Eschwege, von Jugend auf Kommunist und antizionistischer Jude, im Rückblick von dem Stalinschen »Vernichtungskrieg gegen die jüdische Kultur« in der Sowjetunion spricht[14], dann müssen ihm, wie in anderem Zusammenhang Karl Wilhelm Fricke, »fatale Parallelen«[15] ins Auge gefallen sein. Ein bekannter Historiker wiederum legte sich die Frage vor, ob man nach den Enthüllungen über Gegensätze im Politbüro und über den Ressortgeist in den verschiedenen Machtorganen nicht auch bei der SED von »Polykratie« sprechen müsse, so wie man es seit geraumer Zeit beim Nationalsozialismus tue.[16]

Hie und da geriet sogar eine Ähnlichkeit in den Blick, die das SED-Regime stärker belastete als das nationalsozialistische: Es finden sich so zahlreiche Erzählungen, die vom Verrat durch nächste Familienangehörige berichten, daß sich die Frage aufdrängt, ob nicht die Überwachung der Einzelnen durch die Staatssicherheit viel stärker war als die durch die Gestapo und ob die Familien nicht unter weit stärkerem Druck standen. Diese letzte Fragestellung wurde im Rahmen der Arbeiten einer Kommission getroffen, die den offiziellen Auftrag zur »Aufarbeitung von Geschichte und Folgen der SED-Diktatur« hatte, der »Enquete-Kommission« des Bundestages unter dem Vorsitz Rainer Eppelmanns, der als letzter Verteidigungsminister der DDR amtiert hatte und nun Abgeordneter der CDU war. Es geschah aber auch im Rahmen dieser Kommission, die in Expertenvorträgen und Diskussionen eine Fülle von Details herausstellte, daß der ehemalige Planungschef der DDR Gerhard Schürer sagen konnte, er habe es als sehr wohltuend empfunden, »daß in diesen zwei Tagen nicht ein einziges Mal die Machtzeit der SED nur annähernd mit der Diktatur im Faschismus verglichen worden ist«.[17]

Es geht in der Tat über die Möglichkeiten einer Kommission hinaus, einen umfassenden Vergleich anzustellen oder aber zurückzuweisen. Ein solches Gesamturteil kann nur von Einzelnen umrissen werden, die keine bloßen Experten sind, obwohl auch in Expertisen und Einzeluntersuchungen in der Regel solche Gesamturteile enthalten sind, die aber meist nicht ausdrücklich artikuliert oder eingehend begründet werden. In ersten Ansätzen muß die »Aufarbeitung der Geschichte der DDR« also in Entwürfen erfolgen, die übergreifende Zusammenhänge herausarbeiten, aber selbstverständlich immer kritisierbar bleiben.

Wenn die DDR sich als Staat der großen Vergangenheitsbewältigung verstand, dann mußte ihr Untergang von all denen als betäubender Schlag erfahren werden, die diesen Anspruch zwar nicht uneingeschränkt, aber doch insofern anerkannt hatten, als für sie die Teilung Deutschlands die Sühne für Auschwitz und zugleich die Sicherung gegen eine etwaige Wiederaufnahme der unheilvollen und widermoralischen Politik des Dritten Reiches durch die Bundesrepublik war. Für sie wurde der Verdacht leitend, den der berühmteste Romanschriftsteller Deutschlands, Günter Grass, schon im Februar 1990 auf einer Tagung in Tutzing zum Ausdruck brachte: Auschwitz schließe einen künftigen Einheitsstaat aus, denn der deutsche Einheitsstaat sei die elementare Voraussetzung für Auschwitz gewesen, und wenn er jetzt ertrotzt werde, so werde ihm das Scheitern vorgeschrieben sein.[18] Dieses Scheitern müßte, konsequent gedacht, in der Wiederholung von Auschwitz bestehen, und eine so törichte These, welche die Vorbedingung mit der Ursache oder den Ursachen gleichsetzt, stellt auch Grass nicht auf. Seine tiefe Abneigung gilt dem möglichen Großmacht-Status als solchem, der die Erinnerung an glücklich vergessene Abschnitte der deutschen Geschichte wie etwa die Bismarck-Zeit mit positivem Akzent erneuern und dasjenige in die Vergessenheit stoßen könnte, was nie vergessen werden darf, eben die nationalsozialistische Judenverfolgung und Auschwitz.

Deshalb übte Grass genau acht Monate später, am 5. Oktober 1990, als der Jubel um den Akt der Vereinigung noch nicht verklungen war, eine Kritik an dem »Monstrum, das Großmacht sein will« und sich die DDR als »Schnäppchen« einverleibt, welche den neuen Staat innerlich zerstören müßte, wenn sie sich durchsetzen sollte: es handle sich lediglich um eine Markterweiterung im Interesse der großen Konzerne, welche die Menschen der ehemaligen DDR zu Deutschen zweiter Klasse mache (und trotzdem die Oder-Neiße-Grenze zu einer Wohlstandsgrenze zwischen West- und Osteuropa werden lasse), und daher den Fremdenhaß in den »neuen Bundesländern« freisetzen werde.

So werde die Utopie verdrängt und jeder Gedanke an einen »Dritten Weg« ausgeschaltet, und es drohe eine Umkehrung der Ergebnisse des Zweiten Weltkrieges, nämlich ein neues und diesmal ökonomisches Bündnis der einst geschlagenen Achsenmächte Deutschland und Japan. Die sich tendenziell selbsterfüllende Prophezeiung künftiger Nöte und »härterer Zeiten« verbindet sich mit der moralisch oder auch quietistisch begründeten Furcht vor einem neuen Weltzustand, in dem Realitäten wie »Macht« und »Selbstbehauptung« wieder an Gewicht gewinnen könnten. Diese ganze Argumentation ist letzten Endes in der Trauer über ein hingeschwundenes Konzept der Vergangenheitsbewältigung begründet.[19]

Auch der bekannteste deutsche Philosoph der Gegenwart erblickte im Einigungsprozeß einen geistlosen Expansionsvorgang ökonomischer Art, einen »DM-Nationalismus«, ein »deutsches Muskelspiel« von obszönem Aussehen. Dadurch wird nach Jürgen Habermas der glückliche Zustand eines konsequent aus der Tradition der Aufklärung herausgewachsenen »postnationalstaatlichen politischen Gemeinwesens« gefährdet, der in der Bundesrepublik immerhin ansatzweise erreicht war. Merkwürdigerweise ist Habermas aber bereit, den in der Bundesrepublik schon beinahe verwirklichten »Verfassungspatriotismus«, der alle überzeugten Demokraten der ganzen Welt in eine Gemeinschaft zusammenschließt und die »ethnischen« Unterschiede als reaktionäre Überbleibsel vergangener Zeiten geringschätzt, aufs Spiel zu setzen, indem er den Beitritt nach Artikel 23 bekämpft und ein plebiszitäres Verfahren nach Artikel 146 verlangt. Es ließ sich im März 1990 ja schwerlich übersehen, daß die Bevölkerung der DDR in höherem Maße »deutsch« geblieben war als die der Bundesrepublik, und ob der Marxismus der SED mit »Aufklärung« im Sinne von Habermas identisch war, mußte bezweifelt werden.

Auch für Habermas bedeutet Auschwitz den entscheidenden Kontinuitätsbruch, der die Deutschen außerstand setze, »ihre politische Identität auf etwas anderes zu gründen als auf universalistische staatsbürgerliche Prinzipien, in deren Licht die nationale Tradition nicht mehr unbesehen, sondern nur noch kritisch und selbstkritisch angeeignet werden« könne.[20] Aber entweder eignen sich nach Habermas die Engländer und die Franzosen ihre nationale Tradition unkritisch an, oder die postulierte Selbstkritik ist eine Selbstverständlichkeit und läßt die Differenz zwischen der Basis allgemeingültiger Prinzipien und der vollen Realität partikularer Identitäten unberührt. Verfassungspatriotismus kann den nationalen Patriotismus modifizieren und unter einen Vorbehalt stellen, aber er kann ihn nicht ersetzen.

Weder Grass noch Habermas äußern sich explizit zu dem nächstliegenden Vergleich, dem Vergleich der DDR mit dem nationalsozialistischen Regime. Beide tendieren vielmehr dahin, die Bundesrepublik und erst recht das wiedervereinigte Deutschland mit dem Dritten Reich zu vergleichen, wenn auch nicht gleichzusetzen. Dagegen hat einer der angesehensten deutschen Historiker, Christian Meier, die Prüfung dieses Vergleichs ausdrücklich zu seinem Thema gemacht.

Der Vergleich der beiden Epochen ist nach seiner Auffassung zwar »lehrreich«, aber Art und Ausmaß des angerichteten Unheils sind völlig unterschiedlich. »Kein Auschwitz, kein Weltkrieg, überhaupt vergleichsweise wenig Mordfälle diesmal.« Zwar läßt sich nicht leugnen, daß in der DDR die Überwachung und Unterdrückung gründlicher und umfassender war als im Dritten Reich, aber das lag daran, daß sich die Deutschen mit dem nationalsozialistischen Regime weitgehend identifiziert hatten, während in der DDR die Identifikation mit Staat und Regime gering war. Daher ist es leicht zu verstehen, daß die Vergangenheit NS-Deutschlands und damit die Erinnerung an »die deutschen Verbrechen« auch bald fünfzig Jahre nach Kriegsende nicht vergehen will. So schlimm die Geschehnisse in der DDR auch waren, sie leisten »dem Verstehen keinen solchen Widerstand«, sie haben »keine solche mythische Bedeutung wie die Vernichtung von sechs Millionen Juden«. Es ist nach Meier zwar »selbstverständlich, daß wir den Opfern des DDR-Regimes nicht nur großen Respekt, sondern auch Unterstützung schulden«. Daher ist es notwendig, sich tapfer den »möglichen Pauschalverurteilungen« entgegenzustellen. Nur so wird der bevorstehende Integrationsprozeß Erfolg haben, und so wird die Vergangenheit der DDR zur Geschichte werden. »Die andere Vergangenheit wird uns freilich bleiben.«[21]

Mit anderen Worten heißt das: Die Bewältigung der nationalsozialistischen Vergangenheit muß so weitergehen wie zuvor, sie kann nicht zur »Geschichte« (und damit, wie Meier freilich zu sagen unterläßt, auch nicht zum Gegenstand der Geschichtswissenschaft) werden, sie wird durch die unumgängliche Bewältigung oder Aufarbeitung der Geschichte der DDR nicht tangiert.

Aber Christian Meier vergleicht das Unvergleichbare.[22] Auschwitz, die Deportationen, das Sterben der sowjetischen Kriegsgefangenen: All das vollzog sich in einem großen Krieg, die DDR dagegen lebte vierzig Jahre im Frieden. Man darf also die vierzig Jahre DDR nur mit den sechs Friedensjahren des nationalsozialistischen Regimes von 1933 bis 1939 vergleichen. Dabei muß selbstverständlich berücksichtigt werden, daß die DDR im Gefolge eben dieses großen Krieges entstand, während das nationalsozialistische Regime allenfalls aus einem nie zum vollen Ausbruch gelangten Bürgerkrieg hervorging.

Daher wäre es unzulässig, die Feststellung zu isolieren, daß um die Jahreswende 1936/37 die Zahl der Konzentrationslagerhäftlinge in Deutschland weniger als 10 000 betrug, während in den Internierungslagern der DDR 1948/49 noch an die 100 000 Menschen lebten oder vegetierten. Nach kommunistischem Verständnis handelte es sich großenteils um »Kriegsverbrecher«. Aber die Nationalsozialisten verwendeten bekanntlich die Bezeichnung »Novemberverbrecher«, und es ist nicht einzusehen, welcher fundamentale Unterschied zwischen einem nationalsozialistischen Ortsgruppenleiter und einem kommunistischen Führer des Rotfrontkämpferbundes bestand. Die Wahrheit ist, daß beide Parteien ihre politischen Gegner einsperrten, soweit sie sie nicht umbrachten, und da ist um die Feststellung nicht herumzukommen, daß die Kommunisten mehr Gegner hatten als die Nationalsozialisten und daß sie tatsächlich, wie oben gezeigt wurde, in gewisser Weise »die ganze Gesellschaft« angriffen, obwohl man doch ebenfalls mit Recht sagen kann, daß sie sich auf elementare Tatsachen dieser Gesellschaft und auf die natürlichen Antipathien großer Gesellschaftsschichten stützten. Wenn man sich für einen Augenblick vorstellt, Anfang 1933 wäre, wie die KPD es wünschte, der Bürgerkrieg tatsächlich ausgebrochen und die Kommunisten hätten sich – der Wahrscheinlichkeit zuwider – durchgesetzt, dann hätten sie nach allem menschlichen Ermessen viele Hunderttausende ihrer Feinde, und keineswegs bloß Nationalsozialisten, in Konzentrationslager gebracht. Insofern ist die Proportion 10 000 : 100 000 doch im Vergleich haltbar, ja die letzte Zahl müßte mindestens verdreifacht werden, denn das Deutsche Reich hatte mehr als dreimal soviel Einwohner als die DDR.

Noch viel beweiskräftiger und weniger spekulativ sind aber die Zahlen der Vertriebenen. Man sagt häufig, bis zum Mauerbau hätten nahezu drei Millionen Menschen die DDR verlassen oder sie seien in die Bundesrepublik umgezogen. Das ist eine grob verharmlosende Ausdrucksweise. Die wenigsten dieser drei Millionen gingen freiwillig, weil sie in Westdeutschland bessere Lebensverhältnisse erwarten durften. Die meisten wichen, wie zahllose Flüchtlingsberichte unter Beweis stellen, einem unerträglichen Druck. Sie ließen ihren Beruf, ihre Wohnungen oder Häuser und ihre Habseligkeiten im Stich; sie gingen im Westen einer ungewissen Zukunft entgegen, und längst nicht alle durften auf die Hilfe von Verwandten rechnen. Es handelte sich also ganz überwiegend um Menschen, die vor einem politischen Regime flohen und mithin von diesem vertrieben wurden. Auch vor den Nationalsozialisten waren viele Menschen geflohen, auch sie waren Vertriebene. Aber die Zahl der politischen Emigranten betrug höchstens 50 000, und aus »rassischen« Gründen verließen bis 1939 etwa 250 000 das Land, zum guten Teil unter partieller Mitnahme ihrer Vermögen oder der ihnen zustehenden Pensionen.

Diese schlichten und leicht überprüfbaren Zahlenvergleiche anzustellen, bedeutet nicht, die Leiden und Schwierigkeiten der vielfältig bedrängten und seit 1935 der Staatsbürgerrechte beraubten Juden zu verringern oder zu verharmlosen oder auch die Unterschiede zu verkennen, von denen der wichtigste darin besteht, daß die Flüchtlinge aus der DDR ein verbrieftes Recht hatten, in der Bundesrepublik Aufnahme zu finden, während die Juden auf Visa und Einwanderungserlaubnisse angewiesen waren. Der Zahlenvergleich dient nur dazu, die quantitativen Proportionen sichtbar zu machen. Hätten auch die Nationalsozialisten ein Sechstel der Bevölkerung zur Flucht veranlaßt und also ausgetrieben, würden zehn Millionen Menschen Deutschland verlassen haben.

Freilich drängt sich ein Haupteinwand auf: Man darf nicht die »Friedensjahre« des Nationalsozialismus mit den Friedensjahren der DDR vergleichen, denn der Nationalsozialismus war innerlich auf den Krieg ausgerichtet, er mußte und wollte Krieg führen,

und eben das gilt nicht für die DDR. In diesem Argument steckt
ein Kern des Richtigen. Aber dabei sollte folgendes nicht übersehen werden: Die Deutschen klagten nach 1945 inmitten der
Ruinen ihres zerstörten Landes das nationalsozialistische Regime vor allem deshalb an, weil es diesen Krieg verursacht – und
verloren – hatte. Die Bewohner der DDR konnten allenfalls die
entfernte Analogie der Nicht-Wettbewerbsfähigkeit der Industrie und der verfallenen Bausubstanz heranziehen. Aber selbst
Honecker stellte nachträglich die Frage, ob er und seine Genossen absichtlich eine Kriegsgefahr in Kauf genommen hätten, als
sie 1961 entgegen den vertraglichen Abmachungen der Alliierten
eine Mauer durch die Stadt zogen, die unter juristischen Gesichtspunkten immer noch ein Viermächtegebiet war. Honecker
verneint die Frage mit der Begründung, daß gewisse Informatio-
nen aus den USA vorgelegen hätten.[23] Aber bekanntlich standen
sich am 13. August am Checkpoint Charlie amerikanische und
sowjetische Panzer schußbereit gegenüber, und ein kleiner Zufall hätte die schlimmsten Folgen haben können. Wenn man sich
vorstellt, daß in dem resultierenden Krieg keine Atombomben
verwendet worden wären und daß die Amerikaner, wie im Zweiten Weltkrieg, am Ende den europäischen Kontinent zurücker-
obert hätten, dann würden die überlebenden Einwohner der
DDR inmitten der Ruinen des Landes ihrer Führung ebenso
erbitterte Schuldvorwürfe gemacht haben, wie es alle Deutschen
nach 1945 gegenüber dem nationalsozialistischen Regime taten.
    Aber mit höchster Wahrscheinlichkeit hätten sich die Schuld-
vorwürfe gegen die Führung der Sowjetunion gerichtet, denn
ohne deren Zustimmung wäre die Mauer nicht gebaut worden.
Ähnliches gilt für die Beteiligung von DDR-Truppen an der
Besetzung der Tschechoslowakei im Jahre 1968. Vollgültig ist die
Analogie zum deutschen Angriff auf Polen indessen erst im Falle
des sowjetischen Einmarsches in Afghanistan, und hier bleibt als
Unterschied zurück, was man als »bloß verbal« abtun könnte:
daß die Sowjetunion behauptete, sie helfe den fortschrittlichen

Kräften Afghanistans in ihrem Kampf gegen die imperialistischen Feinde. Aber eben diese Begründung, ob Vorwand oder nicht, rief alte Erinnerungen wach.

Es ist ein bloßes Gedankenexperiment, sich vorzustellen, daß die Kommunisten 1933 in einem Bürgerkrieg die Oberhand hätten gewinnen können, aber es ist eine ganz einfache Feststellung zu sagen, daß die DDR viel zu klein und viel zu abhängig war, um einen Krieg zu beginnen und ein »Auschwitz« ins Werk zu setzen. Die DDR war ursprünglich eine Besatzungszone der Sowjetunion, und diesen Charakter hat sie nie völlig abzustreifen vermocht. Alle großen Entscheidungen waren sowjetische Entscheidungen. Alle einschneidenden Maßnahmen wiesen Analogien zu sowjetischen Maßnahmen auf, Analogien allerdings, die daraus hervorgingen, daß die Führung der DDR nicht aus bloßen »Kollaborateuren«, sondern aus Mitgliedern der gleichen Partei bestand.

Kriege »zur Befreiung von Klassengenossen von der Herrschaft der Imperialisten« hatte Sowjetrußland schon 1919 gegen die Ukraine, 1920 gegen Polen, 1921 gegen Georgien, 1926/27 durch massive Unterstützung der KPCh gegen das China der Kuomintang, 1939 gegen Finnland und 1940 durch überwältigenden Druck gegen Estland, Lettland und Litauen und in gewisser Weise sogar gegen Rumänien geführt. Derartige Kriege resultierten als Befreiungsaktionen aus dem Kern ihrer Ideologie: Wenn es richtig war, daß überall die Mehrheit des Volkes, die Arbeiter und die Bauern, durch eine schmale Schicht von Ausbeutern unterdrückt und ihrer Würde sowie ihrer Entfaltungsmöglichkeiten beraubt wurden, dann war es die Pflicht des einzigen »Arbeiterstaates«, den »Klassenbrüdern« zu Hilfe zu kommen, sobald diese sich nur einigermaßen regen konnten. »Verträge« durften kein Hindernis sein; sie waren gegenüber dem transzendentalen Recht »der Revolution« kraftlos. Eben diesen Grundgedanken verkündete die Sowjetunion in den zwanziger Jahren aller Welt, und sie verleugnete ihn keineswegs, als Stalin den »Sozialismus in einem Lande« aufbaute und nur mit der »Industrialisierung« beschäftigt zu sein schien.

Aber die wichtigste Voraussetzung der Befreiungskriege mit planetarischer Zielsetzung war der vollständige Sieg im eigenen Lande, und der setzte die Ausschaltung der Bourgeoisie, der alten Intelligenz und der selbständig wirtschaftenden, »kleinbürgerlich gesinnten« Bauern voraus.[24] Schon 1918/19 wurden in Sowjetrußland von Männern der Obersten Führung und auch aus den Massen heraus die Vernichtung von Millionen von Menschen gefordert. Ganze Klassen wie zum Beispiel die Kulaken wurden als »Spinnen«, »Schädlinge« und »Parasiten« bezeichnet. Es ist sehr die Frage, ob es sich dabei um Folgen des Bürgerkriegs und nicht vielmehr um dessen Voraussetzungen handelte. Jedenfalls war der Vernichtungswille gegenüber ganzen Klassen ebenso im Kern der Ideologie enthalten wie die Siegeserwartung gegenüber ausländischen Ausbeutern. Daß die Bolschewiki die »Partei des Bürgerkrieges« seien, wurde nach dem Putsch vom 7. November 1917, der sogenannten Oktoberrevolution, von allen anderen Parteien festgestellt, längst ehe der wirkliche Bürgerkrieg begonnen hatte. Die Bevölkerungsschichten, gegen die der Angriff der russischen Bolschewiki sich richtete, waren – wenngleich in anderen Proportionen – dieselben wie diejenigen, die später von der SED zum Verlassen des Landes gezwungen wurden. Bereits 1921 wurde die Opferzahl der russischen Revolution mit mehreren Millionen angegeben, wobei allerdings eine klare Unterscheidung zwischen Unterdrückungstoten, Kriegstoten und Hungertoten infolge kriegsbedingten Nahrungsmangels nicht getroffen werden konnte.

Der Angriff gegen die »Kulaken«, keineswegs von Stalin, sondern von der ganzen Partei geführt und sogar von den oppositionellen »Trotzkisten« geplant, forderte mindestens vier bis fünf Millionen Tote, denn diese »Großbauern« – nach europäischen Maßstäben dürftige Kleinbauern und durch eine beträchtliche Anzahl von »Kulakenfreunden« vermehrt – konnten nicht, wie die Bauern der DDR, in ein benachbartes Land flüchten, sondern sie kamen in den Steppengebieten vor Hunger um, in die man sie in wochenlangenTransporten deportiert hatte. In unmittelbarem Zusammenhang damit, von der Führung mindestens nicht verhindert und aller Vermutung nach sogar gewollt, stand die entsetzliche Hungersnot in der Ukraine während der Jahre 1932 und 1933, die ihrerseits mehrere MillionenTote forderte.

Die »große Säuberung« der Jahre 1937/39 dagegen, die die Lager des Gulag nun nicht mehr bloß mit Hunderttausenden, sondern mit Millionen von »Volksfeinden« füllte und mindestens eine Million dem Tode überantwortete, ging nicht aus der Ideologie hervor, sondern richtete sich zugunsten des Parteiführers, Stalins, gegen große Teile der Partei selbst. Die Frage ist, ob die einheitliche, allen innerparteilichen Angriffen enthobene Führung eine Notwendigkeit für den Staat war, der nach weitverbreiteter Überzeugung der höchsten Bewährungsprobe in dem von jeher für unvermeidlich erklärten neuen Weltkrieg entgegenging. Es ist lächerlich zu behaupten, in der Sowjetunion Lenins und Stalins habe es kein Analogon zu »Auschwitz« gegeben. Die Opferzahl war erheblich höher, und die Frage kann nur sein, ob gleichwohl in Intention und Ausführung ein wesentlicher Unterschied gegeben ist.

Die DDR war nichts anderes als ein kleines und spätes Anhängsel der Sowjetunion; es kann nichts Groteskeres geben, als sie für sich mit dem nationalsozialistische Deutschland zu vergleichen und dadurch Konsequenzen für die deutsche Vergangenheitsbewältigung aus dem Wege gehen zu wollen. Bekanntlich vollzog sich in der Sowjetunion schon seit Chruschtschows Geheimrede von 1956 eine erstaunliche Vergangenheitsbewältigung, die sogar nach der Darstellung des obersten Parteiführers einen ernsthaften Vergleich mit dem nationalsozialistischen Deutschland der Jahre 1933 bis 1939 ausschloß. Sie erreichte mit Solschenizyns *Archipel Gulag* einen weiteren Höhepunkt, und sie wurde im Rahmen von Gorbatschows »Perestroika« wieder aufgenommen. Nach dem Zerfall der Sowjetunion im Jahre 1991 nahm sie tief bewegende Formen an, obwohl sie von der neuen Staatsspitze nur mäßig unterstützt und schon gar nicht von außen aufgezwungen wurde: Formen der Verzweiflung eines großen Volkes ob einer Vergangenheit, der gegenüber selbst der Vergleich mit Hitler und dem Nationalsozialismus unzulässig und unzureichend erschien. In Deutschland nimmt man davon nur auf isolierende und spezialistische Weise oder gar nicht Kenntnis.

Gleichwohl wäre es irreführend, nur voller Entsetzen den Blutstrom zu beschreiben, der seit 1917 sogar in scheinbar friedlichen Jahren durch dieses unglückliche Land floß, und sich mit der Aussage zu begnügen, daß die DDR ein kleines und spätes Anhängsel gewesen sei. Nicht minder unzulässig wäre es, über einen quantitativen Vergleich der Opferzahlen des kommunistischen und des nationalsozialistischen Regimes nicht hinauszugehen.

Aus dem Kern der marxistischen Ideologie erwuchs der Wille, die »Klassenfeinde« niederzuwerfen; wenn nötig, mit gewaltsamen Mitteln. Aber Marx setzte voraus, daß die Zahl dieser Feinde infolge der geschichtlichen Entwicklung mit ihrer Polarisierung der Gesellschaft in die »ungeheure Mehrzahl« der Ausgebeuteten und eine winzige Minderheit von »Kapitalmagnaten« gering sein würde, so daß man möglicherweise die ehemaligen Kapitalisten sogar als industrielle Geschäftsführer in den Dienst des Proletariats würde stellen können. Marx postulierte nicht einen Bürgerkrieg gegen eine Mehrheit von Bauern und Kleinbürgern. Die weitere Entwicklung sollte zeigen, daß in den Industriestaaten die Zahl der Bauern auf einen geringen Prozentsatz sank. Aber in gleichem Ausmaß stieg die Zahl jener mittleren und vermittelnden Existenzen, die man Mittelschichten oder Kleinbürger nennt. Marx schätzte die Entwicklung der modernen Gesellschaft in der einen Weise richtig und in der anderen falsch ein. Die Partei, die sich auf ihn berief und im »bewaffneten

Aufstand« die gesamte Macht ergreifen wollte, würde sich immer nur durch Bürgerkrieg und umfassende Vertreibungen oder Verschickungen durchsetzen. Aber die Absicht, unter die sie ihr Tun stellte, die Errichtung einer weltweiten Gesellschaft von freien und gleichen Menschen, erregte als solche bei vielen Liberalen große Sympathien.

Die deutschen Kommunisten waren auch nach 1945 nicht eine Gruppe von bloßen Kollaborateuren, und die DDR war doch mehr als ein Anhängsel der Sowjetunion. Auf ein kommunistisches Deutschland, auf die »Deutsche Demokratische Republik«, hatte Lenin 1918/19 gehofft, dem es an Bewußtsein für die marxistische »Unzulässigkeit« einer isolierten russischen Revolution nicht fehlte; dieser DDR hatten Trotzki, Sinowjew und auch Stalin 1923 ins Leben zu helfen versucht, als sie russische Militärexperten nach Deutschland schickten, um die bevorstehende und geplante Revolution zu unterstützen. Eine DDR schwebte vermutlich 1933 Stalin vor, als er glaubte, die Machtübernahme Hitlers werde nur ein kurzes Vorspiel vor dem Triumph des Kommunismus sein. Von seiner Hochschätzung einer als tendenziell gesamtdeutsch gedachten DDR legt noch das Telegramm ein erstaunliches Zeugnis ab, das er am 13. Oktober 1949 an Wilhelm Pieck und Otto Grotewohl schickte. Die deutschen Kommunisten hatten gute Gründe, sich als Mit- und Vorkämpfer einer Weltpartei und nicht als bloße Kollaborateure einer Besatzungsmacht zu fühlen.

Aus dem Abstand von mehr als 75 Jahren nach 1917 und aus der Erfahrung des Zusammenbruchs der kommunistischen Regime Osteuropas und der DDR läßt sich in starker Verkürzung folgendes sagen: Die Revolution des militanten Zweigs der russischen Marxisten im Jahre 1917 war das wichtigste Ereignis des 20. Jahrhunderts, denn sie bedeutete nichts Geringeres als den Versuch, die Utopie in einem großen Staate und fortschreitend in der ganzen Welt zu verwirklichen – die Utopie der ohne Grenzen und Konflikte zusammenlebenden Menschheit, inner-

186

halb deren das Individual- und das Allgemeininteresse identisch und Habsucht sowie Egoismus der Einzelnen und der Gruppen beseitigt wären. Die Bolschewiki waren die Partei des militanten Universalismus. Ihre Machtergreifung in dem größten Staat der Welt bedeutete eine qualitative Differenz gegenüber aller bisherigen Geschichte. An diesem Versuch der Verwirklichung der Utopie hatten Deutsche starken Anteil. Deutsch war die zweite offizielle Sprache der kommunistischen Internationale, auf Deutschland richteten sich die höchsten Hoffnungen der bedrängten Bolschewiki in den frühen zwanziger Jahren. In Deutschland entstand schließlich im Zuge des sowjetischen Sieges über das nationalsozialistische Deutschland die DDR.

Aber die Utopie *muß* scheitern, wenn sie sich ernsthaft zu verwirklichen sucht, denn die Realität im ganzen und auch die Realität der einzelnen Menschengruppen und Individuen ist niemals universal, sondern sie ist partikular geprägt, wenngleich innerhalb von Universalem und auch seit langem inmitten eines Prozesses der Universalisierung. So wenig wie Partikularität und Individualität zugunsten reiner Universalität läßt sich der Egoismus der Einzelnen oder der Gruppen jemals zugunsten eines reinen Altruismus überwinden. Er läßt sich höchstens mildern, zivilisieren und unter Umständen – in Gestalt von Dekadenzphänomenen – untergraben. Aber eine zweite und andersartige qualitative Differenz tut sich auf, wenn der Universalismus als solcher verneint und wenn die Realität von Konflikt und Auseinandersetzung zur Ideologie gemacht wird, so daß die auffälligste aller fundamentalen Wandlungen ausdrücklich negiert und bekämpft wird, nämlich das Hinauswachsen der Kriegsmittel über den Krieg selbst, welcher einen Fundamentalpazifismus neuer Art zwingend erforderlich macht.

In Deutschland, das nach Lenins Vorstellung der Hauptschauplatz der Verwirklichung der universalistischen und egalitären Utopie hätte sein sollen, siegte die Gegen-Utopie, welche nicht etwa Pragmatismus und allmählich Reform an die Stelle der

Utopie setzte, sondern die Realität mit ihren Kämpfen und Kriegen gerade ideologisierte. Damit war die innere Feindschaft gegen alle Nachbarn gesetzt und der Ausbruch aus der deutschen Enge zu einem gesicherten und unangreifbaren »Lebensraum« postuliert. Aber die universalisierende und die sozialisierende Tendenz waren so machtvoll, daß nicht »Deutschland« der feste, vor Auflösung geschützte Standort sein konnte, sondern die germanische oder wohl gar die arische Rasse.

Der volle Begriff der Gegen-Utopie ist jedoch nicht schon dann erreicht, wenn das Haßbild des Juden an die Stelle der Haßfigur des Kapitalisten gesetzt wird, sondern erst in dem Augenblick, wo auch der Utopie eine »Substanz aus Fleisch und Blut« zugeordnet wird: Eben das war für den Nationalsozialismus das Judentum, das jetzt primär als die Ursache von Idee und Praxis der Revolution gilt. »Auschwitz« erwächst mit aller Konsequenz aus diesem Denkansatz, der sich bei Adolf Hitler schon sehr früh nachweisen läßt. Es ist daher vom Gulag essentiell verschieden, obwohl die Zahl von dessen Opfern größer war. Aber es darf aus dem Zusammenhang mit dem logischen und faktischen Prius nicht herausgelöst werden.

Zur Veranschaulichung mag ein Abschnitt aus dem Urteil eines SS- und Polizeigerichts dienen, mit dem 1943 ein SS-Führer bestraft wurde, der auf grausame Weise Juden getötet hatte: »Wegen der Judenaktion als solcher soll der Angeklagte nicht bestraft werden. Die Juden müssen vernichtet werden, es ist um keinen der getöteten Juden schade ... Aber: Es ist nicht deutsche Art, bei der notwendigen Vernichtung der schlimmsten Feinde unseres Volkes bolschewistische Methoden anzuwenden.«[25] Es gibt eine Anzahl ähnlicher Äußerungen von Heinrich Himmler. Daraus ist wie aus zahlreichen anderen Aussagen und Tatbeständen eine Folgerung herzuleiten: Es ist gleichermaßen rätselhaft, wie man die Intention des Nationalsozialismus zur Massenvernichtung der Juden und deren weitgehende, wenngleich nicht vollständige Realisierung leugnen und auf der anderen Seite die

188

innere Bezugnahme auf den Bolschewismus übersehen oder in Abrede stellen kann.

Es ist töricht zu behaupten, diese Interpretation »verharmlose« oder »rechtfertige« den Nationalsozialismus. Sie verharmlost und rechtfertigt ihn so wenig, wie sie den Bolschewismus und den Gewaltkommunismus verharmlost oder rechtfertigt. Sie nimmt aber ernst, was ernstgenommen zu werden verdient, nämlich sowohl die Utopie wie die Gegenutopie – als solche und in ihrem Scheitern bei dem Versuch der Verwirklichung. Sie hebt die Singularität von Auschwitz ausdrücklich hervor, aber sie weist diejenigen in die Schranken, die aus Unterwerfung unter eine kollektivistische Schuldzuschreibung Auschwitz von allen historischen Zusammenhängen trennen und zu einem *mysterium tremendum* statt zu einer Herausforderung für das Denken machen wollen.

Damit stellt sie sich auch denjenigen entgegen, welche die Bewältigung der Vergangenheit der DDR ganz von der Bewältigung der nationalsozialistischen Vergangenheit ablösen und allein auf das Studium von Akten der Staatssicherheit gründen wollen. Die grundlegende Bedeutung des Begriffs »Vergangenheitsbewältigung« geht, wie gezeigt worden ist, dahin, die Ursachen einer als unheilvoll betrachteten Entwicklung zu beseitigen, damit sich diese Vergangenheit nie zu wiederholen vermag. Aber gerade diese verständliche und möglicherweise edle Absicht wird angesichts der Komplexität der historischen Wirklichkeit selbst zur Ursache großen Unheils.

Die Vergangenheit *kann* nicht nur nicht bewältigt werden, sondern sie *sollte* auch nicht bewältigt werden. Wohl aber muß sie erforscht und durchdacht werden, und keine Nation hat so viel Grund, dieses Durchdenken in Angriff zu nehmen wie die Deutschen, denn keine hat so gegensätzliche Vergangenheiten zu bedenken. Das gilt für die ehemaligen Kommunisten, sofern sie den Willen, »die« politische Macht zu ergreifen, von sich abgetan haben und nur noch oppositionelle Linke sind. Das gilt aber auch für die ehemaligen Nationalsozialisten, die bloß noch den rationalen Kern ihres einstmals überschwenglichen Eintretens für die Partikularität von Nationen und »Rassen« festhalten wollen, und es gilt nicht minder für alle, die stets Befürworter des »Liberalen Systems« geblieben sind.

Dieses System ist älter und reicher, aber auch weitaus direktionsloser als seine verselbständigten Momente Kommunismus und Faschismus. Es kennt gerade nicht die »Bewältigung«, das heißt Überwältigung und Vernichtung von Klassen und Traditionen oder gar von Völkern, sondern nur ein Zurückdrängen oder Zurücktreten in einem permanenten und diffizilen Wechselspiel des Verschiedenartigen. Sein Überleben im zwanzigsten Jahrhundert verdankt es den angelsächsischen Mächten, die im »europäischen Bürgerkrieg« die Entscheidung herbeiführten und dann selbst auf ganz eigenartige Weise einen »Weltbürgerkrieg« durchzukämpfen hatten.

Aber noch bleibt die Frage zu stellen, wie es zu erklären ist, daß die Utopie letzten Endes bei den als pragmatisch geltenden Westmächten mehr Sympathie genoß als die Gegen-Utopie und daß daher jene Entscheidung für Stalin und gegen Hitler zustandekam. Politische Zweckmäßigkeitserwägungen reichen vermutlich nicht aus, so wichtig sie gewiß sind. Ebensowenig genügt der Hinweis auf den ökonomischen Konkurrenzkampf der Monopole: Englisches und amerikanisches Kapital hätte es sicher klüger gefunden, in einem vom »deutschen Kapital« eroberten Rußland nur die zweite Rolle zu spielen, als sich in einem Kampf gegen Deutschland zu verbrauchen und dann von dem riesigen Raum des siegreichen Kommunismus ausgeschlossen zu sein.

Die Anführung zweier Episoden aus der russischen Literatur mag – abermals auf idealtypische Weise – diesen Hintergrund anschaulich machen. Lou Andreas-Salomé, Freundin und Schülerin von Nietzsche, Rilke und Freud, Russin von deutsch-französischer Abkunft, hatte mehrere Brüder in Rußland, die in die

Wirbel der Revolution gerieten. Einer von ihnen blieb in seiner Datscha, wohl einem geräumigen Haus auf dem Lande. Er wurde schon bald enteignet, und zwar zugunsten seines Diener-Ehepaares, das ihm aber im Dachgeschoß ein Zimmer beließ. Lou erzählt in ihren Lebenserinnerungen[26], daß dieser Bruder nach dem Ende der Revolutionsjahre häufig mit seinem ehemaligen Diener und jetzigen Hausherrn vor dem Haus auf der Bank gesessen habe und mit seinem Schicksal völlig zufrieden gewesen sei. Offenbar hatte er den Besitz, aber auch die Privilegien, die damit verbunden waren, als Last und Ungerechtigkeit empfunden. Er war froh, dieser Last entledigt und in das gemeinsame Geschick aller Menschen aufgenommen zu sein. Hier wird sehr deutlich, von welcher Vorstellung die Vernichtungsforderungen auch noch bei Marx geleitet waren und was »Vernichtung« bedeutete: Es war ebensosehr eine Last wie ein Vorzug, daß einige Menschen sich über andere erhoben, sich von ihnen durch Besitz, Macht oder Kultur unterschieden. Daher mußte es für diese Menschen selbst eine Befreiung bedeuten, wenn ihnen die Last abgenommen wurde.

Es leuchtet zwar ein, daß die Menschheit nie über die Phase der Stammes- oder Dorfgemeinschaft hinausgekommen wäre, wenn diese primitivistische Vorstellung undurchbrechbar gewesen wäre, aber zugleich wird klar, weshalb die Besitzenden, Privilegierten und Kultivierten nie ganz frei von schlechtem Gewissen waren, so daß der Enteignungspartei von ihnen selbst Sympathien zugewandt wurden, erst recht aber von den entsprechenden Schichten anderer Länder, welche die Vorgänge aus der Ferne betrachteten. Die Bourgeoisie sei die diskutierende Klasse, sagte der spanische Konservative Donoso Cortés, und Carl Schmitt wiederholte es. Mit noch größerem Recht könnte man sagen, das Bürgertum sei die unsolidarische Klasse und dafür gebe es gute Gründe, weil eine Partei von Besitzenden und Gebildeten, wenn sie sich als solche formierte, eine große Übermacht der Nichtbesitzenden und Nichtgebildeten geradezu erzeugen würde, statt alle anderen Parteien zu durchdringen und auf sie Einfluß zu nehmen. Jedenfalls waren die Sympathien, die den Bolschewiki aus dem Bürgertum des Westens auch dann noch zuteil wurden, als die Vernichtung längst einen überaus blutigen Charakter angenommen hatte, nicht »kapitalistisch«, sondern »liberal«. Umgekehrt entstand der Haß, der den Bolschewiki gleichwohl von vielen entgegengebracht wurde, nicht primär in der Schicht von Besitz und Bildung, sondern in jenen großen gesellschaftlichen Zwischenräumen, die weder »reich« noch »arm« waren und die schon durch ihre Existenz unter Beweis stellten, daß eine moderne Gesellschaft nicht jener simplen dichotomischen Scheidung entsprach.

Es wäre jedoch irreführend, das gebildete Bürgertum nur am Beispiel des Bruders von Lou Andreas-Salomé zu exemplifizieren, weil das Bild dann viel zu idyllisch würde. Im Jahre 1919 verfaßte die russische Dichterin Sinaida Hippius, die Frau des Schriftstellers Dimitri Mereschkowski, in ihrer direkt neben dem »Taurischen Palais«, also einem Zentrum der Politik, gelegenen Wohnung Notizen, die später unter dem Titel *Petersburger Tagebuch* veröffentlicht wurden. Wenn es ein Ehepaar gab, das die »silberne« Zeit der russischen Kultur, die Phase des Symbolismus um die Jahrhundertwende, verkörperte, war es das Paar Hippius-Mereschkowski. Deshalb hatte »ganz Petersburg« in ihrem Hause verkehrt, von Maxim Gorki bis zu Alexander Kerenski. Sinaida beginnt ihre Notizen zu einer Zeit, als alle Städte Rußlands bereits vom Hunger geprägt sind, teils als Folge der Revolution, teils als Folge der alliierten Blockade. Noch hat das Ehepaar Freunde, die es verhindern, daß eins der »Hauskomitees« die Wohnung in Beschlag nimmt. Aber sie sind bereits gezwungen, ihre letzten Habseligkeiten zu verkaufen, um das nackte Leben fristen zu können. Die weißen Armeen dringen von Süden her in Richtung Moskau vor, im Norden steht eine andere Gruppe von »Weißen« dicht vor Petersburg, und die Bolschewiki fürchten ein Eingreifen der englischen Flotte. Daher lassen sie ständig requirieren und mobilisieren, oft genug von Analphabeten. In Versammlungen, so erzählt man sich, fordern Matrosen »eine Million« Köpfe der Bourgeoisie; lettische, baschkirische und chinesische Regimenter bestimmen das Bild der Stadt. Man fühlt sich im Zustand einer »fremden Okkupation«; die Tscheka verhaftet ohne erkennbaren Grund Menschen auf der Straße, und diese kehren nie zurück; Bekannte erzählen mit schreckerfüllten Gesichtern, daß unablässig Salven der Erschießungskommandos zu hören sind, von denen Offiziere und andere Bürger umgebracht werden, und daß die aufs Land geschickten Strafexpeditionen die Dörfer niederbrennen und die Bauern zu Hunderten erschießen.

Auf den Listen von Erschossenen, die ganz offiziell in den Zeitungen veröffentlicht werden, befinden sich auch viele Namen von Frauen. In diesen Zeitungen ist unablässig von »erdrücken«, »vernichten«, »zermalmen«, »im Blut ertränken« die Rede, sowohl im Hinblick auf die Alliierten wie die Weißen wie die inneren Feinde, die indessen vor Hunger und Kälte zu Aktionen ganz unfähig sind. Sinaida hofft auf das Eingreifen der Engländer, aber allenfalls hört sie Kanonenschüsse in weiter Ferne vor Kronstadt: »Wieder träge englische Streiche«. Zunehmend erfaßt sie Verzweiflung über das Handeln oder besser Nicht-Handeln von Männern wie Lloyd George. Am Ende bleibt ihr ob dieses Mangels an Solidarität der Bürger mit den Bürgern, der Gebildeten mit den Gebildeten nichts anderes als die düstere Prophezeiung: »Europa wird die Vergeltung für seine Taten [das heißt für seine Tatenlosigkeit] bekommen.«[27]

Kann man bezweifeln, daß diese hochgebildete Frau und bedeutende Schriftstellerin nichts stärker ersehnte als das Auftauchen eines entschlossenen und starken Feindes der Bolschewiki und daß viele Millionen aus der russischen Intelligenz, aus dem russischen Bürgertum sowie den Bauern, die nicht zu der von den Bolschewiki mobilisierten »Dorfarmut« zählten, ebenso empfanden und dachten wie sie? Konnte es eine Frage sein, daß nicht das Geld von Kapitalisten, sondern die Hoffnungen und Befürchtungen, die Wut und der Haß von zahllosen Menschen in Rußland, aber auch in Deutschland sich in der Hoffnung auf eine Kraft bündelten, welche eine Entschiedenheit besäße, die Lloyd George fehlte? Wer sich ausschließlich von den Erinnerungen derjenigen bestimmen läßt, die von vornherein die Feinde Hitlers sein mußten, der verfehlt den Kern und damit zugleich die Tragödie der Geschichte des 20. Jahrhunderts: daß die Entschlossenheit, die Sinaida Hippius ersehnte, als sie 20 Jahre später aktionsfähig war, nicht eine Entschlossenheit zur Befreiung, sondern eine Entschlossenheit zu neuem Raub, zu größerer Unterdrückung und zu schlimmeren Blutbädern war. Dieser Tragödie sollte aber nach mehr als einem halben Jahrhundert nicht mit dem Zorn der alten Feinde und nicht mit jener einseitig Partei ergreifenden Sympathie der Unsolidarischen begegnet werden, sondern mit einem Nachdenken aus schwer errungener Distanz heraus. Erst dann zeigt sich auch die DDR als das, was sie war: ein spätgeborener Bestandteil in der Entfaltung dieser Tragödie.

194

SCHLUSSBETRACHTUNG

Deutschland am Ende des 20. Jahrhunderts

Zu Beginn des 20. Jahrhunderts war Europa trotz des beginnenden Aufstiegs der neuen Weltmächte USA und Japan noch die Mitte der Welt. Man braucht durchaus kein Nationalist zu sein, um zu sagen, das Deutsche Reich sei die Mitte dieser Mitte gewesen und nicht bloß nach seiner geographischen Lage. Nach Ablauf der ersten Hälfte des Jahrhunderts bestand das weitgehend zerstörte Deutschland nur noch aus zwei Grenzregionen: einer Mark des Westens und einer Mark des Ostens, die zugleich Vorposten der um die Durchsetzung ihres jeweiligen Systems kämpfenden Ideologiestaaten waren. Am Ende des Jahrhunderts existiert ein einheitliches Deutschland nach freilich schweren und nun ausdrücklich akzeptierten Gebietsverlusten wieder im Zentrum eines »westlich orientierten« Europa und ist innerhalb einer Staatengemeinschaft, die jedenfalls mehr als ein bloßer Staatenbund, wenn auch nicht ein Bundesstaat ist, in unlösbarer Verbindung mit Frankreich, England und Italien, ein wichtiger, aber nicht beherrschender Teil einer Weltmacht, die in freundschaftlicher Gleichberechtigung neben der Haupt-Weltmacht USA und der ökonomischen Weltmacht Japan sowie möglicherweise einer wiedererstarkenden Staatenunion um den größten Bestandteil der ehemaligen Sowjetunion herum seinen Platz hat. Man könnte sagen, dies sei ein sehr glückliches Ergebnis und im günstigsten aller vorstellbaren Fälle hätte es, wenn der Erste Weltkrieg vermieden worden wäre, schon im Laufe der zwanziger Jahre eintreten können. Wenn man eine solche Überlegung für spekulativ und unhistorisch hält, könnte man vielleicht sogar behaupten, zwei Weltkriege, in denen Deutschland

Ausgangs- und Mittelpunkt war, seien kein zu hoher Preis für diesen endlich erreichten Zustand gewesen.

Aber nur an wenigen Stellen wurden Töne eines verhaltenen Triumphalismus laut; eher konnte man in ausländischen Zeitungen, und dann mit ausgeprägtem Akzent der Beunruhigung, lesen, Deutschland und Japan müßten als die wahren Sieger des Zweiten Weltkriegs bezeichnet werden. Doch als sich der 50. Jahrestag der deutschen Kapitulation näherte, hatten nicht Zuversicht und Selbstgefühl, sondern Sorge und Ratlosigkeit zugenommen.

Die »großen Probleme« hatten im Vergleich zur ersten und sogar zweiten Nachkriegszeit einen ganz anderen Charakter gewonnen. 1925 hatte das oberste Ziel Frankreichs darin bestanden, seinen prekären Sieg und das fragile »Versailler System« durch große Rüstungsanstrengungen und kluge Bündnispolitik zu sichern; Großbritannien hatte keinen größeren Wunsch, als den sich abzeichnenden Zerfall seines Weltreiches aufzuhalten; in Deutschland und Japan war die Idee der Sprengung des allzu engen »Lebensraums« mächtig; die USA nahmen auch innerlich von ihrem weltpolitischen Engagement und der Teilnahme am Krieg Abstand; die Bedrohung durch eine von der Sowjetunion gelenkte und weltweite Aufstandsbewegung wurde in Europa nur noch von wenigen Parteien als die wichtigste aller Realitäten empfunden. 1960 war ein Drittel der Welt »sozialistisch« geworden, und die Vereinigten Staaten waren mit ihren »westlichen« Verbündeten unter Einschluß Westdeutschlands und Japans in einer globalen Auseinandersetzung mit der Sowjetunion und der Volksrepublik China, im »Kalten Krieg«, begriffen; Großbritannien und Frankreich hatten sich mit dem Verlust ihrer Weltreiche so gut wie abgefunden. Das oberste politische Desiderat war aber die Selbstbehauptung des »Westens«, der sich in der Anschauung des »totalitären Kommunismus« seiner Einheit und seines Vorrangs ohne viel Selbstzweifel sicher war.

Nach 1989/91 war die Sowjetunion zerfallen, und ihre Herr-

196

schaft über die kleinen osteuropäischen Staaten sowie die DDR war beendet. Die USA nahmen den Platz der einzigen Supermacht und der Garantin einer »neuen Weltordnung« ein; Deutschland förderte nach der Wiedervereinigung nachdrücklicher als zuvor die Ausbildung einer »Europäischen Union«; in Japan vereinigten sich politisch-militärische Ohnmacht und ökonomische Übermacht zu einem weltgeschichtlich präzedenzlosen Phänomen. Aber von der Einheit und dem Selbstbewußtsein eines im Selbstbehauptungskampf begriffenen »Westens« konnte keine Rede mehr sein. Es zeigte sich, daß dasjenige, was sich als ein äußerer und einheitlicher Feind darstellte, nach dem scheinbar vollständigen Sieg im eigenen Inneren nur um so mächtiger geworden war, wenngleich in vielfältiger Gestalt. In den zwanziger Jahren war die Sowjetunion die Vorkämpferin der »nationalen und antiimperialistischen Befreiungsbewegungen« gewesen. Fünfzig Jahre später hatten marxistische Regime in Afrika große Erfolge errungen. Jetzt aber stand der größte Teil der »Dritten Welt« fordernd und anklagend in der Mitte der »Vereinten Nationen«. Eine gigantische Wanderungsbewegung zeichnete sich ab, die den aktiveren Teil jener Bevölkerungen in die »Metropolen« führen könnte, während der große, alleingelassene und verelendete Rest nur noch imstande wäre, das zahlenmäßige Verhältnis zur »Ersten Welt« zu seinen Gunsten zu verschieben. Zur gleichen Zeit wurde aus dem Inneren der Ersten Welt heraus ein Angriff gegen das Selbstbewußtsein des »Okzidents« geführt, dem nur wenig entschiedener Widerstand begegnete, weil er nicht mehr mit einer anschaulichen und militärischen Bedrohung von außen verbunden war wie während des Kalten Krieges.

Nicht mehr der »Kapitalismus«, sondern der »Patriarchalismus« und die naturzerstörende Dynamik der »westlichen Industriegesellschaft« waren die Hauptobjekte der Anklagen, die von den radikalen Feministinnen und Feministen sowie von dem extremen Flügel der Ökologiebewegung vorgebracht wurden.

Aus diesen Tendenzen ließen sich zwei wichtige Einsichten gewinnen: Auch hier trieb sich ein entschiedenes Denken bis zu einer Vernichtungsforderung fort, nämlich bis zum Postulat der Abschaffung der Industriegesellschaft von seiten radikaler Ökologen und bis zur Forderung der Vernichtung der Männer als des für Krieg und Disharmonie verantwortlichen Teils der Menschheit im Munde einiger besonders radikaler Feministinnen. Aber eine ernstzunehmende Drohung konnte aus Mangel an entschlossenen Anhängern nicht zustandekommen. Um so augenfälliger wurde im Rückblick das unvergleichlich größere Gewicht jenes »marxistisch-leninistischen« Vernichtungswillens, der alle radikalen Tendenzen in der Vorstellung eines Ansturms des »Weltproletariats« gegen die »Weltbourgeoisie« hatte bündeln und also auch die Kakophonie der Forderungen der verschiedensten Staaten und sozialen Schichten zu einer einzigen, machtvollen Stimme hatte zusammenfassen können.

So wurde es im letzten Jahrzehnt des 20. Jahrhunderts evident, daß das Problem der »Vergangenheitsbewältigung« der europäischen Staaten und auch das Erfordernis der »doppelten Vergangenheitsbewältigung« im wiedervereinigten Deutschland angesichts einer Weltentwicklung, in der für unabsehbare Zeit Vereinheitlichung und chaotische Differenzierung Hand in Hand zu gehen scheinen, keine fundamentale Bedeutung haben können. Die »Epoche des Faschismus« liegt sowohl unter objektiven wie subjektiven Gesichtspunkten sehr weit zurück; für Frankreich und Italien scheint es schlechterdings zwingend zu sein, daß jene Legenden, die sich aus der Notwendigkeit ergaben, den Eintritt in die Welt der wirklichen Sieger zu erlangen, durch eine abwägende Betrachtung ersetzt werden. Dennoch muß man sagen, daß die allgemeinen Probleme der Zukunft in Deutschland durch die unabgeschlossene »Bewältigung« und Aufarbeitung von zwei und – bei Licht betrachtet – von vier Vergangenheiten außerordentlich verschärft werden.

Es läßt sich nicht bestreiten, daß von den zwei vorstellbaren

Arten der Vergangenheitsbewältigung in Westdeutschland nur die eine, die wirklich vollzogene, systemgerecht und zugleich Voraussetzung des wirtschaftlichen Aufschwungs war. Eine »Vernichtung der Wurzeln des Faschismus«, wie Stalin sie forderte und wie die DDR sie realisierte, hätte den Sieg der kommunistischen Version des Totalitarismus und damit den Untergang der pluralistischen Demokratie bedeutet. Die »westliche«, antitotalitäre Bewältigung schloß den Mangel an Konsequenz und Vollendung in sich, welcher der Natur des Systems entspricht. Sie forderte also zur Kritik heraus, und machte andererseits neue Bestandsaufnahmen und ein wissenschaftlich orientiertes Umdenken möglich. Es ist in hohem Maße unwahrscheinlich, daß jene eigenartige Vergangenheitsbewältigung, die in Kapitel III im Gedankenexperiment gekennzeichnet wurde, sich hätte realisieren lassen. In Japan wurde zwar die eigene Tradition und Geschichte weit weniger in Frage gestellt als in Deutschland, aber andererseits ein viel weitergehender Verzicht auf »Wiederbewaffnung« ausgesprochen. Eine Regierung der gemäßigten und reformwilligen Kräfte im Nationalsozialismus wäre nach allem menschlichen Ermessen trotz aller »Westorientierung« für die Alliierten untragbar gewesen.

Gegenüber der DDR-Vergangenheit waren zwei »Bewältigungen« vorstellbar, die nicht bloß in den Erinnerungen von Einzelnen und Gruppen sowie in Akten der Wiedergutmachung bestanden hätten, sondern von dem neu- oder wiederentstandenen Staat selbst vorgenommen worden wären:

1. Das DDR-Regime hätte als ein separatistisches Regime von Kollaborateuren betrachtet und seine Träger hätten auf ähnliche Weise bestraft werden können, wie es nach 1945 den Anhängern des Vichy-Regimes in Frankreich oder denen der Repubblica di Salò in Italien geschah. Dadurch wäre der Unterschied zwischen der DDR und dem Dritten Reich sehr betont worden, denn im Hinblick auf die Nationalsozialisten ließ sich eine vergleichbare These nicht aufstellen. Aber diese Möglichkeit war

auszuschließen, weil ihr die vorläufige Weiterexistenz der Besatzungstruppen und der Tatbestand im Wege standen, daß es sich in der Hauptsache eben nicht um ein Regime von gekauften oder verführten Kollaborateuren gehandelt hatte, sondern um Parteigänger in einer ideologischen Auseinandersetzung.

2. Das kommunistische Regime hätte wegen der aus seiner Ideologie resultierenden Vertreibungen und Enteignungen eines großen Teils der Bevölkerung in der Weise beseitigt werden können, wie einst das nationalsozialistische Regime durch die Entnazifizierung und die positiv-rechtlich nicht begründbaren Bestrafungen wegen »Verbrechen gegen die Menschlichkeit« beseitigt worden war. Aber dieser Weg wurde durch die Natur des Systems verhindert. Auch die kleinen und mittleren Nationalsozialisten waren nicht auf Dauer von ihrer Berufstätigkeit und von politischen Teilnahmerechten ausgeschlossen worden. So blieb die Existenz der SED nach einer gewissen Selbstreinigung, nach Umbenennung und sehr großen Mitgliederverlusten unangetastet. Niemand machte ihren Abgeordneten das Recht streitig, ihre Plätze im Bundestag einzunehmen. In Wahrheit hatte die SED jedoch, sofern sie mit der Umbenennung in PDS auf überzeugende und konkludente Weise auf ihren Anspruch verzichtete, als führende Kraft und unter Anwendung gewaltsamer Mittel eine »Diktatur des Proletariats« zu errichten, ihr bisheriges Wesen aufgegeben und war zu einem legitimen Bestandteil des liberalen Parteiensystems geworden, nämlich zu einer Partei der radikalen Linken, die mit anderen Parteien der Linken konkurriert und sich zur Stimme der Benachteiligten zu machen versucht.

Daß das deutsche Parteiensystem dadurch betontermaßen ungleichgewichtig wurde, ist freilich offenkundig, denn der entsprechende Anspruch einer reformierten NSDAP, die den Lebensraumgedanken und den geschichtsphilosophischen »Antisemitismus« von sich abgetan hätte, wurde nie ernsthaft erwogen. So wurde auch hier der Unterschied zwischen dem

200

Dritten Reich und der isoliert gesehenen DDR herausgestellt. Jedenfalls war auch diese Vergangenheitsbewältigung *keine* Vergangenheitsbewältigung in dem Sinne, wie die KPD sie 1919 verlangt und wie Adorno sie später definiert hatte. Trotzdem waren ungemein schwerwiegende Folgen dieser nun vergangenen Vergangenheit zu erwarten. Daß der Sozialismus, von der Mißgestalt der versuchten Verwirklichung befreit, nun wieder »Utopie«, das heißt Idee, sein könne, war in den Augen von vielen eine der positivsten Folgen der »friedlichen Revolution« von 1989/90. Damit konnte ein Vergessen der Zusammenhänge und der Wirklichkeiten um sich greifen, welches viel umfassender und ausgeprägter war als das Vergessen der Jahre nach 1945.

Sogar in ihrem Sturz zeigte sich die Idee des Sozialismus, also die Vorstellung von Konfliktlosigkeit und Egalitarismus, stärker als die Idee des Nationalsozialismus, obwohl die PDS sich paradoxerweise den nationalsozialistischen Gedanken des »Dritten Weges« zu eigen machte: Niemand hatte gegen die Wiedererstattung enteigneter jüdischer Vermögen grundsätzlich Einspruch erhoben; aber die weitaus zahlreicheren zur Flucht genötigten Einwohner der DDR wurden nun von einem Großteil der im Land verbliebenen Bevölkerung als »Alteigentümer« und »Westler« betrachtet, die ungerechtfertigte und schädliche Ansprüche erhoben. Tatsächlich hatten die Enteignungen in der DDR, anders als die Enteignungen der Juden im Dritten Reich, durch ihren schieren Umfang und durch die partielle Übereinstimmung mit dem Geist der ersten Nachkriegsjahre einen historischen Charakter, der eine integrale Restitution unmöglich machte. Überdies sahen die Zurückgebliebenen die Flüchtlinge offensichtlich als Bevorzugte, soweit sie sie nicht als Verräter verurteilten. Daher konnten die alten sozialistischen Begriffe von »Kolonisierung« und »Raubzug« in den Augen zahlloser Menschen neue Kraft gewinnen, obwohl sie angesichts der nach Hunderten von Milliarden zählenden Transferleistungen der alten Bundesrepublik unter objektiven Gesichtspunkten unhaltbar waren.

Aber wenn die PDS es verstand, diese Stimmungen zu bündeln und über eine momentane Proteststimmung hinaus voranzutreiben, dann würde im Osten des wiedervereinigten Staates eine starke Regionalpartei entstehen, die möglicherweise die Angleichung fördern, möglicherweise aber die frühere Spaltung des Landes auf neuer Ebene reproduzieren würde. Und wenn jemals die Bevölkerung der »alten Bundesländer« den Eindruck gewinnen sollte, daß der Mehrheit der Bewohner der DDR tatsächlich nur an der D-Mark und nicht an der Freiheit, also auch nicht an einer Vergangenheitsbewältigung gelegen gewesen wäre, dann würde die wiedergewonnene Einheit innerlich bereits wieder zerstört sein.

Die Vorkämpfer der meist so genannten Vergangenheitsbewältigung, der »Aufarbeitung« der nationalsozialistischen Vergangenheit, die stets eine Entwicklung beklagt hatten, die sie jetzt gegenüber der DDR-Vergangenheit für richtig und selbstverständlich hielten, wurden durch die Wiedervereinigung ihres besten Trostes beraubt, nämlich der angeblich adäquaten Sühne für »Auschwitz« durch die Teilung des Landes. So aus der Behaglichkeit einer Zerknirschung aufgestört, deren Kosten zu tragen man ohne schlechtes Gewissen den DDR-Bewohnern überlassen hatte, sahen sie sich zu verstärkten Anstrengungen im Interesse der Bewahrung »der Erinnerung« und des Kampfes gegen »das Vergessen« aufgerufen. Aber es war ein einäugiges und einseitiges Erinnern, das sie wachhalten wollten, und es war ein gerade aus der Reaktion gegen die Einäugigkeit geborenes Vergessen, das sie bekämpften. Eben dadurch ließen sie das positivste Resultat des Jahrhunderts nicht zur vollen Auswirkung gelangen: daß Deutschland als ein nicht mehr absolut souveräner, in einem Verbund mit anderen Nationalstaaten existierender Nationalstaat, trotz aller Verschiedenheit der Erinnerungen, gleichberechtigt und gleichverpflichtet den Weg in das 21. Jahrhundert antreten konnte. So würde an die Stelle eines im Nationalsozialismus kulminierenden deutschen Sonderweges ein entgegengesetzter deutscher Sonderweg treten; nämlich ein Sonderweg der Inanspruchnahme eines moralischen Weltenrichteramtes, das immer nur Einzelnen zusteht und das als politisches wegen des Fehlens eines wirklichen Faschismus bloß ein verlogener Antifaschismus sein kann. Aber er läßt sich mit den Stellungnahmen zu den großen Problemen der Gegenwart verknüpfen, den Problemen der Massenimmigration von Wirtschaftsflüchtlingen aus aller Welt, des Kampfes für uneingeschränkte Emanzipation, das heißt für den liberistischen Individualismus, des Verbots von Haßpropaganda im Sinne der »political correctness«, das seinerseits ganz von Haß geprägt ist, der Polemik gegen den »Patriarchalismus«, die als entschiedene Gegenposition auf eine Selbstaufgabe des »Okzidents« hinausläuft. Ihre nur in Deutschland wirklich relevante und bloß auf der Basis der ersten und »antifaschistischen« Vergangenheitsbewältigung mögliche Spitze erreichen diese Tendenzen in der Forderung nach Umwandlung der deutschen Nation in eine »multikulturelle« Bevölkerung Mitteleuropas, welche ohne die faktische Beseitigung des Prinzips der freien Meinungsäußerung nicht durchsetzbar ist. Schon heute ist es in der Bundesrepublik Deutschland zu einer gravierenden Frage geworden, ob die geistige Freiheit und die Distanz der Justiz von den Strömungen der »öffentlichen Meinung« ernsthaft in Gefahr sind.

Es ist nicht nur ein konservatives Beharrungsvermögen, das sich dieser neuartigen Vernichtungsforderung und schon dem Linkskonformismus widersetzt, sondern ebenso wichtig ist eine besser begründbare Perspektive, in der sich die deutschen Vergangenheiten und die deutschen Vergangenheitsbewältigungen wahrnehmen lassen. Die nationalsozialistische Vergangenheit kann nur dann auf adäquate Weise »bewältigt« werden, wenn über sie nachgedacht und wenn sie mit einer anderen Vergangenheit in Beziehung gesetzt wird, die so wenig ausschließlich »deutsch« ist wie sie selbst und die ihre elementare, wenngleich gewiß nicht einzige Voraussetzung war: die Vergangenheit des

Versuchs der Verwirklichung der Utopie, auf die das Unternehmen der Realisierung der Gegen-Utopie reagierte.

Das bedeutet kein Fortstoßen der Erinnerung und keine Förderung des Vergessens, wohl gar im Sinne des Aufgehens in der bloßen Supermarkt-Zivilisation, sondern es bedeutet ganz im Gegenteil das Ernstnehmen aller großen Erinnerungen, aber auch die Bejahung dessen, was am Vergessen einen heilenden Charakter hat. Es bedeutet die Befreiung der Erinnerung von der Instrumentalisierung durch politische und sonstige Zwecksetzungen und damit ihre Freisetzung für die Wissenschaft, aber auch ihre Erhebung zu ihrer höchsten und schwierigsten Gestalt: ohne oberflächliche Nivellierung oder parteiliche Präferenzen *aller* Opfer zu gedenken, welche der Kampf der Ideologiestaaten in dem letzten eigentlich geschichtlichen, durch die Wirklichkeit oder Möglichkeit großer Kriege gleichwertiger Staaten bestimmten Jahrhunderts gefordert hat, dem eine andersartige Geschichte, wenn auch kein geschichtsloses Dasein idyllischer Harmonie folgen muß. Und *ein* praktisches Ziel bleibt in diesem Denken und Gedenken legitim: in allen Nöten, Frustrationen und Schwierigkeiten einer global gewordenen Wettbewerbsgesellschaft sich stets gegenwärtig zu halten, was Menschen einander antun können, wenn sie die Welt aus *einer* Idee heraus zu heilen versuchen, statt auf vielfältige Weise, ohne den Todhaß gegen Feinde, aber auch ohne Selbstaufgabe, an der Vermeidung von Gefahren noch mehr als an der Verbesserung der Verhältnisse zu arbeiten.

Dafür ist, jedenfalls in der »Ersten Welt«, kein besserer Weg zu sehen als die staatliche Existenz des voll ausgebildeten Parteiensystems, innerhalb dessen Gemäßigte und Radikale der Linken wie der Rechten, angeordnet um eine starke Mitte, sich als »Gegner« und eben nicht als »Feinde« betrachten, um sich wechselseitig immer von neuem im Hinblick auf ständig veränderte Umstände auszutarieren – möglicherweise unter sparsamer Aufnahme direkt-plebiszitärer Elemente –, so daß jener Durchbruch der gewalttätigen Extreme verhindert wird, deren Verselbständigung die Geschichte des 20. Jahrhunderts zu der tragischen Unheilsgeschichte gemacht hat, die sie war. Aber das vielfältige Wechselspiel bleibt doch einem Mechanismus ähnlich, wenn ihm nicht als Ganzem ein unabhängiges Denken gegenübersteht, das keiner der einzelnen Parteien zugehörig ist. Dieses Denken schließt die tendenziell allseitige Erinnerung ein, die aber keineswegs total sein will und daher das heilsame Vergessen nicht von sich weist. Nur in der Zusammengehörigkeit von Erinnerungen und Vergessen kann es ein genuines Gedenken sein.

NACHWORT

Dieses Buch hat eine Vorgeschichte, die in kurzen Worten umrissen werden sollte, weil darin Symptomatisches zum Vorschein kommt. Zu einem guten Teil fällt sie mit Vorgängen des Jahres 1994 zusammen, die sogar dem »großen Publikum« bekannt geworden sind und eine genaue Parallele zu dieser Vorgeschichte bilden. Der gemeinsame Bezugspunkt liegt in der schweren Gefährdung der geistigen Freiheit, die im vierten Jahr nach der Wiedervereinigung unübersehbar geworden ist.

Der Ausgangspunkt war ein Vortrag über »Erinnerung und Vergessen«, den ich im Herbst 1992 auf einer internationalen Tagung in Locarno gehalten habe und der dort keinerlei Anstoß hervorrief. Ein als »rechts« geltender Verleger machte mir den Vorschlag, den Vortrag zu einem Buch auszubauen und die Frage der »doppelten Vergangenheitsbewältigung« einzubeziehen, die ja eines der Hauptprobleme ist, vor die Deutschland seit 1989/90 gestellt ist. Ich ging darauf ein, weil es mir wünschenswert zu sein schien, in den Kreis meiner Bücher über die Geschichte des 20. Jahrhunderts auch ausdrücklich jenen Zusammenbruch der kommunistischen Regime in Europa hineinzunehmen, der die Jahre 1989/91 mit den Jahren 1917 und 1933 verknüpft. Ansatzweise war das zwar in den *Streitpunkten* von 1993 und in der Aufsatzsammlung *Lehrstück oder Tragödie* von 1991 geschehen, aber dort fehlte ein näheres Eingehen auf die Geschichte der DDR.

Die erste Fassung des nun vorliegenden Buches war im März 1994 fertiggestellt. In der Zwischenzeit waren die *Streitpunkte* heftig angegriffen worden, weil sie auch den Standpunkt der radikalen Revisionisten darlegten und dadurch angeblich die Leugnung der Endlösung »hoffähig« machten. Anfang Februar hatte eine Gruppe von »Antifaschisten« gewaltsam und unter Verwendung von Reizgas einen Vortrag von mir verhindert, den ich vor der Katholischen Studentengemeinde in Berlin-Mitte über Nietzsche halten wollte. Die entsprechende Meldung ging durch die deutsche Presse und wurde allenfalls mit zurückhaltendem Tadel kommentiert.

Ende März nahm ich auf den dringenden Wunsch von Erich Böhme an einer Diskussion in der Fernsehsendung *Talk im Turm* über den Film »Schindlers Liste« teil. Ich kann nicht in Abrede stellen, daß meine Ausführungen erheblich von dem in sogenannten Talk-Shows Üblichen abwichen. Es wirkte auf die Teilnehmer und das anwesende Publikum offensichtlich befremdend, daß ich Auschwitz in den Zusammenhang anderer Ereignisse des Zweiten Weltkrieges stellte, etwa der Geiselerschießungen in den römischen »Fosse Ardeatine« und deren Ursache – freilich nicht auf einebnende, sondern gerade auf unterscheidende Weise. Dennoch war ich sehr überrascht und nahezu sprachlos, als ich zwei Tage später in der *Frankfurter Allgemeinen Zeitung* einen Kommentar von Gustav Seibt las, der den Titel trug *Unfaßbar. Ernst Nolte im Fernsehen.* Seibt behauptete, meine Formulierungen seien »unangemessen« und »herzlos« gewesen, und es schien ihm seinerseits angemessen zu sein, die »verfassungstreue Rechte« vor solchen Parteigängern wie mir zu warnen. Angesichts der Tatsache, daß ich seit 25 Jahren nicht selten an der *FAZ* und zumal an ihrem Feuilleton mitgearbeitet hatte, mußte ich in diesem Kommentar einen Bruch sehen, der auf eine veränderte Einstellung dieses Teils der Redaktion schließen ließ. Orientierte man sich nur an der »political correctness«, oder gab es Einflußnahmen im Hintergrund? Bestand möglicherweise ein Zusammenhang mit der Tatsache, die mir zu diesem Zeitpunkt bekannt und sehr bald auch öffentlich dokumentiert wurde, daß Herr Ignatz Bubis jede Gelegenheit einer öffentlichen

Rede nutzte, um mich als einen »Wegbereiter des intellektuellen Rechtsradikalismus« anzugreifen und mit sehr negativem Akzent an den »Historikerstreit« zu erinnern?

Jedenfalls lehnte der erwähnte Verleger die Veröffentlichung des Buches ab, das auf seine eigene Initiative zurückging, und es war leicht zu sehen, daß das Motiv nichts anderes als nackte Angst war.[1] Dies war in der Tat ein noch weit beunruhigenderer Vorgang als die Änderung bei der *Frankfurter Allgemeinen Zeitung:* Niemand hat einen Anspruch darauf, seine Gedanken in bestimmten Organen veröffentlicht zu sehen, und ein Gesinnungswandel bei einem einzelnen Organ bedeutet nicht notwendigerweise eine Gefährdung der geistigen Freiheit. Aber wenn ein als »rechts« geltender Verlag die Publikation eines als »rechts« geltenden Autors ablehnt, weil er schädliche Auswirkungen befürchtet, dann ist die geistige Freiheit in diesem Lande ernstlich gefährdet.

Auch »Linke« sollten sich das klarmachen können, denn es ist nicht schlechthin unvorstellbar, daß eines Tages ein linker Autor von einem linken Verlag aus purer Angst zurückgewiesen werden könnte, ebenfalls zum Objekt von »rechten« Kampagnen zu werden. Man darf zwar sicher sein, daß gegenwärtig in einem solchen Fall die ganze »öffentliche Meinung« ihre Empörung zum Ausdruck bringen würde, aber grundsätzlich sollte es derartigen Tatbeständen gegenüber doch eine Solidarität der Intellektuellen und Wissenschaftler geben, die über Parteigrenzen hinausreicht. Deshalb habe ich in meiner Stellungnahme zu den wiederholten Angriffen von Herrn Bubis im *Tagesspiegel* folgendes geschrieben: »Ich bin überzeugt, daß heute in Deutschland jeder öffentlich angekündigte Vortrag von mir auf ähnliche Weise von Gruppen selbsternannter Antifaschisten verhindert werden würde. Wenn eines Tages die Meldung verbreitet würde, ein Vortrag von Herrn Bubis sei von einer Gruppe rechtsextremistischer Studenten mit Gewalt verhindert worden, dann würde ich sehr ernsthaft beunruhigt sein und ich würde, dazu aufgefordert, sofort

208

eine Solidaritätsadresse für Herrn Bubis unterschreiben. Solange aber Herrn Bubis der Gedanke ganz fremd zu sein scheint, es könne und solle in solchen Dingen das Erfordernis der Reziprozität geben, muß ich ihn zu meinem aufrichtigen Bedauern meinerseits für einen Wegbereiter erklären – für einen Wegbereiter nicht der systemnotwendigen Rechtsintellektuellen, sondern der systemwidrigen Zerstörung der geistigen Freiheit in Deutschland.«[2]

Aber diese Solidarität, die für das Recht gerade des Gegners eintritt, argumentativ seine Auffassungen darlegen zu dürfen, wurde mir von keiner Seite zuteil. Man hätte meinen können, ich hätte mir das angeblich staatsgefährlichste aller Delikte zuschulden kommen lassen, indem ich mich zu den »Auschwitzleugnern« gesellt hätte. Aber nur intellektuelle Analphabeten konnten das angesichts eines Lebenswerks, das die ideologische Vernichtungsintention Hitlers in den Mittelpunkt stellte, für richtig halten. Gegen das, was ich wirklich sagte, konnte man schwerlich mit Sachargumenten polemisieren: daß es im Hinblick auf die faktische Durchführung der »Endlösung der Judenfrage« Unklarheiten und Unsicherheiten wie zum Beispiel die Widersprüchlichkeit oder Unglaubwürdigkeit bestimmter Zeugenaussagen gebe und daß wissenschaftliche Forschung auch in diesem Bereich unerläßlich sei. Ich verzichte darauf, die einzelnen Attacken näher zu kennzeichnen: das der Absicht nach vernichtende »Porträt« im *Spiegel* vom 30. Mai, die Artikel und Fernsehinvektiven von Politikern wie Peter Glotz, Horst Ehmke und Friedbert Pflüger oder das *Spiegel*-Gespräch vom 3. Oktober 1994 mit seinen inquisitorischen Fangfragen.

Wenn irgend etwas noch charakteristischer war, dann war es der Umstand, daß eine wissenschaftliche Tagung zum 150jährigen Geburtstag Nietzsches in Weimar abgesagt werden mußte, weil eine Reihe von Teilnehmern sich geweigert hatte, mit mir zusammen aufzutreten, und daß der schon erwähnte *FAZ*-Journalist Seibt in einem zweiten Kommentar *mir* die Schuld gab und nicht etwa diesen Teilnehmern. Es war schon fast nicht mehr überraschend, daß auch die Politische Redaktion der *FAZ* den Bruch mit mir vollzog, obwohl sie erst Ende August meinen Artikel gegen das geplante »Gesetz für das Außergesetzliche« publiziert hatte, der in der Tat mit dem späteren und (fast) einstimmigen Bundestagsbeschluß über die Strafbarkeit der »Auschwitzlüge« nicht in Einklang war. Aber kann irgendein vernünftiger Mensch übersehen, daß diejenigen die effizientesten Förderer des radikalen Revisionismus sind, die noch die fragwürdigsten Aussagen einzelner Augenzeugen fanatisch verteidigen, die jeden Zweifel an der Echtheit eines Dokuments als Gesinnungsdelikt brandmarken und die sogar offizielle, wenngleich gravierende Berichtigungen für eine »Beleidigung der Opfer« erklären, ehe sie schließlich durch Schweigen der Wahrheit die Ehre geben?[3]

Ganz besonders erhellend war ein Artikel, der in der *Frankfurter Allgemeinen Zeitung* erschien, als dieses Jahr 1994, das für mich mit jener Reizgas-Attacke begonnen hatte, sich seinem Ende zuneigte. Es handelt sich um die *Rede über das eigene Land* von Marcel Reich-Ranicki in der Wochenendbeilage vom 26. November. Reich-Ranicki erzählt hier ausführlich von seinem Leben, dem Leben eines Heimatlosen, der sich eine Zeitlang für einen »halben Polen, einen halben Deutschen und einen ganzen Juden« hielt und für den nur die Liebe zu der deutschen Literatur »das eigene Land« bedeutete.

Man liest die Rede eines einst Verfolgten trotz der allzu apodiktischen Aussagen über das Verhalten »der« Deutschen im Warschauer Ghetto mit Interesse und Bewegung. Aber der gleichmäßige Fluß der Erzählung wird durch drei Abschnitte unterbrochen, und diese Abschnitte beziehen sich auf einen Mann, dessen Namen der Autor »nur widerwillig« ausspricht, nämlich auf Ernst Nolte. Er macht mir zwei konkrete Vorwürfe: Ich hätte behauptet, die »Endlösung der Judenfrage« sei nicht ausschließlich »den Deutschen« zuzuschreiben, sondern sie sei ein Gemeinschaftswerk der europäischen Faschismen und Antisemitismen gewesen und sie sei nicht durch eine »grausame Absicht«, sondern durch einen Vernichtungswillen gekennzeichnet gewesen, wie er sich auch bei der Bekämpfung von Ungeziefer zeige.

Reich-Ranicki glaubt, mich darüber belehren zu müssen, daß etwa Franco Tausende von Juden gerettet habe und daß in den Konzentrations- und Vernichtungslagern schreckliche Zustände geherrscht hätten. Aber wenige Abschnitte später schreibt er selbst, daß es für ihn nach seiner Flucht aus dem Ghetto außerordentlich schwierig gewesen sei, »nicht als Jude erkannt« und den Behörden gemeldet zu werden. Was heißt das anderes, als daß große Teile der polnischen Bevölkerung »antisemitisch« waren? Und von seinen Verwandten erzählt er, sie seien nach ihrer Ankunft in Treblinka sofort getötet worden. Er sagt nichts von monatelangen Hungerzeiten und von einem qualvollen Hinsterben. Zwar gingen viele Menschen – Juden und Nichtjuden – auf eben diese Weise zugrunde, doch bei ihnen handelte es sich gerade um Arbeitsfähige, um »Registrierte«, die gnadenloser Ausbeutung, aber nicht der sofortigen Vernichtung unterlagen. Nur diese sofortige Vernichtung war das »Einzigartige«, in dieser Form weltgeschichtlich Präzedenzlose, nicht die faktisch vorhandene Grausamkeit, zu der sich in Geschichte und Gegenwart zahlreiche Analogien finden lassen. Und diese Vernichtung wäre nicht möglich gewesen, hätten nicht zahlreiche Polen, Ukrainer, aber auch Franzosen (und sogar die jüdische Polizei) bei Abtransport und Bewachung mitgewirkt. Meine Aussagen sind also völlig »orthodox«, und Reich-Ranicki ist töricht genug, dasjenige zu tadeln, was er an anderen Stellen selbst feststellt oder für evident hält.

Wie ist es dann aber zu erklären, daß Reich-Ranicki gegen »seine eigene« Zeitung polemisiert, die sich im Historikerstreit so verhalten habe, daß es ihr »nicht zum Ruhme« gereiche? Kann man sich der Vermutung entziehen, es sei nicht ohne sein Zutun geschehen, daß die Zeitung, »die sich leider in Sachen Nolte manches zuschulden komme ließ, sich jetzt von ihm entschieden abgekehrt hat«, obwohl er doch auch schon 1986 eine sehr einflußreiche Position hatte? Ist es unzulässig, einen geheimen Wunsch wahrzunehmen, wenn er behauptet, ich sei »einst« Professor an der Freien Universität Berlin gewesen? Woher rührt der offenkundige Haß, wo doch die konkreten Vorwürfe gegenstandslos sind?

Wenige Tage nach diesem Artikel Reich-Ranickis veröffentlichte die *Frankfurter Allgemeine Zeitung* Ausschnitte einer anderen Rede, die ebenfalls gegen mich gerichtet war und wiederum von einem bemerkenswerten Autor stammte. Es handelte sich um die Ansprache, die der frühere Bundespräsident Richard von Weizsäcker am 27. November bei der Entgegennahme des Leo-Baeck-Preises des Zentralrats der Juden in Deutschland gehalten hatte.[4] Von Weizsäcker nennt mich als ein Beispiel für die Möglichkeiten, mit denen sich die Gefahr des Vergessens »heranschleiche«. Meine Behauptung sei, es müsse irgendwann der berühmt-berüchtigte Schlußstrich gezogen werden, so daß die nationalsozialistische Vergangenheit zu einem Eigentum der Wissenschaft und des Nachdenkens werden könne. Daraus ergäben sich aber, »siehe Nolte, historisch interessante Perspektiven wie die, der Zweite Weltkrieg sei virtuell als ein Einigungskrieg Europas zu betrachten« und das zweimal besiegte Deutschland werde nun zusammen mit Frankreich zur Führungsmacht eines geeinigten Europa. Von Weizsäcker bezieht sich also offenkundig nur auf das *Spiegel*-Gespräch, und der Umstand, daß hier auf ganz bestimmte Fragen spezielle Antworten gegeben werden, scheint für ihn uninteressant zu sein. In den nächsten Sätzen gelangt er nämlich zu einer umfassenden Charakterisierung meiner »Deutung«, mit der zugleich »die Absicht« enthüllt werden soll, von der diese geleitet sei: »In solchen Analysen wird, wie bei Nolte, alles ineinander verflochten: die Geschichte der Nationalstaaten, ihrer Bürgerkriege untereinander, ihrer Überwindung, das werdende Europa mit der Geschichte des zum Bolschewismus und Stalinismus pervertierten Marxismus

212

und mit der Geschichte des Antisemitismus über die Judenverfolgungen bis zum Holocaust. Daraus wird dann einfach eine Gesamtgeschichte der Gewalt gemacht, und eben dies ist offenbar die Absicht solcher Deutungen.«

Ich lasse die Frage offen, ob diese Charakterisierung tiefdringend oder auch nur adäquat ist, aber jedenfalls benutzt Richard von Weizsäcker sie als Ausgangspunkt, um seine eigene Auffassung mit großem Nachdruck dagegen zu setzen: durch eine solche Deutung werde die eigentlich heilsame Konsequenz des »selig-unseligen Historikerstreits« vollkommen verfehlt, nämlich die »gänzliche Unvergleichbarkeit des Holocaust« und auch der Blick auf das Verhalten der alltäglichen Menschen selbst, das schließlich das unsägliche Ende zugelassen habe: den latenten und den manifesten Antisemitismus, das Wegsehen und Geschehenlassen und manches andere. Solche wesentlichen Einblicke zu trüben, »wäre die schlimmste Folge einer von Wissenschaftlern inszenierten Relativierung des Holocaust«.

In seinen Ausführungen kommt kein Haß zum Vorschein wie bei Reich-Ranicki, wohl aber ist der Vorwurf der Verwischung aller Unterschiede, ihrer Nivellierung zu Manifestationen der »Gewalt«, der »Inszenierung« und der »Relativierung« außerordentlich gravierend, denn er gerät mindestens in die Nähe der Anklage der Verharmlosung, die neuerdings als kriminell gilt. Aber ist sich Richard von Weizsäcker wirklich darüber im klaren, was er tut, wenn er die »gänzliche Unvergleichbarkeit des Holocaust« als unbestreitbare Gegebenheit hinstellt?

Ich kann Marcel Reich-Ranicki über sich selbst belehren, denn die Ursachen des Hasses sind verständlich, wenngleich nicht legitim. Und es läßt sich jedenfalls wahrscheinlich machen, inwiefern von Weizsäcker dasjenige verfehlt, was aus seiner eigenen Biographie leicht herleitbar wäre.

Der Kern der Geschichtsauffassung, die ich seit 1963, damals noch von nahezu allen Seiten gelobt, vertreten habe, besteht in der Konzeption, daß die Geschichte des 20. Jahrhunderts durch einen zunächst europäischen und dann weltweiten ideologischen Bürgerkrieg zwischen der marxistisch-kommunistischen Utopie, der faschistisch-nationalsozialistischen Gegen-Utopie und der westlich-pluralistischen Utopielosigkeit bestimmt gewesen sei.[5] Sie liegt auch der Darstellung des vorliegenden Buches zugrunde – wieder einmal, wie die Kritiker sagen werden –, aber diesmal im Blick auf ein größeres Publikum, als umfangreiche Werke es finden können, und erstmals in fast ausschließlicher Bezugnahme auf Deutschland.

Es handelt sich um eine Konzeption, die eine konsequente und logisch notwendige, gerade auch von jüdischen Denkern vorbereitete Abwandlung oder Weiterbildung der Totalitarismustheorie ist. Sie sieht mit Respekt auf die enthusiastische Glaubenskraft, welche die frühen Bolschewiki erfüllte, aber sie hält sich nicht für berechtigt, die Reaktion der Faschisten und Nationalsozialisten bloß auf niedrige Interessen oder verbrecherische Neigungen zurückzuführen. Sie erblickt im »Roten Terror« und in der millionenfachen Massenvernichtung des »Gulag« die Kehrseite des Enthusiasmus, und sie verurteilt diese Konsequenz unter moralischen Gesichtspunkten mit Entschiedenheit. Sie nimmt aber auch »Auschwitz« als eine mit der ersten innerlich und äußerlich verbundene Kehrseite wahr, und ihr moralisches Urteil ist von nicht geringerer Klarheit. Sie stellt Auschwitz jedoch unter historischen Gesichtspunkten auf eine andere Stufe, weil hier eine »metábasis eis állo génos«, ein Übergang in eine andere Kategorie, vorliegt, denn die Juden konnten als »Volk« oder als »Rasse« für die Nationalsozialisten nicht im gleichen Sinne Feinde sein, wie von seiten der Kommunisten den Bürgern und den Kleinbürgern einschließlich der selbstwirtschaftenden Bauern Feindschaft begegnete.

Die Auseinandersetzung vollzog sich nicht zwischen Völkern, sondern zwischen Ideologien, und eben dies ist das Hauptmerkmal eines genuinen Bürgerkrieges. Schon die Kommunisten verkannten das, indem sie mit sozialen Kategorien arbeiteten, aber

214

die Nationalsozialisten verkannten es noch mehr. Allerdings ist es richtig und nicht zu leugnen, daß die verschiedenen Völker ebenso wie die verschiedenen sozialen Klassen in unterschiedlichen Proportionen an diesem Fundamentalkonflikt beteiligt waren. Reich-Ranicki schreibt ja am Schluß seines Artikels selbst, er sei gegen Ende des Krieges in die Kommunistische Partei eingetreten, weil er sich dadurch in ein »weltweites Kollektiv von Gleichgesinnten« habe einreihen können, von dem sich »viele Intellektuelle« die Lösung der großen Probleme versprochen hätten. Die Frage liegt nahe, ob er wirklich erst 1945 zu dieser Überzeugung gelangte. Aber wenn er auch schon »während des Krieges«, wie er andeutet, gegen das Dritte Reich aktiv gewesen wäre und wenn er das aus kommunistischer Überzeugung heraus getan hätte, wie es wahrscheinlich ist, dann würde er das in der Tat keineswegs zu verbergen brauchen; er hätte als Mitbeteiligter in einer großen ideologischen Auseinandersetzung einen legitimen Kampf geführt.

Richard von Weizsäcker kämpfte damals an der deutschen Ostfront als besonders tapferer und hochdekorierter Offizier auf der anderen Seite der Frontlinie. Es ist mir nicht bekannt, ob sein Handeln möglicherweise, wie das vieler anderer Soldaten, nur von den Zwängen eines kriegführenden Staates bestimmt war; aber es dürfte wahrscheinlicher sein, daß er von einer Überzeugung erfüllt war, die bis zum Ende des Krieges die zusammenhaltende Kraft in den deutschen Armeen war: der Überzeugung, das deutsche Vaterland und die europäische Kultur gegen einen übermächtigen und von sozialem Vernichtungswillen geprägten Feind verteidigen zu müssen. Auch Richard von Weizsäcker empfand sich aller Vermutung nach, ebenso wie Marcel Reich-Ranicki auf der entgegengesetzten Seite, als Mitwirkender und Kämpfer in jenem »europäischen Bürgerkrieg«. Aber vermutlich hat er sich früher als Reich-Ranicki, der sich in den fünfziger Jahren von der Kommunistischen Partei trennte, mit Zweifeln quälen müssen. Es wird für ihn eine schreckliche, eine umwälzende

Erfahrung gewesen sein, als er einsehen mußte, daß das Dritte Reich nicht primär den Kommunismus zu besiegen versucht hatte, sondern daß es seinen Vernichtungswillen vornehmlich gegen ein kleines und nahezu wehrloses »Volk« bzw. eine Gruppe der eigenen Bevölkerung unter Einschluß von zahllosen Frauen und Kindern gerichtet hatte. Der daraus resultierenden »Konversion« und der entsprechenden Schuldgefühle brauchte Richard von Weizsäcker sich wahrhaftig nicht zu schämen.

Aber er hatte deshalb ebensowenig wie Reich-Ranicki das Recht, der nationalsozialistischen Endlösung der Judenfrage »gänzliche Unvergleichbarkeit« zuzuschreiben, und es war sogar bedenklich, daß er das Wort »Holocaust« verwendete. Hie und da darf man menschlichen Ereignissen oder Tatbeständen den Charakter der »Einzigartigkeit« in einem eminenten Sinne zuschreiben, und das gilt nach meiner Überzeugung gerade für die »Endlösung«. Aber auch ein solches Einzigartiges kann nicht »gänzlich unvergleichbar« und mithin »absolut« sein, denn ein Menschlich-Absolutes wäre – insbesondere nach den Traditionen der jüdischen Religion – ein Götzenbild. Und Götzenbilder – weniger absprechend ausgedrückt: Götter oder Teufel – erzeugen Mythen und fügen sich in Mythen ein.

Von Weizsäcker würde gut daran tun, folgende Aussage eines völlig unverdächtigen Ägyptologen und Kenners der Geschichte Israels gründlich zu durchdenken: »Die Vernichtung des europäischen Judentums ist eine geschichtliche Tatsache und als solche Gegenstand historischer Forschung. Im modernen Israel jedoch ist sie darüber hinaus (und übrigens erst in den letzten zehn Jahren unter der Bezeichnung ›Holocaust‹) zur fundierenden Geschichte und damit zum Mythos geworden, aus der dieser Staat einen wichtigen Teil seiner Legitimierung und Orientierung bezieht, die in öffentlichen Denkmälern und Gedenkveranstaltungen nationalen Charakters feierlich kommemoriert und in Schulen gelehrt wird und daher zur Mythomotorik dieses Staates gehört.«[6] Kein Staat kommt ganz ohne Ursprungsmythos

216

oder Geschichtslegende aus, die ja allesamt keine bloße »Erfindung« und in realen Ereignissen als deren Überschwang oder auch »Absolutsetzung« begründet sind. Was Richard von Weizsäcker mit seiner These tut, ist dies: Er macht den Gründungsmythos Israels, der dort mythomotorisch sein kann, zugleich zum Gründungsmythos der Bundesrepublik Deutschland, wo er ertötend wirken muß. Das ist ein Unterfangen, das nach meinem Urteil nicht auf dauerhafte Weise zu realisieren ist.

Es ist aber jetzt an der Zeit, ein Argument herauszustellen, das in der Tat gewichtig ist und eine reale Gefahr beschreibt, das aber weder von Reich-Ranicki noch durch von Weizsäcker vorgebracht wird: das Argument, aus der Konzeption des ideologischen Bürgerkrieges heraus könne die nationalsozialistische Vorstellung wieder lebendig werden, »die Juden« hätten sich mit dem Kommunismus oder mindestens mit dem philokommunistischen Liberalismus identifiziert. Niemand vermag alle Folgen seines Tuns vorauszusehen und zu beherrschen, und auch aus richtigen Denkansätzen können falsche Schlüsse gezogen werden. Ich weise jedenfalls diese These mit dem gleichen Nachdruck zurück, mit dem ich die entgegengesetzte These vom »deutschen Tätervolk« zurückweise, und ich mache darauf aufmerksam, daß die Verwerfung von »kollektivistischen Schuldzuschreibungen« primär gegen den Nationalsozialismus gerichtet war und einer der moralischen Impulse ist, die man in meinem Werk längst hätte entdecken können, wenn man guten Willens wäre. Es kann heute kein Vorwurf mehr sein, daß ich früher als die sogenannten Linksintellektuellen die *beiden* totalitären Hauptwege des Jahrhunderts für Irrwege gehalten habe, die nicht bloß parallel, sondern miteinander in ungleichmäßiger Wechselwirkung verbunden waren.

Aber richtig ist, daß die historisch-genetische Version der Totalitarismustheorie, die ich als erster ausgebildet habe, schwerwiegende Konsequenzen für das Geschichtsverständnis der Deutschen und auch der Juden und der Amerikaner haben muß.

Sie läßt es nicht mehr länger als zulässig oder gar geboten erscheinen, nur die eine Hälfte der großen und schrecklichen Ereignisse des Jahrhunderts in das hellste Licht zu stellen und über die andere Hälfte die Dunkelheit des Vergessens oder der Nichtbeachtung sinken zu lassen. Sie legt den Juden nahe, sich selbst in allen Differenzen nicht nur als Opfer, sondern gutenteils auch als Mitwirkende in den Kämpfen dieses Jahrhunderts zu erkennen. Sie bestreitet den Deutschen das Recht, die angenehme Existenz des »reumütigen Tätervolkes« fortzusetzen, das trotz beneidenswerten Wohlstandes auf allgemeinen Beifall zählen kann und dessen Wortführer wohl noch gar als »mutig« gelobt werden.

Fünfzig Jahre nach dem Ende des Krieges ist in Deutschland – nach dem Abtreten jener Generation, welche die schweren Konflikte der Weimarer Republik, des Dritten Reiches und der Aufbaujahre der Bundesrepublik sowie der DDR durchgekämpft hat und trotzdem zwar nicht in ihrem konkreten Ethos, wohl aber in ihrer Ethoshaftigkeit einheitlich war – ein Zustand eingetreten, der im Hinblick auf das nationale Selbstverständnis vom geistigen Tode nicht weit entfernt ist. Daß die neue, vom hedonistischen Individualismus der Postmoderne so stark geprägte Generation jemals dem entgegengesetzten geistigen Tod verfallen könnte, der hochmütigen Behaglichkeit einer nationalen Selbstglorifikation nach faschistischem oder nationalsozialistischem Muster, ist ausgeschlossen. Alle dahingehenden Besorgnisse sind gegenstandslos oder nur allzu zweckgerichtet. Gleichwohl muß die Hoffnung nicht vergeblich sein, daß in diesem Land trotz allem die geistige Freiheit auch in den Bereichen erhalten bleibt, die als »sensitiv« gelten, und daß es eines Tages von neuem zu einer Stätte furchtlosen Nachdenkens werden wird.

Berlin, im März 1995   Ernst Nolte

ANMERKUNGEN

Anmerkungen zu Kapitel I

1 Fürst Bismarck als Redner. Vollständige Sammlung der parlamentarischen Reden Bismarcks seit dem Jahre 1847, hrsg. von Wilhelm Böhm. Bd. 9, 1877–1878. Berlin/Stuttgart o. J., S. 203.
2 Deutsche Parteiprogramme, hrsg. von Wilhelm Mommsen. München 1960, S. 83 f.
3 Eugen Dühring: Die Judenfrage als Frage des Rassencharakters und seiner Schädlichkeiten für Völkerexistenz, Sitte und Kultur. Mit einer denkerisch freiheitlichen und praktisch abschließenden Antwort. Nowawes/Neuendorf 1901⁵, S. 113.
4 Friedrich Nietzsche Kritische Gesamtausgabe Werke (KGW), Bd. V,2, S. 138; ebda IV,3, S. 147 f.
5 Ebda, Bd. VIII,3, S. 454 ff.
6 Max Weber: Gesammelte Politische Schriften, neu hrsg. von Johannes Winckelmann. Tübingen 1958², S. 23.
7 Peter Nettl: Rosa Luxemburg. Köln/Berlin 1965, S. 303.
8 Ernst Nolte: Geschichtsdenken im 20. Jahrhundert. Berlin/Frankfurt am Main 1991, S. 123-141.

Anmerkungen zu Kapitel II

1 Ursachen und Folgen. Vom deutschen Zusammenbruch 1918 und 1945 bis zur staatlichen Neuordnung Deutschlands in der Gegenwart. Eine Urkunden- und Dokumentensammlung zur Zeitgeschichte. Hrsg. und bearbeitet von Herbert Michaelis und Ernst Schraepler unter Mitwirkung von Günter Scheel. Berlin o. J. Band III, S. 363–371 (UuF).
2 Friedrich Wilhelm Foerster: Die deutsche Jugend und der Weltkrieg. Kriegs- und Friedensaufsätze. Leipzig 1916³, S. 94 ff., 122 ff. Anhang zu: Alexander Prinz zu Hohenlohe: Vergebliche Warnungen. München 1919, S. 144.

3 Memoranda and Letters of Dr. Muehlon. New York 1918, S. 10 ff., S. 38 ff., Zitat S. 40.

4 Ernst Bloch: Vademecum für heutige Demokraten. Bern 1919, S. 6, 30, 58.

5 Rosa Luxemburg: Ausgewählte Reden und Schriften. 1. Bd. Berlin 1955, S. 259 f.

6 UuF, Bd. III, S. 355.

7 Ebenda, S. 516 (Aufruf des Freikorps Hülsen, Januar 1919).

8 Kurt Tucholsky: Panter, Tiger & Co. Eine neue Auswahl aus seinen Schriften und Gedichten. Hrsg. von Mary Gerold-Tucholsky. Hamburg 1954, S. 86–91.

9 Ernst Jünger, Sämtliche Werke. II. Abtlg. Bd. 7. Stuttgart 1980, S. 51.

10 Ebenda, S. 14 f., 48.

11 Ebenda, S. 40 f.

12 Ebenda, S. 82.

13 Arthur Rosenberg: Die Entstehung der Deutschen Republik 1871 bis 1918. Berlin 1928, S. 109.

14 Ders.: Geschichte der Weimarer Republik. Karlsbad 1934. Dieses Buch ist einer der merkwürdigsten Beweise dafür, wie sehr die historische Interpretation von den historischen Erfahrungen abhängig ist. Aber der Mann, der heute eine der Hauptquellen für die germanozentrische Schule der Sozialgeschichte ist, kam noch in dem Buch von 1928 den Konzepten und der Denkweise der »Militaristen« so nahe, daß er ihnen hier und da sogar einen Mangel an Radikalität zum Vorwurf machte. (Vgl. »Die Entstehung«, S. 66 f., 80 f., 96, 155, 202, 219.)

15 Zur Geschichte der Weimarer Republik vgl. Hagen Schulze: Weimar. Deutschland 1817–1933. Berlin 1982; Heinrich August Winkler: Weimar. Die Geschichte der ersten deutschen Demokratie. München 1993; Zum »Bürgerkrieg« zwischen Kommunisten und Nationalsozialisten: Ernst Nolte: Der europäische Bürgerkrieg 1917 bis 1945. Nationalsozialismus und Bolschewismus. Frankfurt am Main/Berlin 1987; Christian Striefler: Kampf um die Macht. Kommunisten und Nationalsozialisten am Ende der Weimarer Republik. Berlin 1993.

16 Vgl. Walter Laqueur: Weimar. A Cultural History 1918–1933. London 1974, S. 76: »There existed, in short, a very real Jewish Problem. A majority of educated Germans believed that Jews had acquired too much influence in the cultural life of their country ...« Noch nachdrücklicher unterstreicht Nahum Goldmann den außer-

gewöhnlich großen Einfluß von Juden während der Weimarer Republik – natürlich, ebenso wie Laqueur, mit positiver statt mit negativer Akzentuierung. (»Mein Leben als Deutscher und als Jude«. München 1980, S. 458f.).

17 Dorothea Groener-Geyer: General Groener. Soldat und Staatsmann. Frankfurt am Main 1955, S. 117. Zur Reaktion Th. Manns s. »Der europäische Bürgerkrieg« (Anm. 15), S. 90.

18 Die Weltbühne, Jg. XVIII (1922), Bd. 2, S. 109f.

19 Vgl. Götz Aly/Susanne Heim: Vordenker der Vernichtung. Auschwitz und die deutschen Pläne für eine neue europäische Ordnung. Hamburg 1991.

20 Vgl. Helmut Krausnick/Hans-Heinrich Wilhelm: Die Truppe des Weltanschauungskrieges. Die Einsatzgruppen der Sicherheitspolizei und des SD 1938–1942. Stuttgart 1981, S. 490: »Ob Hitler und seine nächsten Berater sich (1940/41) wirklich vor der Weltrevolution gefürchtet haben, ist eher fraglich. Aber nicht nur sie trauten seit der Oktoberrevolution, der Kulakenverfolgung, den Säuberungen von 1937/38 und den Erfahrungen auf inner- und außerdeutschen Bürgerkriegsschauplätzen den Bolschewisten fast jede Grausamkeit zu. Den besten Schutz gegen bolschewistische Grausamkeiten hatten die Nationalsozialisten jedoch stets darin gesehen, daß sie selbst früher und, wenn möglich, noch härter als ihre Gegner zuschlugen. Daß sie es auch bei dem, nach ihrer Meinung, voraussichtlich ›letzten Gefecht‹ mit der ›Internationale‹ wieder mit diesem Rezept versuchen würden, war zu erwarten.«

21 Max Domarus: Hitler. Reden und Proklamationen 1932–1945. Kommentiert von einem deutschen Zeitgenossen, Bd. II, 1. München 1965, S. 1058.

22 IMG, Bd. XLI, S. 25 (Dok. Raeder 27, Affidavit des Generaladmirals Böhm).

23 Adolf Hitler in Franken – Reden aus der Kampfzeit. Nürnberg 1939, S. 152.

24 Das Tagebuch von Joseph Goebbels, hrsg. von Elke Fröhlich, Bd. 7 (Eintragung vom 9. März 1943): »In der Judenfrage billigt er mein Vorgehen und gibt mir ausdrücklich den Auftrag, Berlin gänzlich judenfrei zu machen. Ich werde schon dafür sorgen, daß zwischen den Berliner Juden und den ausländischen Arbeitern kein Konkubinat eingegangen wird. Spartakistische Ansätze wird es in diesem Kriege in der Reichshauptstadt nicht geben.«

25 Marlis G. Steinert: Hitlers Krieg und die Deutschen. Stimmung und

Haltung der deutschen Bevölkerung im Zweiten Weltkrieg. Düsseldorf/Wien 1970, S. 240.

26 Vjh. f. Ztg. 4 (1956), S. 72.

27 Rudolf Höß: Kommandant in Auschwitz. Autobiographische Aufzeichnungen. Hrsg. v. Martin Broszat. München 1964, S. 157.

Anmerkungen zu Kapitel III

1 Eugen Kogon: Der SS-Staat. Das System der deutschen Konzentrationslager. Berlin 1947, S. 77, 62, 91, 83f., 37. Als weiterer früher Bericht über die Konzentrationslager wäre anzuführen Emil de Martini: Vier Millionen Tote klagen an. Kulmbach 1948 (über Auschwitz, der Autor wurde von dort im Januar 1943 zusammen mit drei Oberschlesiern entlassen. S. 66).

2 Eberhard Welty: Die Entscheidung in die Zukunft. Grundsätze und Hinweise zur Neuordnung im deutschen Lebensraum. Köln 1946, S. 218, 151, 240, 295.

3 Theodor Adorno: Was bedeutet: Aufarbeitung der Vergangenheit? In »Schriften«, Bd. 10,2 (Kulturkritik und Gesellschaft II), S. 572.

4 Ernst Deuerlein (Hrsg.): Potsdam 1945. Quellen zur Konferenz der »Großen Drei«. München 1963, S. 126.

5 Kogon (Anm. 1), S. 365.

6 Kogon in Frankfurter Hefte 2. Jg. 1947, Heft 1, S. 34.

7 Einen informativen Überblick über die Organe der Lizenzpresse und deren Themen unter dem Gesichtspunkt der »Schuldfrage« gibt eine Stockholmer Dissertation: Barbro Eberan: Wer war an Hitler schuld? Die Debatte um die Schuldfrage 1945–1949. München 1985[2].

8 John Gimbel: A German Community under American Occupation. Marburg, 1945–1952. Stanford 1961, S. 132.

9 Der Monat, 2. Jg. 1949/50, Heft 23 (Sondernummer zum Kongreß mit »Presseecho«).

10 Nahum Goldmann: Mein Leben als deutscher Jude. München 1980, S. 273, 279f.

11 Ebenda, S. 387, 407 (»Ich verließ das Hotel tief berührt und hoch befriedigt und telefonierte mit Moshe Sharett in Paris, der kaum glauben konnte, was ich ihm berichtete ...« David Ben Gurion zu Goldmann: »Du und ich haben das Glück gehabt, zwei Wunder zu erleben – die Schaffung des Staates Israel und die Unterzeichnung

222

des Abkommens mit Deutschland. Der Unterschied ist nur der, daß ich an das Eintreten des ersten Wunders immer geglaubt habe, bis zum letzten Augenblick aber nicht an das zweite«).

12 Ebenda, S. 244, 261. The Letters and Papers of Chaim Weizmann. Jerusalem 1984, Vol. II, Series B, S. 579.

13 Hans Rothfels: Zeitgeschichte als Aufgabe, in Vierteljahrshefte für Zeitgeschichte 1. Jg. 1953, S. 1–8. Hier sollte auch ein Zitat von Hans Günther Adler einen Platz finden, der mit seiner umfangreichen Darstellung des Lagers Theresienstadt ebenso ein Bahnbrecher der Wissenschaft gewesen war wie Gerald L. Reitlinger mit der »Endlösung« (englische Originalausgabe 1953, die deutsche Übersetzung 1956): »Wenn 15 Jahre nach dem Zusammenbruch des nationalsozialistischen Staates von seinen Konzentrationslagern die Rede ist, sollte man nicht allbekannte Greuel in den Mittelpunkt der Darstellung rücken, sondern vor allem Erkenntnisse zu gewinnen suchen, die politisch, soziologisch, psychologisch und allgemein menschlich bedeutsam sind. Die Emphase des Abscheus, die die Beschäftigung mit dieser Einrichtung des Dritten Reiches auslöst, ist berechtigt, aber sie darf nicht von einer vorurteilslosen nüchternen Betrachtung abhalten ...« In: Vjh. f. Ztg. 8 (1960), S. 221. (H. G. Adler: Theresienstadt 1941–1945. Das Antlitz einer Zwangsgemeinschaft. Tübingen 1955; Gerald Reitlinger: Die Endlösung. Hitlers Versuch der Ausrottung der Juden Europas 1939–1945. Berlin 1961[4]. Beide Autoren stellen durch ihre Bücher unter Beweis, daß auch stärkste persönliche Betroffenheit wissenschaftliche Vorsicht und Distanz nicht ausschließt.)

14 Vjh. f. Ztg. 1 (1953), S. 177–194.

15 Vjh. f. Ztg. 4 (1956), S. 67–92 (Helmut Heiber).

16 Der Versuch der recht aktiven Pädagogengruppe im Grünwalder Kreis, in Köln den Film »Nacht und Nebel« für Lehrer an Höheren Schulen zur Aufführung zu bringen, stieß allerdings auf nahezu einhellige Ablehnung.

17 »Die Justiz der Bundesrepublik und die Sühne nationalsozialistischen Unrechts«, in Vjh. f. Ztg. 9 (1961), S. 440–443.

18 Barbara Just-Dahlmann/Helmut Just: Die Gehilfen. NS-Verbrechen und die Justiz nach 1945. Frankfurt 1988, S. 40–66.

19 Das Buch von Fritz Fischer erschien 1961 und das von Fritz Tobias 1962; aber die Ergebnisse von Tobias waren schon zuvor als Spiegel-Serie vorgelegt worden. (»Stehen Sie auf, Van de Lubbe«, in Der Spiegel Nr. 43/1959 bis Nr. 1/2/1960.)

20 S. unten S. 15.

Zum Thema »Vergangenheitsbewältigung« vgl. auch Helmut Quaritsch: Theorie der Vergangenheitsbewältigung. In: Der Staat 31 (1992), S. 519–551. Armin Mohlers »Der Nasenring«, München 1991, ist eher ein persönlicher Erfahrungsbericht und ein leichthändiger Essay als eine literaturerschließende Studie nach dem Muster seines (inzwischen neuaufgelegten und erweiterten) Standardwerks über die Konservative Revolution.

Manfred Kittel: Die Legende von der Zweiten Schuld. Vergangenheitsbewältigung in der Ära Adenauer: Berlin/Frankfurt am Main 1993 ist eine materialreiche Auseinandersetzung mit dem vielgelesenen Buch von Ralph Giordano: Die zweite Schuld oder Von der Last Deutscher zu sein. Hamburg/Zürich 1987. Kittel hätte Giordano an dessen Buch von 1961 »Die Partei hat immer Recht« erinnern können, um klarzustellen, daß Giordano in früherer Zeit viel differenzierter und nicht ohne Selbstkritik über historische Schuld gedacht hat.

21 Kurt Ziesel. Das verlorene Gewissen. Hinter den Kulissen der Presse, der Literatur und ihrer Machtträger von heute. München 1958; Der rote Rufmord. Tübingen 1961.

22 Zitiert nach Erhard R. Wiehn: Kaddisch. Totengebet in Polen. Reisegespräche und Zeit – Zeugnisse gegen Vergessen in Deutschland. Darmstadt 1987², S. 528 f.

23 Hochhuth übernimmt dabei gerade eine der fragwürdigsten Behauptungen Gersteins: Nicht weniger als viermal 750 Menschen seien in vier Räume von je 45 Kubikmetern gepreßt worden und hätten dort, luftdicht abgeschlossen, nahezu drei Stunden warten müssen, bis der Dieselmotor ansprang, durch dessen Abgase sie getötet worden seien.

24 Laternser hat in einer Buchveröffentlichung eine Anzahl von Punkten aufgeführt, die nach seiner Ansicht unter strikt rechtsstaatlichen Bedingungen nicht hinnehmbar gewesen wären, vor allem die von ihm vermutete »Instruierung« von Zeugen durch sowjetische und polnische Behörden, auf die es zurückzuführen gewesen sei, daß mehrere Zeugen sich weniger zu den in Frage stehenden Tatbeständen als zu der »Schuld der deutschen Industrie« geäußert hätten. Gewiß bedenklich, jedoch kaum vermeidbar, war die »Vorverurteilung« der Angeklagten in Presse und Rundfunk. Am gravierendsten, aber auch am wenigsten substantiiert war der von mehreren Seiten geäußerte Verdacht, der letzte Kommandant von Auschwitz,

224

Baer, welcher der Hauptzeuge hätte sein müssen, sei im Untersuchungsgefängnis nicht etwa gestorben, sondern (vermutlich vom israelischen Geheimdienst) getötet worden. (Hans Laternser: Die andere Seite im Auschwitz-Prozeß 1963/65. Reden eines Verteidigers. Stuttgart 1966).

25 Bernd Naumann: Auschwitz. Bericht über die Strafsache gegen Mulka und andere vor dem Schwurgericht Frankfurt. Frankfurt am Main/Bonn 1965, S. 17, 35, 508.

26 Ulrike Meinhof war die Ziehtochter von Renate Riemeck, die im Dritten Reich BDM-Führerin gewesen war und in der Bundesrepublik nach einer offenbar tiefgreifenden »Metanoia« zur führenden Persönlichkeit der »Deutschen Friedensunion« wurde. Gudrun Ensslin kam aus einem pietistischen, aber gleichwohl fortschrittlich gesinnten Pfarrhaus. Vgl. dazu das Buch des ehemaligen Ehemanns von Ulrike Meinhof Klaus Rainer Röhl: Fünf Finger sind keine Faust. Köln 1974.

27 Der Unterschied bestand darin, daß dem Einsatz der GSG 9 die Zustimmung des somalischen Präsidenten vorherging, während die israelische Aktion gegen den Willen des Präsidenten Idi Amin erfolgte und das Leben von zwanzig ugandischen Soldaten kostete.

28 Filbingers eigene Darstellung in Hans Filbinger: Die verleumdete Generation. München 1994[3]. Filbinger sieht es im Vorwort zu dieser Neuauflage aufgrund der Aussagen von Offizieren der Staatssicherheit als erwiesen an, daß die gegen ihn gerichtete Kampagne vom MfS nicht nur unterstützt, sondern in Gang gesetzt und gesteuert wurde.

29 Karl Schleunes: The Twisted Road to Auschwitz. Urbana 1970. In diesem Zusammenhang darf das Buch des leider verstorbenen Uwe Dietrich Adam nicht unerwähnt bleiben: Judenpolitik im Dritten Reich. Düsseldorf 1972.

30 Vgl. Kap. 2, Anm. 19.

Anmerkungen zu Kapitel IV

1 MEW Bd. 12, S. 4.

2 Manfred Gerlach: Mitverantwortlich. Als Liberaler im SED-Staat. Berlin 1991, S. 22, 40, 65, 367.

3 Markus Wolf: Die Troika. Düsseldorf 1989, S. 14 ff., 25, 107.

4 Rudolf Jordan: Erlebt und erlitten. Weg eines Gauleiters von München bis Moskau. Leoni 1971, S. 357.

5 Erich Honecker: Aus meinem Leben. Berlin 1989[14], S. 9.
6 Wenn Honecker mit seiner Wagenkolonne nach Leipzig zur Messe fuhr, wurde die Autobahn durch Umleitungen und Absperrungen von dem gesamten übrigen Verkehr freigemacht. Auch die Erinnerungen ehemaliger Mitglieder des Politbüros wie Günter Schabowskis stellen unter Beweis, daß der Generalsekretär sogar in diesem Gremium keineswegs »Gleicher unter Gleichen« war, sondern auf selbstherrliche Weise Entscheidungen traf und Privilegien vergab.
7 Reinhold Andert/Wolfgang Herzberg: Der Sturz. Erich Honecker im Kreuzverhör. Berlin/Weimar 1990, S. 129.
8 Kahlschlag. Das 11. Plenum des ZK der SED 1965. Studien und Dokumente. Berlin 1991, S. 336.
9 Weißbuch über die »Demokratische Bodenreform« in der Sowjetischen Besatzungszone Deutschlands. Dokumente und Berichte. Hrsg. v. Joachim von Kruse. Erweiterte Neuauflage München/Stamsried 1988 (zuerst 1955), S. 42, 73.
10 Ebenda, S. 44.
11 Hierzu und zum folgenden vgl.: Uwe Greve: Lager des Grauens. Sowjetische KZs in der DDR nach 1945. Kiel 1990; Michael Klonovsky/Jan van Flocken: Stalins Lager in Deutschland 1945–1950. Dokumentation und Zeugenberichte. Berlin/Frankfurt am Main 1991; Das Gelbe Elend. Bautzen-Häftlinge berichten 1945–1956. Mit einem Dokumentenanhang. Hrsg. vom Bautzen-Komitee. o. O. 1992; Karl Wilhelm Fricke: Politik und Justiz in der DDR. Zur Geschichte der politischen Verfolgung 1945–1968. Bericht und Dokumentation. Köln 1979.
12 Erika von Hornstein: Flüchtlingsgeschichten. 43 Berichte aus den frühen Jahren der DDR. Nördlingen 1985 (zuerst Köln 1960 unter dem Titel »Die deutsche Not. Flüchtlinge berichten.«), S. 120 ff., 144 ff., 240 ff., 135 ff., 136, 193.
13 Gilbert Furian: Mehl aus Mielkes Mühlen. Schicksale politisch Verurteilter. Berichte – Briefe – Dokumente. Berlin 1991, S. 145, 189 f.
14 Harald Fritzsch: Flucht aus Leipzig. München 1990, S. 126.
15 Horst Gundermann: Entlassung aus der Staatsbürgerschaft. Eine Dokumentation. Berlin u. a. 1978, S. 14 f.
16 Hans Noll: Der Abschied. Journal meiner Ausreise aus der DDR. Hamburg 1985, S. 33, 157, 63 ff.
17 Robert Havemann: Dokumente eines Lebens. Zusammengestellt und eingeleitet von Dirk Draheim … Manfred Wilke. Mit einem Geleitwort von Hartmut Jäckel. Berlin 1991, S. 116 ff.

226

18 Gerhard Löwenthal: Ich bin geblieben. Erinnerungen. München 1987, S. 197.

19 Rainer Eppelmann: Fremd im eigenen Haus. Mein Leben im anderen Deutschland. Köln 1993, S. 38f., 152f.

Anmerkungen zu Kapitel V

1 Zitiert nach Tina Österreich: Ich war RF. Ein Bericht. Berlin 1988, S. 269ff.

2 Jens Reich: Rückkehr nach Europa. Bericht zur neuen Lage der deutschen Nation. München/Wien 1991, S. 253, 133, 20, 75.

3 Ders.: Abschied von den Lebenslügen. Die Intelligenz und die Macht. Berlin 1992, S. 68f.

4 Reich (Anm. 2), S. 162, 168, 254, 277.

5 Andert/Herzberg (Anm. IV, 7), S. 24, 77, 335, 109, 81.

6 Ebenda, S. 36f., 419f., 406, 150, 209, 263.

7 Stalins DDR. Berichte politisch Verfolgter. Hrsg. von Rüdiger Knechtel/Jürgen Fiedler. Leipzig 1991, S. 94–125.

8 Timo Zilli: Folterzelle 36 Berlin-Pankow. Erlebnisbericht einer Stasihaft. Berlin 1993, S. 8.

9 Harald Fritzsch (Anm. IV, 14), S. 67.

10 Das gelbe Elend (Anm. IV, 11), S. 214.

11 Peter Przybylski: Tatort Politbüro. Die Akte Honecker. Berlin 1991, S. 351 (Aufzeichnungen von Werner Krolikowski).

12 Günter Mittag: Um jeden Preis. Im Spannungsfeld zweier Systeme. Berlin/Weimar 1991, S. 194. Mittags Erinnerungen sind bei aller Selbstverteidigung und Polemik deshalb besonders interessant, weil hier der Bonner Entspannungspolitik und zumal dem von Franz Josef Strauß betriebenen »Milliardenkredit« eine auf die Wiedervereinigung gerichtete Zielsetzung zugeschrieben wird (S. 83). Aber Mittag nimmt für sich auch ein frühes Umdenken in bezug auf die Politiker der Bundesrepublik und insbesondere auf Strauß in Anspruch. (»Nichts blieb bei den Begegnungen mit diesem belesenen und von hoher Intelligenz geprägten Menschen von dem Klischee...« S. 86).

13 Markus Wolf: In eigenem Auftrag. Bekenntnisse und Einsichten. München 1991, S. 89.

14 Helmut Eschwege: Fremd unter meinesgleichen. Erinnerungen eines Dresdener Juden. Berlin 1991, S. 254.

15 Karl Wilhelm Fricke (Anm. IV, 11), S. 255.

16 Hermann Weber in der 26. Sitzung der Enquete-Kommission des Deutschen Bundestages »Aufarbeitung von Geschichte und Folgen der SED-Diktatur in Deutschland«, 26. Sitzung v. 27.1.1993, S. 160.

17 Ebenda, S. 161 ff.

18 Furcht, Hoffnung und der Einheitsstaat. Nachdenken über die Lehren der Geschichte und der Gegenwart: Eine deutsche Szene in Tutzing. In: FAZ vom 6.2.1990, S. 29.

19 Günter Grass: Ein Schnäppchen namens DDR. Warnung vor Deutschland: Das Monstrum will Großmacht sein. In: Die Zeit vom 5.10.1990, S. 49 f.

20 Jürgen Habermas. Der DM-Nationalismus. Weshalb es richtig ist, die deutsche Einheit nach Artikel 146 zu vollziehen, also einen Volksentscheid über eine neue Verfassung anzustreben. In: Die Zeit vom 30.3.1990, S. 62 f.

21 Christian Meier: Vergangenheit ohne Ende? Was die kommunistische von der nationalsozialistischen Geschichte unterscheidet. In: FAZ vom 19.2.1992, S. 35.

22 Wenn hier von »Unvergleichbarkeit« gesprochen wird, so handelt es sich um eine populäre Wendung. Natürlich können und müssen die Geschichte des Dritten Reiches und die Geschichte der DDR miteinander verglichen werden, aber wenn der Bezugspunkt zu eng ist oder wenn die Unterschiede sehr groß sind, darf man abkürzend von »Unvergleichbarkeit« sprechen.

23 Erich Honecker (Anm. IV, 5), S. 206.

24 Zum folgenden ausführlicher Ernst Nolte: Der europäische Bürgerkrieg. Nationalsozialismus und Bolschewismus. Frankfurt am Main/Berlin 1987, bes. S. 46–106 und 358–371.

25 Anatomie des SS-Staats, Bd. I, Olten und Freiburg 1965, S. 319 (Hans Buchheim).

26 Lou Andreas-Salomé: Lebensrückblick. Grundriß einiger Lebenserinnerungen. Zürich/Wiesbaden 1951, S. 62.

27 Sinaida Hippius: Petersburger Tagebuch. Berlin und Weimar 1993, passim und S. 70 f.

Anmerkungen zum » Nachwort «

1 Dieser »als rechts geltende Verlag« war selbstverständlich nicht
  der Verlag Ullstein-Propyläen, dessen Inhaber, Herr Dr. Fleissner,
  über das Projekt eines Parergons unterrichtet war und der dankens-
  werterweise in die Bresche sprang, als das Scheitern offenkundig
  war.
2 Der Tagesspiegel vom 5. Mai 1994 druckte abschwächend »Ein-
  schränkung« statt »Zerstörung«. Der vielgefürchtete »Beifall von
  der falschen Seite« blieb übrigens auch im Jahr 1994 weitgehend
  aus: Die Remer-Depesche veröffentlichte ein gefälschtes, das heißt
  erfundenes Interview mit mir, die Cromwell-Press in London wid-
  mete mir eine ihrer Hochglanzbroschüren mit dem Titel »Auch
  Holocaust-Lügen haben kurze Beine. Eine Erwiderung an Ernst
  Nolte«, von Robert Faurisson stammte ein Artikel mit der Überschrift »Ernst Nolte, un exterminationniste de droite«. In privaten
  Zuschriften »von rechts« wurde ich nicht selten geradezu be-
  schimpft.
3 Zusätzlich erwähne ich noch drei Vorgänge dieses Jahres, von
  denen jeder auf seine Weise für die Situation symptomatisch ist:
  1. Am 21. März 1994 forderte mich Herr Dr. Eppelmann als der Vorsitzende der Enquete-Kommission des Bundestages auf, den einen
  der beiden Einführungsvorträge zu dem letzten Teil der Anhörung
  »Zur Auseinandersetzung mit den beiden Diktaturen in Deutschland in Vergangenheit und Gegenwart« am 3./4. Mai zu halten; das
  Thema zu dem dritten und abschließenden Teil lautete »Die Bedeutung der Geschichte der beiden deutschen Staaten für den Bestand
  der Demokratie in Deutschland«. Dieses Thema war seinerseits in
  vier Einzelfragen aufgeteilt, die Zeitdauer sollte 30 Minuten betragen. Den anderen Vortrag werde Herr Habermas halten. Da auch
  die Gesamtproblematik der zwei Tage auf extreme Weise in Einzel-
  themen zersplittert war, sagte ich nicht ohne weiteres zu, sondern
  erbat die Nennung der Namen der vorhergehenden Referenten
  und wies auf die Notwendigkeit hin, auf bereits abgehandelte
  Themen wie die Frage der Vergleichbarkeit Bezug zu nehmen. Das
  war für Herrn Dr. Eppelmann Grund genug, mit einem Schreiben
  vom 5. April auf meine Teilnahme zu verzichten. Inzwischen hatte
  der »Talk im Turm« stattgefunden, und die Kampagne von Ignatz
  Bubis hatte begonnen. Ich lasse es dahingestellt sein, ob ein Zusammenhang besteht. Jürgen Habermas hat seine Darlegungen am

13. Mai in der »Zeit« veröffentlicht (auf einer ganzen Seite und »gekürzt«); der Leser gewinnt schwerlich den Eindruck, daß er sich in den engen Grenzen des auferlegten Themas und der Zeit gehalten hat. Was ich in etwa gesagt haben würde, ist in ausführlicherer Form dem Kapitel V und der »Schlußbetrachtung« des vorliegenden Buches zu entnehmen. Es ist mir sehr wahrscheinlich, daß meine Auffassungen in der Kommission Befremden erregt haben würden.

2. In der Oktobernummer der »Neuen Gesellschaft. Frankfurter Hefte« veröffentlichte Margarita Mathiopoulos einen Artikel über »Kohls neue Bundesrepublik. Die Bonner Republik und ihre Feinde«, in dem sie behauptete, ich hätte die Brandstifter von Solingen im Gefängnis besucht, aber Reaktionen seien nicht erfolgt. Sie hatte ein Gedankenexperiment, das Volker Zastrow in einem Leitartikel der FAZ angestellt hatte (»Extremisten« vom 30. Juni 1994: Jean Paul Sartre in Stammheim – kaum negative Reaktionen in den Medien; Ernst Nolte in Solingen: Aufschrei der Empörung), als Aussage über einen realen Vorgang gelesen – offenbar deshalb, weil ein solcher Vorgang so gut in ihre Vor-Urteile paßte. Darin stimmte sie aufs beste mit ihrem Ehegatten Friedbert Pflüger überein, der in einem Buch eine »Drift« Deutschlands nach rechts wahrnahm, weil er sie wahrnehmen *wollte*.

3. Am 5. Dezember 1994 erschien in der Berliner »tageszeitung« ein ganzseitiger Artikel mit der Überschrift »Staatliches Wahrheitsmonopol?« von Horst Meier, der in erweiterter Fassung gleichzeitig im »Merkur« publiziert wurde. Er richtet sich gegen die am 1. Dezember in Kraft getretene Strafrechtsverschärfung zur »Auschwitz-Lüge« und nennt »diese Verknüpfung von Geschichtspolitik und Gewaltmonopol« ein »Armutszeugnis für die Demokratie«. In der Sache sagt er also, wenngleich unter einer anderen Perspektive, das gleiche wie mein FAZ-Artikel über das »Gesetz für das Außergesetzliche«. Mein negatives Urteil über diese Entscheidung des Bundestages war also keineswegs »isoliert« oder »abseitig«. Von öffentlicher Empörung oder inquisitorischen Fragen im »Spiegel« und vergleichbaren Medien ist mir indessen nichts bekannt geworden.

In diesem Zusammenhang wurde, vor allem unter Bezugnahme auf das »Spiegel«-Gespräch, nicht selten das Wort »vorführen« verwendet. Falls das wiedervereinigte Deutschland nicht im obsoleten Progressismus des neototalitären »Antifaschismus« eine geistige

230

Neuausrichtung erfährt, wird nach meiner Überzeugung über kurz
oder lang die Frage gestellt werden, wer wen – oder besser: wer
was – »vorgeführt« hat. Vgl. dazu »rundy« vom 23. Februar 1995.
4 FAZ vom 29. November 1994, S. 37.
5 Die amerikanische Idee des allgemeinen Reichtums ist keine
Utopie, sondern bloß die postulatorische Extrapolation eines vorhandenen Zustands. Utopisch ist allenfalls die Vorstellung, daß allgemeiner Reichtum im Rahmen einer Wettbewerbsgesellschaft soviel wie allgemeines Glück bedeute.
6 Jan Assmann: Das kulturelle Gedächtnis. Schrift, Erinnerung und
politische Identität in frühen Hochkulturen. München 1992, S. 77.

PERSONENREGISTER

232

234

ERNST NOLTE

DER EUROPÄISCHE BÜRGERKRIEG
1917–1945

Nationalsozialismus und Bolschewismus

616 Seiten, gebunden

»Noltes Buch ist nicht nur deswegen bedeutend, weil der Verfasser neue Quellen erschließt, sondern vor allem, weil er neue Interpretationsmöglichkeiten aufzeigt und neue Perspektiven eröffnet, die ein besseres Verstehen unserer Geschichte und unserer Gegenwart ermöglichen.«

Alfred-Maurice de Zayas
Die Welt

»Was der Autor an Fakten und (mehr noch) an Interpretation im Hinblick auf Parallelen und Unterschiede zu den Strukturen der beiden Einparteienstaaten ausbreitet, ... das ist vielleicht das Beeindruckendste, was jemals über totalitäre Staaten geschrieben wurde, zumal die Differenzierung besticht.«

Eckhard Jesse
Süddeutsche Zeitung

PROPYLÄEN

ERNST NOLTE

GESCHICHTSDENKEN IM 20. JAHRHUNDERT

680 Seiten, gebunden

»Daß Geschichtsideologien Gegenideologien erzeugen, die nicht minder verhängnisvoll sind als das, wogegen sie sich richten, ist eine der Grundüberzeugungen Noltes. Dabei hat er besonders die Gegensätzlichkeit von Marxismus und Antimarxismus im Auge, die er für den bestimmenden Widerspruch des 20. Jahrhunderts hält. Wie sich dieser Gegensatz im Geschichtsdenken reflektiert, ist die übergreifende Fragestellung dieser Studie. Das neue, große Werk Ernst Noltes weckt beim Leser Neugier nach eingehender Beschäftigung mit den hier vorgestellten Denkern.«

Rainer Zitelmann
Rheinischer Merkur

PROPYLÄEN

ERNST NOLTE

STREITPUNKTE

Heutige und künftige Kontroversen
um den Nationalsozialismus

496 Seiten, gebunden

Die Literatur über den Nationalsozialismus ist selbst für den
Experten kaum noch zu überschauen. Ernst Noltes Studie bietet
Studenten und anderen Interessierten, die sich mit dem Nationalsozialismus auseinandersetzen wollen, einen kritischen
Überblick zum Stand der Forschung und informiert über die
wichtigsten Streitpunkte in der Geschichtswissenschaft. Darüber hinaus beschäftigt sich Ernst Nolte aber auch mit Themen,
die bislang tabuisiert waren und die vermutlich künftig Gegenstand von Kontroversen werden, so etwa mit dem radikalen
»Revisionismus«, der den Massenmord an den Juden leugnet.

PROPYLÄEN